(외래어 지나치다)

맑스 마르크스 마룩스

(외래어 지나치다)

맑스 마르크스 마륵스

이상규·한송이 지음

경진출판

머리말

세상을 바꾸기가 얼마나 힘이 드는지 모른다. 너무나 명료하고 뻔한 사실임에도 불구하고 버티기를 한다. 주로 '갑'의 경우에 해당되기는 하지만 '을'의 경우에서도 오히려 '갑'보다 더 소수자들에 의한 저지로 변화되지 못한 채 질질 끌려가는 예들도 많이 있다.

우리나라 어문정책의 한 축이 바로 그러한 기현상을 보여주는 대표적인 사례이다. 일제의 유산인 서울말을 중심으로 하는 소위 표준어 정책이라는 것을 그대로 밀고나가는 모습이 그 대표적 사례이다. 우리나라 민족을 단위로 하는 국어정책이라면 남과 북을 포괄할 수 있는 국어맞춤법이 만들어져야 하겠지만 현실적으로 남과 북은 전혀 다른 체계 속에서 북은 평양을 중심으로 하는 소위 문화어가 남에서는 서울을 중심으로 하는 표준어가 군림하고 있다. 한국에서는 광복 이후 신라어에 뿌리를 둔 서울의 말을 중심으로 삼고 있지만 북조선에서는 고구려에서 고려로 이어지는 평양의 말이 우리말의 중심 세력이라며 눈에 보이지 않는 힘겨루기를 하고 있다. 두음법칙이 그 대표적인 사례이며 띄어쓰기 마찬가지이다.

한 민족의 언어정책이 민족주의의적 배타성에 기반을 두었던 시대는 이제는 끝이 났다. 밀려들어오는 외래어나 외국어 차용어가 민족어의 기반을 송두리 채 뒤흔들고 있지만 이에 대응하는 적절한 언어정책 기획을 추진하기는커녕 오히려 외면하고 있다. 2006년부터 2009년까지 불과 3년 남짓한 시기 국립국어원이 어문정책기관으로 대접을 받다가 당시 문화정책국장이 고집을 피워 국립국어원으로부터 어문정책 기능을 회수하여 문화체육관광부 국어민족문화과장에게 정책 기능을 재배정함으로써 국립국어원은 문화체육관광부 국어과에서 필요한 연구 용역이나 관리하고 추진하는 기관으로 전락하고 말았다.

이러한 사실을 알고 있는 관련 학회나 정부 당국에서 어느 누구 한 사람도 이처럼 중차대한 국립국어원의 기능 변화에 대한 관심조차도 보이지 않고 있다. 「국어기본법」을 유지하고 발전시켜야 할 국가기관인 국립국어원이 문체부 산하 국어민족문화과에 통제를 받게 된 것이다.

필자는 국립국어원이 정책기관이었던 3년 기간 동안 국립국어원장을 맡고 있었기 때문에 어문규정의 관리가 얼마나 중요한지, 그리고 어떻게 수행되어야 할지를 비교적 정확하게 꿰뚫고 있다고 할 수 있다. 우리나라 4대 어문규정 가운데, 특히 「외래어 표기법」 규정은 제정의 출발부터 잘못된 것이다. 그리고 최근에 여러 가지 언어 정보화 기술이 발전된 상황임에도 불구하고 아주 미시적으로 규정해 놓은 외래어 표기 원칙과 사례를 제대로 이해하고 있는 이는 매우 드물다. 심지어 국립국어원의 부장급 연구관조차도 19개 나라의 외래어 철자 전사spelling transcription 방식을 대부분

이해하지 못하고 있다. 그런데 하물며 일반 국민들은 어떨까? 그 답은 명백하다. 그런데 국민의 어문생활을 이끌면서 협력해야 할 정부기관은 뒷짐을 지고 너희들이 알아서 해라라는 식으로 버티고 있다.

그 해결 방안은 그렇게 간단하지는 않지만 궁극적으로 우리말 4대 규범을 기계화하는 쪽으로 발전시키는 동시에 복잡한 규정을 보다 단순화시켜 나가야 할 것이다.

외래어와 외국어 음차 표기를 혼동하고 있는 이들이 어문정책을 담당하고 있으니까 무엇이 문제가 있는지도 깨닫지 못하고 있는 실정이다. 우리말의 생태 환경의 조절을 위해서도 우리말로 동화된 외래어는 정교하게 다듬어서 표준어로 넘겨주고, 외국어 음차 표기는 철자 전사 방식이 아닌 발음 전사Pronunciation transcription 방식을 채택한다면 19개국의 국가별 음차 표기법이 아무 필요가 없게된다. 그럼에도 이러한 외래어 표기 규정을 이해하도록 국민에게 강요하는 것은 정말 잘못된 일이 아닐 수 없다. 전문가들의 내부 시행 세칙으로 돌려서 표기형만 사전에 등재하여 국민들이 이용할수 있는 환경만 제공해 주면 될 것이다.

많은 사람들이 필자에게 국립국어원장 재임 기단 동안에 이러한 문제점을 왜 해결하지 못했느냐고 대놓고 질책한 적이 있다. 그렇다. 질책을 받을 만도 하다. 다만 3년이라는 짧은 세월 동안 이러한 문제를 모두 해결할 수 있지 않았다. 『표준국어대사전』의 보완을 위해 약 5만여 항목을 개정 보완하였으며, 당시 한국어와 한글의 세계화 전략으로 「세종학당」 설립이 국가적으로 중요한 과제였다. 다만 한국 어문 규범의 보완을 위해 많은 문제점들을 논의하고 그 개선 방안을 마련하는 데 초점을 두었다. 서울 표준어 밖에서 서성거리는 많은 방언과 생활 용어들을 우리말 큰사전으로 끌어 담기 위한 기초조사에 많은 관심을 기울였다.

그 이후 여러 학술지에 발표한 논문을 정리하여 여기 모았다. 특히 필자가 한국 어문 규범 가운데, 특히 「외래어 표기법」에 초점을 두고 개선해야 할 문제와 그 발전 방향을 제시하기 위해 쓴 글이다. 최근 2017년도 개정안 「외래어 표기법」이 통과되어서 기존에 썼던 글의 내용과 서로 일치하지 않는 부분도 없지 않지만, 이러한 부분은 가급적이면 수정하였음을 밝혀 둔다.

한국 어문 규범의 정책적인 관리는 정책 수립자의 고도의 철학적인 인식과 맞물려 있다. 우리말과 글을 어떻게 보호하고 유지하면서 국제사회에 소통 도구로서의 역할을 할 수 있게 만드느냐의 문제와 직결되어 있다. 그리고 우리의 현실인 남북 언어가 하나 되는 미래를 열어가기 위해 이 문제는 꼭 짚고 넘어가야 할 과제이기도 하다. 국민들에게 가능한 편리하고 쉽게 우리말과 글을 표현할 수 있는 한글공동체의 환경을 만들어줄 수 있는가의 문제이다.

이 책은 국어정책 담당자는 물론 교열과 교정 전문직, 그리고 일반 독자들이 한 번쯤 읽을 필요가 있으리라 믿는다.

2018년 6월
여수서제에서 이상규

목차

에필로그: 거울 속의 이미지___243

문화체육관광부 고시 제2017-14호
「외래어 표기법」에 대한 검토

세상만사가 다 그러하듯이 해답에 대한 설명이 복잡하면 그만큼 답의 본질에서 멀어진다. 다시 말하자면 설명이 단순할수록 해답에 가까워진다. 우리나라의 외래어 표기법 관리는 외래어 표기와 외국어 음차표기 그 차이가 너무나도 뚜렷함에도 이를 구분하지 않고 뒤섞어 설명함으로써 혼란을 가중시키고 있다.

외래어는 우리말로 굳어진 외국어 음차표기를 외래어 심의 절차를 거쳐 『표준국어대사전』에 실린 것을 뜻하며 그 외에 외국어를 한글 자모로 표기한 것은 모두 외국어 음차 표기에 지나지 않는다. 문제는 현행 우리나라 「외래어 표기법」은 외국어 음차 표기에 더욱 가까운 매우 복잡하고 난해한 규정이다. 이 「외래어 표기법」 규정은 전문가라고 하더라도 이것을 제대로 이해하고 있는 사람은 거의 없다고 해도 과언이 아니다. 그런데 정부는 왜 이러한 규정을 국민에게 묵시적으로 강요하고 있는지 도무지 이해할 수 없다.

필자는 지금까지 누누이 밝혀 왔지만 「외래어 표기법」은 제2장 표기 일람표의 국제 음성 기호와 한글 대조표를 통한 음성전사와 약간의 세부 규정만 있으면 국민이 어려움 없이 사용할 수 있을 것이며, 이를 『표준국어대사전』에서 검색할 수 있는 환경을 제공해 주면 될 일이다.

그럼에도 불구하고 2017년 3월에 개정한 〈문화체육관광부 고시 제2017-14호〉에서는 종래 사용하던 1~13가지 표기 일람표에서 다시 6가지 표기 일람표를 추가하여 발표하였다. 이 표기 일람표는 발음표기 방식과 철자표기 방식으로 이루어져 있어 매우 난해한 표기 방식이며, 이 내용을 제대로 숙지할 수 있는 사람은 거의 없다고 할 수 있다.

제3장 표기 세칙도 종래 1~15에서 추가하여 16~21까지 6개 국가의 세부 표기법이 추가 고시되었다. 이 가운데 러시아 표기법은 이미 '열린책들'이라는 출판사에서 여러 해 동안 사용하던 표기법을 절충하여 이번 개정안에 덧붙여 놓았다. 도서출판 '창비'에서는 정부고시안과 전혀 다른 독자적인 외래어 표기법을 고수하고 있다.

제1장 표기법의 기본 원칙 제4항에 "파열음 표기에는 된소리를 쓰지 않는 것을 원칙으로 한다."는 규정에 엇나가는 러시아 표기법에 된소리표기를 사용하고 있을 뿐 아니라 동남아시아 3개국의 표기법에서는 이 원칙을 허물고 있다.

여기서 매우 중요한 문제를 제기하려고 한다. 국가별 「외래어 표기법」을 이처럼 늘려나가다가는 엄청난 혼란에 봉착하게 될 것은 뻔한 이치이다. 그리스의 경우 고대, 중세, 현대에 따라 국경의 범위가 다르고 지배 언어가 다른데 무엇을 기준으로 세부 규정을 만들어낼 것인가? 그리스어 표기법만 여러 종류가 필요하게 될 것이다. 과연 이러한 무책임한 일을 정부가 계속해야 할 일인가, 문화체육관광부 국어정책 담당자들에게 엄중하게 질의하지 않을 수 없다.

원리는 간단하다. 소리 나는 대로 표기하고 부족한 한글 표기 방식을 보완하는 세부 지침은 국어심의회에 의제를 상정하는 담당자들만 숙지하고 있으면 된다. 여기서 조금 더 친절하게 하려면 언어기계정보의 일환으로 「외래어 표기법」의 기계화에 매진할 일이다. 그리고 정부가 「외래어 표기법」의 관리와 운용을 「국어기본법」에서 규정하고 있는 전문용어관리위원와 관련 학회, 관련 출판사가 공동으로 협업하면서 발전시켜야 할 것이다.

마지막으로 제4장 인명, 지명 표기의 원칙의 개정 내용은 제3절 바다, 섬, 강, 산 등의 표기 세칙에서 제1항을 전면 삭제하여 외래어와 고유어 혹은 한자어의 합성을 전면 붙여 쓰기로 처리한 것은 최선의 선택이다. 이미 필자는 여러 차례 제3절 바다, 섬, 강, 산 등의 표기 세칙을 전면 삭제할 것을 주장한 바가 있다. 예를 들면 『표준국어대사전』에서는 아직도 '불어'와 '프랑스-어', '독어'와 '독일-어'와 같은 합성어 처리가 계열적인 통일을 유지하지 못하고 있다. 마치 몇 가지를 맞추어 놓으면 다른 것이 어긋나듯이 2017년 3월에 고시된 「외래어 표기법」 규정 또한 많은 문제를 안고 있다는 점을 강조해 둔다.

다시 한 번 「외래어 표기법」은 발음 전사 표기안만 고시하고 나머지는 시행 세칙으로 돌려서 전문가와 학회, 출판사 관계자들의 협의기구에서 관리하고, 인명이나 지명, 기관명 등 「외국어 음차 표기」는 자동전사기계로 대체하는 정책 방안을 마련해야 한다. 아울러 현재 『표준국어대사전』에 실려 있는 외래어가 아닌 일회용 「외국어 음차 표기」는 모두 걷어내고 새로 지정된 외래어를 성실하게 제공해 주어야 할 것이다.

「외래어 표기법」이 국민을 위한 한국 어문 규정으로 거듭 태어나기 위해서라도 국어정책의 목표와 방향을 보다 정확하게 설정해 주기를 바란다.

모든 국민을 국어전문가로 만들려고 해서는 안 된다. 남과 북의 한글공동체를 붕괴로 몰고 가는 남쪽의 외래어 관리의 난맥상을 더 이상 방관해서는 안 될 일이다. 국민들의 언어생활을 보다 용이하고 윤택하게 하기 위해 국가기관이 솔선하여 변화하려는 모습을 보여주어야 할 것이다.

「국어기본법」에 근거한 「외래어 표기법」 분석*

외국어 음차 표기가 넘쳐나고 있다

한국 어문 규범은 「한글 맞춤법」, 「표준어 규정」, 「외래어 표기법」, 「국어의 로마자 표기법」으로 구성되어 있다. 이 규범들은 제정과 개정 시기가 각각 다르기 때문에 '한글 맞춤법, 표준어 규정, 외래어 표기법, 국어의 로마자 표기법'과 같이 규범의 세부 명칭의 계열적인 통일성을 잃었거나 내용에 있어서도 상호 상충되는 점이 많이 있다. 또 「국어기본법」과 「국어기본법 시행령」이 한국 어문 규범보다 늦게 발효된 때문에 기본법 법령과 어문 규범과의 상호 통일되지 않는 부분도 있어 이를 전면 재조정할 필요가 있다. 한국 어문 규범을 근거로 한 정부의 국어 어문정책 관리가

---

* 이 글은 이상규, 「「국어기본법」에 근거한 「외래어 표기법」의 문제」, 『국어국문』 제158호, 국어국문학회, 2011에서 발표한 글을 수정한 것이다.

「국어기본법」과 「국어기본법 시행령」이 명시한 시행 절차를 이행하지 않거나 소홀한 점도 지적하지 않을 수 없다.

현행 「외래어 표기법」은 '외래어 표기법'인지 '외국어 음차 표기법'인지 구분할 수 없을 뿐만 아니라 세부 규정이 너무 어렵고 복잡하여 사용자층에서는 많은 혼란과 불편을 느끼고 있는 실정이다. 여기서 한 술 더 떠서 2017년 「외래어 표기법」에서는 제2장 표기 일람표에 6개국, 제3장 표기 세칙에 6개 국가를 추가하여 날이 갈수록 규범 수용의 중압감이 커지고 있다. 어문 규정은 전문가를 위한 것일 뿐만 아니라 일반 국민을 위해 존재하는 것이다. 그러나 우리 규범의 현실은 일반 사용자들과는 너무나 멀어져 있다. 그리고 어문 규범 가운데, 특히 「외래어 표기법」의 규범 관리의 주체가 문화체육관광부 장관이지만 실무는 국립국어원이 담당하고 있어 관리상의 허점이 없지 않다. 2006년에서 2009년까지는 국립국어원이 정책 주무기관이었다가 2009년 이후 국어정책 연구기관으로 전환되어 국어정책 기능이 국어민족문화과로 이관됨으로써 그 책임의 소재가 불분명해졌다.

현재 한국 어문 규범은 법령에 따라 일관되게 집행되지 않고 있는 현실적인 문제뿐만 아니라 현행 규범의 내용이 법령과 차이를 보이기도 한다. 그리고 규범 그 자체가 안고 있는 내부적인 모순 때문에 다양한 민원이 제기되고 있는 실정이다. 예를 들면 전문 용어의 관리를 위해 정부부처별 '전문용어표준화협의회'를 구성하도록 「국어기본법 시행령」에 명시되어 있음에도 불구하고 현재까지 대부분의 정부 부처에서는 이를 이행하지 않고 있다. 또한 규범의 내용에서도 「외래어 표기법」에 예시하고 있는 많은 사례들이 외래어로 굳어지지 않은 외국어 '캣cat, 셋백setback, 메르트mert' 등의 예를 들고 있어 '외래어 표기법'인지 '외국어 표기법'인지 분간을 할 수 없게 되어 있다.

'외래어'는 우리말에 동화된 말을 대상으로 하되 표준어심의위원회에 의결을 거친 낱말이지만, '외국어'는 아직 차용어로 동화되지 않은 낱말이라고 할 수 있다. '외래어'와 '외국어'는 표기문자에 따라 구분되지만 외국어를 한글로 전사한 경우 어디까지 우리말로 동화된 외래어인지 구분하지 못하고 있다. 다만 국어심의회에서 심의를 거쳐 사정한 것만 외래어로 인정하도록 규정하고 있다. 그러나 "어떤 외국어 단어를 우리말의 문맥 속에서 우리가 말을 하거나 일단 우리 글자로 적으면 이미 동화의 단계는 시작된 것이라 할 수 있다."[1]는 관점에서는 외국어를 외래어 표기법에 따라 표기하기만 하면 모두 외래어로 받아드리는 데 보다 더 큰 문제가 있다. 'I am a boy'를 '아이엠 어 보이'로 표기한 '보이'가 외래어라는 말인가? 이러한 관점에서 언론이나 정부에서도 거침없이 외국어 음차 표기를 사용함으로써 「국어기본법」의 법령을 위반하고 있다.

곧 '외래어'는 외국어 가운데 우리말에 동화된 말을 한글로 표기한 것이라고 할 수 있다. 한글로 표기된 외국어가 모두 외래어가 아니라 반드시 「표준어 사정 원칙」 총칙 제2장에 명시된 "외래어는 따로 사정한다."는 기준에 따라 국어심의회에서 사정한 것만을

---

1) 임홍빈, 「외래어의 개념과 그 표기법의 형성과 원리」, 『한국 어문 규범의 이해』, 태학사, 2008, 439쪽.

외래어라고 규정할 수 있다. 그러나 이러한 법령 절차를 제대로 지키지 못하고 있어 문제는 매우 심각한 상황이다. 별도의 사정 원칙이나 그러한 절차를 거치지 않고 사전편찬자가 임의로 『표준국어대사전』에 외래어로 등재하는 실정이다. 이와 같이 현행의 관습적인 방식으로 계속 어문 규범을 관리한다면 외래어를 용인하는 폭이 지나치게 넓어 우리말의 생태는 매우 위험한 상황으로 치달을 수 있다. 그뿐만 아니라 남북간 언어의 이질화는 더욱 골이 깊어질 것이다.

본고에서는 한국 어문 규범의 상위법인 「국어기본법」과 「국어기본법 시행령」을 근간으로 한 현행 「외래어 표기법」이 안고 있는 문제점과 어문 규범 관리상의 문제점을 분석하고 이를 극복할 수 있는 정책적 방안을 제안하려고 한다.

인적 물적 교류뿐만 아니라 논문이나 저서의 교류를 통해 폭발적으로 늘어나는 외래어와 외국어 음차 표기는 전문 용어의 통일과 수용 문제와 매우 긴밀한 관계를 맺고 있다. 따라서 외래어를 어떻게 수용하는가의 문제는 한국어 생태의 문제와 밀접한 관계를 맺고 있다. 고유어가 없는 경우 불가피하게 외국어를 차용하여 쓰지 않을 수 없지만 그렇다고 한글로 표음한 모든 외국어를 외래어로 수용할 경우 한국어의 고유한 요소는 이두와 같이 격조사나 어미만 남게 될 가능성도 배제할 수 없다. 그렇기 때문에 사용자들이 간편하고 쉽게 접근할 수 있는 동시에 규범으로서 통제력을 갖도록 「외래어 표기법」에 대한 전면적인 검토를 통해 규범을 보완하고 다듬어나갈 필요가 있는 것이다.

「외래어 표기법」은 기본적으로 외국의 생활 및 지식정보를 이해하는데 보다 쉽게 다가갈 수 있도록 외국어를 한글로 표음하거나 우리말로 순화하는 원리를 규정하는 내용이라고 할 수 있다. 외래어를 관리하는 어문 규범인 「외래어 표기법」 제정의 기본 정신은 아래와 같이 명확하게 해야 할 것이다.

첫째, 「외래어 표기법」은 한국어를 사용하는 사람들을 위한 규범이다.[2] 그러나 최근 국제화 시대를 맞이하여 보다 개방적인 규범으로 변모시킬 필요가 있다. 곧 한국인뿐만 아니라 한국어를 사용하는 국외의 모든 사람들에게 보다 정확하게 소통이 이루어질 수 있도록 구성되어야 한다. 그러나 「외래어 표기법」은 대상 국가별로 너무 미시적으로 만들었기 때문에 국내인은 물론 한국어를 배우는 외국인 초보자에게는 너무나 어렵다.

둘째, 한국어 규범이 그러하듯이 「외래어 표기법」도 실용주의적인 바탕에서 이루어져야 하며, 사용자가 보다 알기 쉽고 사용하기에 편리하도록 통일적으로 구성되어야 한다. 현행 「외래어 표기법」은 19가지의 「표기 일람표」와 21개국의 「표기 세칙」으로 구성되어 있기 때문에 일반 국민들이 이해하고 사용하기에는 너무나 난해하고 부담이 크다. 그뿐만 아니라 국제간 교류가 확대됨에 따라 현실적인 방식으로 그대로 간다면 표기 일람표와 표기 세칙은 끝없이 늘어나야 할 것이다.[3]

---

2) 한국 어문 규범의 일반 사용자는 한국 국민은 물론이고 재외 동포와 국내 국제결혼이주자와 해외의 한국어 학습자 모두를 포함하게 된다.

3) 임홍빈, 「외래어의 개념과 그 표기법의 형성과 원리」, 『한국 어문 규범의 이해』, 태학사, 2008, 453쪽. "어떤 언어와 우리와의 접촉이 빈번해질수록 (21나~타)와 같은 세칙의 필요성은 증가하게 될 것이다."라고 하여 「외래어 표기법」의 세칙이 상당히 많이 늘어날 것으로 예측하고 있다.

셋째, 한국어의 생태 환경을 전제로 하여야 한다. 물밀듯이 밀려드는 외래어나 외국어가 우리말의 실질형태소 부분을 다 차지하는 경우 한국어는 다시 이두어로 전락하게 될 것이다. 한국의 토착 나비의 한 변종인 'Adopaea'를 '아도피아'로 표기하지 않고 '꼬마팔랑'이라는 고운 우리말 이름을 붙인 생물학자들의 슬기는 우리말 기반을 그만큼 더 공고하게 만들어 주었다. 외국어를 한글로 표기할 때 사용자들이 보다 알기 쉽게 하기 위해 「외래어 표기법」의 규범에 따라 표기한다고 하지만 현행 규범을 수용하면 결국 한국어의 기반은 외래어나 외국어로 점차 가득 차게 될 것이다. 이러한 상황을 극복하기 위해 국립국어원에서는 국어 순화운동의 차원에서 「외래어 다듬기」를 지속적으로 하고 있지만 별효과를 얻지 못하고 있는 실정이다.4)

어문정책을 어떻게 『표준국어대사전』에 실어담아 구현하는가에 따라 고유어를 대량 학살할 수도 있는 위험성이 있음을 알려주는 사례가 있다. '노야기'를 '향유香薷'에, '함박꽃'을 '모란牧丹'에, '뱀풀'을 '금불초'에, '암눈비앗'을 '익모초益母草'로 올림말로 정함으로써 고유 어휘가 자꾸 줄어들게 된다. 1988년 개정된 「표준어 규정」(제22항)이 "고유어 개열의 단어가 생명력을 잃고 그에 대응되는 한자어 계열의 단어가 널리 쓰이면 한자어 계열의 단어로 표준을 삼는다."라고 규정한 결과이다. 유추하건대 앞으로는 한자어 대신에 영어 외래어가가 한국어의 어휘 기반을 차지할 날이 멀지 않을 것이다.

---

4) 국립국어원, 『외래어 이렇게 다듬어 쓰자』, 태학사, 2007.

넷째, 「외래어 표기법」에 적용된 외래어를 어디까지 허용하는 가 결정하는 문제는 매우 난해한 문제이다. 국어심의회에서 사정 한 것만을 외래어로 인정한다고 하더라도 그 사정 기준이나 절차 가 명확하지 않다. 또한 『표준국어대사전』에 올림말로 등재된 것 을 준거로 하려고 해도 외래어와 외국어 음차 표기가 뒤섞여 있고 심지어는 규범집인 「외래어 표기법」에 예시한 예들조차도 외래 어인지 외국어 음차 표기인지를 구분할 수 없다. 정부에서 발표한 『외래어표기 용례집』의 예들도 정부언론외래어공동심의회를 거 친 자료일 뿐 국어심의회에 일일이 사정한 자료가 아니며, 이들 대부분의 예들이 『표준국어대사전』에 실려져 있지 않다.

일본 국립국어연구소에서는 「외래어 위원회」를 구성하여 외국 어를 음차 표기한 외래어에 대한 사용자 연령별로 '인지율, 이해 율, 사용율'을 조사하여 발표하거나 신문 등 공공매체에서의 외래 어 사용 실태를 지속적으로 조사하여 외래어를 순화, 관리하는 노력을 하고 있다.[5]

다섯째, 외래어 표기는 현행 한글 문자의 표기 방식 범위 내에서 이루어져야 한다. 외래어 표기에서 가장 문제가 되는 것은 원음에 가깝게 표기하는 것이 기본원칙이지만 나라마다 음소체계가 다 르기 때문에 이를 완벽하게 표기하는 일은 거의 불가능한 일이다. 그럼에도 불구하고 음성 표기를 할 수 있는 새로운 문자를 만들거 나 고어를 사용하여 원음에 가깝게 표기하는 시도는 보다 신중해 야 한다.

---

5) 國立國語研究所, 『公共媒體の外來語』, 日本: 國立國語研究所, 2008.

여섯째, 어문 규범 관리 환경이 바뀌고 있다. 1991년부터 「정부언론외래어공동심의회」를 구성하여 운영하고 있으나 「국어기본법」 제정 이후 이들의 법률적 근거에 대한 문제를 검토해야 한다. 언론 보도의 급박한 상황을 고려하여 「정부언론외래어공동심의회」를 통해 인명이나 지명 표기의 통일성을 유지하도록 하는 일은 바람직하다. 그러나 지식의 팽창에 따라 폭발적으로 늘어나는 전문 용어의 관리를 위해서는 전문성이 떨어지는 「정부언론외래어공동심의회」에만 의존할 수 없는 실정이어서 「외래어 표기법」의 관리를 위해 전면적인 대책 수립이 필요하다. 그리고 국어심의회를 통해 외래어를 어휘별로 사정하는 방식으로는 언어 변화의 속도를 도저히 따라잡을 수 없다. 외래어와 전문 용어 관리를 위한 지원시스템 개발과 함께 분야별 전문가가 모여 외래어 표기와 이를 사정하는 다원적 관리체계로 전환해야 한다.

일곱째, 외래어의 범위가 대폭 확충되고 있다. 일상생활에서 사용되는 외래어, 전문 용어(학술 용어), 약어, 외래어나 외국어의 요소와 결합한 신조어 등 우리말과 외국어의 혼종화의 현상은 날이 갈수록 더욱 복잡한 양상을 띠고 있다.

이처럼 2000년대를 경계로 하여 외래어 정책 환경이 크게 변화되고 있다. 국제적인 인적·물적·학술적 교류의 증가에 따라 '생활(일반)외래어'에 대한 정책에서 '전문외래어'의 정책으로 국가 외래어 관리정책 기반이 바뀌어야 한다는 관점에서 「국어기본법」과 「국어기본법 시행령」에서 전문 용어의 표준화와 관리체계로 그 기본 시각을 옮긴 것은 매우 적절하다고 판단된다. '생활(일반)외래어'의 관리정책은 위세적인 동기로 사용하는 '잉여 외래어'를 최소화하여 국어의 혼종화 현상을 막는 데 초점이 놓였다면 '필요 외래어'가 급증하는 시대에 학술 전문 용어나 외국 상품, 약어, 외래어 등의 관리를 효율적으로 시행하는 방안으로 외래어 관리 정책의 큰 틀을 바꾸어야 한다. 그러한 측면에서 한국 어문 규범의 상위법인 「국어기본법」과 「국어기본법 시행령」과 「외래어 표기법」을 상호 비교하여 어문 규범에 나타나는 제반 문제의 진단과 함께 새로운 규범 관리 방향에 대해 살펴보고자 한다.

외래어 개념과 관리의 문제

외래어를 어떻게 정의지을 수 있는가? 한국 어문 규범인 「한글 맞춤법」에는 제1장 총칙 제3항에 "외래어는 '외래어 표기법'에 따라 적은 것"을 말한다고 규정하고 있다. 또 표준어로서의 외래어의 대상은 「표준어 규정」 제1장 총칙 제2항에 "외래어는 따로 사정한" 것을 말한다고 규정하고 있다. 곧 한국 어문 규범에 따른 외래어의 개념은 "외래어 표기법에 따라 적은 것을 국어심의회에서 사정한 것"이라고 정의할 수 있다. 「한글 맞춤법」의 제1장 총칙 제1항에는 "한글 맞춤법은 표준어를 소리대로 적되, 어법에 맞도록 함을 원칙으로 한다."고 규정하고 있어 외래어 표기법에 따라 적으면서 사정한 것만을 표준어로 인정한다는 논리이다. 외래어란 관리 절차에 따른 인위적인 개념이라고 할 수 있다.

한국 어문 규범에 따른 '외래어'의 정의는 이처럼 매우 불완전하다. 외래어는 "'외래어 표기법'에 따라 적은 것"을 의미한다면 구어口語로 말하는 외래어는 포함되지 않는다는 모순을 안게 된다. 또한 표준어로서의 외래어는 "외래어는 따로 사정한"다고 규정하고 있으나 합법적인 절차에 따른 사정 절차를 거치지 않은 어휘들을 『표준국어대사전』 편찬자들이 임의로 올림말로 올림으로써 외래어가 아닌 외국어 음차 표기어나 외국어 혼종어가 외래어로 둔갑하여 대량으로 늘어나게 되었다. 한국 어문 규범이 정해 놓은 절차를 제대로 관리하지 않은 점도 문제이지만 "외래어는 따로 사정한다"는 규범을 관리하는 사정 원칙이나 지침이 없는 상황이다. 한마디로 말하자면 정부의 외래어의 관리는 거의 손을 놓고 방치하고 있는 실정이다. 어디까지 외래어이고 어디까지 외국어 음차 표기인지 결정짓기 어려운 현실이다.

한국 어문 규범에서는 외래어의 형식적 개념을 규정하는 내용은 어디에서도 찾을 수 없다. 다만 표준화된 단어를 규정하는 『표준국어대사전』에서는 "외래-어外來語[외 : --/웨 : --] 閔 〈언어〉 외국에서 들어온 말로 국어처럼 쓰이는 단어. 버스, 컴퓨터, 피아노 따위가 있다. ≒들온말·전래어·차용어."로 정의하고 있다. 『표준국어대사전』에는 외래어를 외국에서 들어와 우리말로 굳어진 '단어'로 한정하고 있다. 이와 같은 맥락에서 임홍빈(2008: 435)은 "다른 언어에서 들여다 쓰는 단어 또는 어휘적 요소를 가리킨다." 라고 하여 '단어'나 '어휘'적 요소로 한정하고 있다. 외래어는 단어 단위를 차용하기도 하지만 단어의 일부나 심지어는 접사가 우리말과 혼효를 일으키기도 하기 때문에 '단어'뿐만 아니라 어휘적인 요소까지를 인정하고 있다. 외래어는 어휘적 차원에서만의 문제가 아니다. 외래 어법까지를 포괄해야 한다는 논의가 제기되면서 민현식(1999: 350)은 "외래어라는 용어를 종래처럼 어휘 차원으로만 쓰지 말고 외래 언어의 음소, 어휘, 통사 차원까지 망라한 총체적 개념으로 보아 '외래어＝외래 언어'로 넓게 보거나 '외래어의 차용' 대신 '외래 언어의 차용'이라는 표현으로 넓혀야 할 것이다."라는 견해를 밝히고 있다.6)

외래어의 수용 방식에 따라서는 1) 외국어 음성을 전사하는 경우, 2) 번역하는 경우, 3) 순화하는 경우로 구분해 볼 수 있다. 한국 어문 규범에서는 주로 1)과 같은 음성 전사형, 곧 표기법만 규정으로 정하고 있다. 한국어로 표현할 수 없는 경우 불가피하게 외국의 낱말이나 문법 요소를 빌려서 사용하는 경우를 차용이라고도 한다. 민현식(1999: 351~356)은 언어 단위를 기준으로 한 외래어 차용 방식을 음소, 형태, 어휘, 통사, 문자 차용으로 구분하고 있다.

차용 동기에 따라서는 '필요 외래어'와 '잉여 외래어'로 구분하고 필요 외래어는 '생활(일반)외래어'와 '전문외래어'로 구분하며, 잉여 외래어는 주로 위세적인 동기로 사용하는 예이다. 원어 유지 여부에 따라 원형외래어, 변형외래어, 신조(자생)외래어, 약어 acronym외래어로 구분할 수 있다.7) 지속성에 따른 유형으로는 '정착외래어'와 '일시외래어'로 구분하고 있다. 정착외래어는 시간이 지나 어원을 알 수 없을 정도로 굳어진 경우 '귀화어'라고 한다. 외래어의 차용 방법에 따라 직접차용과 간접차용으로 구분된다.

외래어 수용 태도의 관점에서 본다면 '표음적 외래어', '표의적

---

6) 민현식, 『국어 정서법 연구』, 태학사, 1999.

7) 민현식, 위의 책, 362쪽. 민현식 교수는 원어 유지 여부에 따라 "원형외래어, 변형외래어, 신조(자생)외래어"로 구분했지만 '약어(acronym)외래어'를 추가하였다.

외래어', '순화 외래어'로 구분할 수 있다. 먼저 표음적 외래어는 일단 외국으로부터 들어온 외국어를 원어 그대로 표기하거나 이를 한글로 표기한 경우 '외국어 음차 표기'(외국어 원음에 가깝게 표기한 것)라고 할 수 있다. 원어 그대로 표기한 경우는 문제가 없지만 한글로 표기한 경우 개인차이가 생겨나 표기법의 혼란이 야기될 수 있다. 따라서 표기법의 통일을 기하기 위해 「외래어 표기법」을 제정한 것이다. 그러나 엄밀한 의미로 말하자면 현행의 「외래어 표기법」은 「외국어 음차 표기법」이라고 말해야 옳은 것이다. '외국어 음차 표기', 곧 외국어 원음에 가깝게 한글로 표기하는 단계를 차용의 일차 단계라고 할 수 있다. 외래어로 사정하기 이전에 이미 외국어 음차 표기형이 통용되고 있기 때문에 외래어를 별도로 사정해 본들 아무 소용이 없다. '외국어 음차 표기'의 관리를 방치하는 동안 외국어와 우리말이 혼종을 이루며 신조어를 생성해 가고 있다. 국어의 생태 환경을 고려하여 외래어의 숫자를 인위적으로 조정하려는 목적으로 제정된 「외래어 표기법」이 도리어 한글공동체의 생태 환경을 더욱 불안전하게 압박하는 꼴이 되고 있다.

표의적 외래어는 중국이나 일본을 거쳐 외국어를 한자어로 번역한 경우가 일반적이다. 'elevator'를 '승강기-昇降機'(한국, 일본), '電梯'(중국)와 같은 예들이다. 규범상 표의적 외래어에 대한 어떤 규정도 없다. 다만 국어순화운동을 거치면서 일본을 거쳐 들어온 외래어를 우리말로 바꾼 '순화 외래어' 예들이 있다. '순화 외래어'는 의도적으로 우리말로 다듬은 외래어이다. 국립국어원에서는 인터넷(모두가 함께하는 우리말 다듬기www.malteo. net)을 통해 시민사회의 공론화를 하고 '순화 외래어'를 보급하고 있다. '클러스터cluster/산학협력지구', '패셔니스타fashionista/맵씨꾼', '웹서핑web surfing/누리검색'과 같은 예들이다. 그런데 2007년도에 국립국어원에서 간행한 『외래어 이렇게 다듬어 쓰자』에서 외래어와 외국어를 다듬은 141개 용례 가운데 37개만 『표준국어대사전』에 올림말로 등재되어 있다. 다시 말하자면 우리말로 굳어졌다고 하는 외래어는 불과 37개에 불과하다는 말이다. 잘못 사용되는 외국어를 순화하는 일은 필요하겠지만 이미 굳어진 외래어를 순화한다니 앞뒤가 전혀 맞지 않는다는 말이다. 여기에 실린 외국어도 정통 영어가 아닌 한국 토착 혼종영어가 상당한 부분을 차지하고 있다.8)

문제는 「외래어 표기법」이 외래어만 표기하는 규범이 아니라 외국어까지 한글로 표음하는 규범으로 활용되고 있기 때문에 우리말 속에는 알아볼 수 없는 숱한 외국어가 혼종어로서 우리말을 잠식하고 있는 것이다. '외국어 표기'와 '외래어 표기'는 분명히 구분되어야 한다는 점을 다시 한 번 강조해 두는 바이다.

우리말에 한자어가 거의 70~80%를 차지하지만 외래어라는 느낌을 거의 받지 않는다. 중국의 한자 원음을 우리 음운에 맞도록 바꾸어 말하거나 사용해 왔고, 몽골어나 만주 및 여진어의 일부 한자식 표기형을 그대로 받아들이거나 일본식 외래어를 받아들

---

8) 안정효, 『가짜 영어사전』, 현암사, 2006. 국적 불명의 한국식 영어 조어에 의해 유통되는 영어 음차 표기의 심각한 문제점을 제기하고 있다. 「외래어 표기법」을 현실에 맞게 「외국어 표기법」으로 전환하고 그 가운데 우리말에 녹아 우리말의 일부가 된 '외래어'만 엄선하여 표준어의 일부로 삼는 보다 정밀한 한국어 어문 관리정책이 필요하다.

였다. 이처럼 개화 시기를 기점으로 인구어의 외래어가 물밀듯이 밀려들어오게 되었다.

「국어기본법」과 「외래어 표기법」

「국어기본법」과 「국어기본법 시행령」이 제정된 이전에 제정한 4대 국어 어문 규범도 제정과 개정 시기가 각각 다르고 또 표준어를 규정하여 담은 『표준국어대사전』의 내용과도 일부 차이를 보여주고 있다. 규범과 법령 간에 용어 사용의 일관성이 떨어지며, 내용의 오류도 곳곳에서 찾아볼 수 있다. 본고에서는 4대 국어 어문 규범 가운데 「외래어 표기법」을 중심으로 상위 법령인 「국어기본법」과 「국어기본법 시행령」과의 관계에 대해 먼저 살펴보고자 한다.

「국어기본법」은 한국어 사용 전반을 법률적으로 명시한 최고상위 법령으로 2005년 1월 27일 법률 제7368호 제정되었으며, 2008년 2월 29일 법률 제8852호와 2008년 3월 28일 법률 제9003호로 두 차례에 걸친 개정이 이루어졌다. 이 법령에 근거를 둔 시행령으로 「국어기본법 시행령」은 대통령령으로 2005년 7월 27일 대통령령 제18973호 제정되었으며 2008년 2월 29일에 대통령령 제20676호로 개정되었다.

1) 관련 법률적 용어 문제

「국어기본법」 제1장 총칙 제3조 (정의)에 이 법에서 사용하는 용어를 다음과 같이 정의하고 있다.

"'어문 규범'이라 함은 제13조의 규범에 의한 국어심의회의 심의를 거쳐 제정한 한글 맞춤법, 표준어 규정, 표준어 발음법, 외래어 표기법, 국어의 로마자 표기법 등 국어사용에 필요한 규범을 말한다."

'어문 규범'은 국어심의회의 심의를 거친 한글 맞춤법, 표준어 규정, 표준어 발음법, 외래어 표기법, 국어의 로마자 표기법 등 국어사용에 필요한 규범을 말한다. 현재까지 4대 규범으로 알려진 「한글 맞춤법」, 「표준어 규정」, 「외래어 표기법」, 「국어의 로마자 표기법」 외에도 '국어사용에 필요한 규범'을 포함한다는 포괄적인 정의라고 할 수 있다. 다만 '표준어 발음법'은 별도의 규범이 아니라 「표준어 규정」의 일부인데 이를 별도로 제시한 상위법인 「국어기본법」과 「국어기본법 시행령」의 내용과 규범의 내용을 싣고 있는 『한국 어문 규정집』이 일치하지 않는다. 향후 「국어기본법」 제1장 총칙 제3조의 내용은 "한글 맞춤법, 표준어 규정, 외래어 표기법, 국어의 로마자 표기법 등 국어사용에 필요한 규범을 말한다."라고 수정되어야 할 것이다.

현행 "한글 맞춤법, 표준어 규정, 외래어 표기법, 국어의 로마자 표기법"의 구체적인 규범 내용을 국립국어원에서는 일괄하여 『한국 어문 규정집』으로 명명하고 있다.9) 어문 규범의 구체적인 내용을 규정한 내용이라는 면에서 '한국 어문 규정집'이라고 해도 무방하겠지만 상위 법령의 용어에 따라 '한국 어문 규범집'으로 수정해야 할 것이다.

---

9) 국립국어원, 『한국 어문 규범집』, 국립국어원, 2007-1-70.

2) 어문 규범과 『표준국어대사전』

앞에서 살펴 본 바와 같이 어문 규범을 "국어심의회의 심의를 거친 한글 맞춤법, 표준어 규정, (표준어 발음법), 외래어 표기법, 국어의 로마자 표기법 등 국어 사용에 필요한 규범을 말한다."라고 규정하고 있듯이 규범에 대한 전반적인 심의 권한은 국어심의회에 있다.

외래어와 관련하여 지금까지 국립국어원에서 시행해온 어문 관리정책에는 많은 문제점을 안고 있다. 절차상 표준어로서의 외래어를 국어심의회에서 심의한 것을 『표준국어대사전』에 싣게 되어 있다. 일반 국민들은 이 사전이 표준적인 외래어 표기와 그 뜻을 올바르게 사용하는 지침으로 삼게 된다. 그러나 이 사전에서는 외래어와 외국어를 구별하지 않고 뒤죽박죽으로 올림말을 올려놓았다. '외국어 음차 표기형, 신조어, 다듬은 말(순화어), 전문용어, 표준어로 규정되지 않은 방언, 개인어' 등은 분명하게 표준어가 아님에도 사전 편찬자의 임의적인 판단으로 올림말로 선정하여 실어두었다. 이미 이 사전은 외래어와 외국어를 판단하는 잣대로서의 역할을 할 수 없는 상황이다.

범람하는 외래어와 외국어에 대한 인지도 및 수용도를 정밀하게 조사한 다음 미래 지향적인 외래어의 관리정책을 제시할 필요가 있다. '홈프로젝트, 홈패션, 홈팀, 홈터미널, 홈인, 넥(좁은 해협을 이르는 말), 네퍼neper, 네페르툼Nefertum, 네펜테스nepenthes, 네프론nephron'과 같은 낱말이 외래어인가 외국어인가? 외래어라면 과연 표준어로 인정해야 하는가? 이처럼 표준어로 인정되지 못할 외국어 음차 표기 어휘가 대량으로 『표준국어대사전』의 올림말로 등재되어 있기도 하고 그 반대로 '꽃미남'과 같은 상당수의 다듬은 말은 사용 빈도가 높지만 어떤 사전에서도 올림말로 등재되지 않았다.

김정섭(2007)은 "십 년에 걸쳐 우리 말살이의 대중으로 삼겠다고 만든 『표준국어대사전』에는 옛 한문 글귀, 일본 한자말, 따위와 보통 사람들의 삶과 거리가 먼 서양말까지 마구잡이로 올림말을 실어 놓았을 뿐만 아니라 자그마치 3,000군데나 틀린 곳이 있다니 국어사전에 기대어 대중말을 쓴다는 말은 터무니없다."라고 주장하고 있다.[10] 국어 규범을 바르게 반영해야 할 사전의 내용에 대한 뼈가 쓰릴 정도의 냉혹한 비판을 하고 있다. 이 모두 법령 규정을 엄격하게 집행하고 관리해야 할 정부기관이 어문정책 관리에 손을 놓고 있는 사이에 벌어진 일들이다.

3) 어문 규범과 정부언론외래어공동심의회

국제 교류가 확대되거나, 특히 국제 경기나 국제 학술 대회 등의 행사 기간 동안 아주 긴급하게 언론에 보도될 인명이나 지명 등의 외래어 표기법의 통일 문제를 해결하기 위해 「국어기본법」 제정 이전인 1991년부터 '정부언론외래어공동심의회'라는 임의기구를 구성하여 외래어 표기를 심의해 왔으며, 이를 통해 언론기관 간에 표기의 통일을 위한 조정 역할을 담당해 왔다. 「국어기본법 시행령」에 따르면 정부언론외래어공동심의회는 법률이 보장하는 심의 기구가 아니다. 그러나 「국어기본법 시행령」 제12조 제3

---

10) 김정섭, 「국어와 표준어와 외래어」, 『외솔회지』 제8집, 외솔회, 2007.

항의 ⑤에 따라 문화체육관광부장관은 학술단체 및 사회단체 등 민간부문에서 심의 요청한 관련 분야의 전문 용어 표준안에 대하여 국어심의회의 심의를 거쳐 확정하고 확정안을 고시할 수 있도록 규정하고 있다. 따라서 정부언론외래어공동심의회에서 심의한 것도 반드시 국어심의회의 심의를 거쳐 고시하도록 규정해야 한다. 「국어기본법」 제정 이전에 시행하던 관행을 그대로 지속해서는 안 된다. 문제는 정부언론외래어공동심의회의 법률적 지위가 「국어기본법」과 「국어기본법 시행령」에 전혀 반영되어 있지 않는 것이다. 다시 말하면 법률적으로 정부언론외래어공동심의회는 임의 단체에 지나지 않는다는 말이다. 물론 현행 정부언론공동심의회의 기능과 역할에 대한 보다 정밀한 논의가 필요하겠지만 법률적인 보장을 받도록 개정할 필요가 있다.

다만 58개 영역의 전문 용어에 대한 표기 및 순화에 대한 것은 제외되어야 할 것이다. 시사성이 있는 인명과 지명을 포함한 신조어 분야의 외래어 심의역할을 정부언론외래어공동심의회가 담당함으로써 언론보도에 신속하게 대처할 수 있는 장점은 있다. 그러나 최근 인명이나 지명의 문제만이 아니라 전문 용어와 신조어가 엄청나게 늘어남으로써 정부언론외래어공동심의회에서는 이러한 전문 용어 표기의 통일 문제까지를 담당할 수 있는 상황은 아니다. 따라서 합법적 절차에 따라 정부언론외래어공동심의회를 운영해야 할 것이며, 필요하다면 관련 법령을 개정해야 할 것이다.

외래어 표기의 통일을 위해 문교부에서는 편수자료로 외래어 표기 용례, 지명, 인명 자료집을 보급해오다가 국립국어연구원에서 『외래어 표기 용례집』을 간행해 왔다.[11] 언론 보도 자료와 교과서 편찬 등에 외래어의 표기 통일을 위해 많은 기여를 해온 것은 분명하다. 그러나 외래어와 외국어 음차 표기를 구분하지 않는 절차상의 문제 때문에 도리어 엄청난 외국어 음차 표기가 유포될 수 있는 빌미를 제공한 것임은 분명하다.

인명과 지명의 표기 문제는 그렇게 만만한 문제는 결코 아니다. 역사적 변화에 따라 국경과 국가가 바뀐 사례가 많기 때문에 동일한 지명이 시대에 따라 많은 변천을 거쳐 왔다. 또한 인명도 국적이 바뀐 경우에 태생 국가와 이민 국가 가운데 어디를 기준으로 할 것인지 판단의 문제가 뒤따라야 한다. 앞으로 인명과 지명 그리고 시사적인 외국어 음차 표기에 국한하여 정부언론외래어공동심의회를 중심으로 표기의 통일안을 마련하는 동시에 별도의 세계 인명 및 지명 사전을 편찬하여 보급할 필요가 있다. 규범과 그리고 사전, 자료집과 일치하지 않는 것을 최소화한 세계 인명 지명 사전 편찬 계획을 국가사업으로 추진할 필요성이 있음을 강조해 둔다.

4) 「국어기본법 시행령」에 규정한 실태 조사

「국어기본법 시행령」 제1장 총칙 제2조에 국어사용자의 실태

---

11) 문교부, 『외래어 표기 용례, 일반 외래어』(편수자료 2-1), 1987; 문교부, 『외래어 표기 용례, 지명, 인명』(편수자료 2-2), 1987; 국어연구소, 『외래어 표기 용례집(일반 용어)』, 1988; 국어연구소, 『외래어 표기 용례집(지명·인명)』, 1988; 국어연구소, 『표준국어대사전』, 1999; 국립국어연구원, 『외래어 표기 용례집, 지명』, 2002; 국립국어연구원, 『외래어 표기 용례집, 인명』, 2002; 국립국어연구원, 『포르투갈, 네덜란드, 러시아어 외래어 표기 용례집』(국립국어원 2005-1-26), 2005.

조사를 하도록 명시되어 있다. 제2조 (실태조사의 세부 사항 등) ①항에 「국어기본법」 제9조의 규정에 의하여 실시하는 실태조사는 "듣기·말하기·읽기 및 쓰기 능력 등 국민의 국어능력에 관한 사항", "경어敬語·외래어·외국어·표준어 및 지역어 사용 의식 등 국민의 국어의식에 관한 사항"으로 규정되어 있다. 곧 국어사용 환경에 관한 내용은

　　가. 국민의 듣기·말하기·읽기 및 쓰기 등의 실태
　　나. 국민의 경어·외래어·외국어·표준어 및 지역어 등의 사용 실태
　　다. 신문·방송·잡지 및 인터넷 등 대중매체에서의 언어 사용 실태
　　라. 가요·영화·광고·상호 및 상표 등에서의 언어 사용 실태

으로 규정하고 있다.

　이 가운데 외래어와 외국어에 대한 국민들의 사용 실태와 듣기·말하기·읽기 및 쓰기 등 영역별 사용 실태와 신문 방송 영화 등 다양한 매체에서의 사용실태를 조사하도록 명시되어 있다. 2006년 4월에 국립국어원에서 조사한 신문이나 정부 홈페이지에서 사용하고 있는 외래어와 외국어에 대한 인지율 조사 결과 18.5%로 나타났다. 2011년 2월 28일자 매일경제신문의 기사 내용을 살펴보자. 외국어를 국어로 표기할 때 사용자들이 보다 알기 쉽게 하기 위해 「외래어 표기법」의 규범에 따라 표기한다고 하지만 이러한 방식으로 개방적인 규범을 수용하면 결국 격조사나 어미만 남고 주요 단어는 거의 외래어로 가득 차게 될 것이다.

(1) 넥슨모바일이 선보인 "메이플스토리 시그너스 기사단".

　　넥슨모바일(대표 이승한)은 인기 모바일RPG '메이플스토리 시
그너스 기사단'의 안드로이드 버전을 T스토어와 올레마켓을 통
해 출시했다고 28일 밝혔다. [매경게임진 김상두 기자 sdkim@
mkinternet.com] 기사입력 2011.02.28 14:14:56|최종수정 2011.
02.28 14:45:28

　(1)의 예에서처럼 '넥슨모바일', '메이플스토리', '시그너스', '모
바일RPG', '안드로이드', '버전', 'T스토어', '올레마켓'과 같은 어
휘를 이해할 수 있는 국민이 어느 정도나 될까?

　「국어기본법 시행령」 제1장 총칙 제2조에 ②항에는 "문화체육
관광부장관은 제1항의 규범에 의한 실태조사를 한 때에는 그 결과
를 공표하여야 하고, 법 제6조의 규범에 의한 국어발전기본계획
(이하 '기본계획'이라 한다)을 수립할 때에 실태조사 결과를 반영
하여야 한다."라고 규정하고 있다. 그러나 법률이 규정하고 있는
이런 절차에 따른 어문정책 관리가 이루어지고 있는지 의문이다.

　외래어와 외국어가 지나치게 범람하고 있어서 한국어의 생태가
매우 불완전한 상황이다. 국가의 어문정책이 국어의 고유한 언어
기반을 절멸의 위기로 몰아가서는 안 될 일이다.

5) 어문 규범 영향 평가

　「국어기본법 시행령」 제1장 총칙 제4조 (어문 규범의 영향평가)
에서는 「국어기본법」 제12조 제2항의 규정에 의한 어문 규범에
관한 영향평가를 대통령령에 의거하여 실시하도록 규정하고 있

다. 따라서 「국어기본법 시행령」에서는 어문 규범이 국민의 국어 사용에 미치는 영향을 면밀하게 조사하여 어문 규범의 현실성과 합리성을 도출하도록 명시하고 있다. 특히 외래어 및 외국어 사용 실태에 대한 어문 규범 영향 평가는 매우 밀도 있게 조사할 필요가 있다. 지역별 연령별 외래어와 외국어에 대한 이해율, 인지율, 사용율 등의 다면적인 조사를 통해 외래어 정책을 새롭게 가다듬어야 할 것이다.

법령에 따라 현행 어문 규범이 안고 있는 한계를 파악하기 위해 충분한 어문 영향 평가가 수행되어야 한다. 그 결과를 토대로 하여 법령과 규범이 안고 있는 문제가 무엇인지 파악하여 신속하게 정책적 대안이 마련되어야 할 것이다.

6) 외국어 및 한자 사용 제한 규정

「국어기본법 시행령」제1장 총칙 제11조 (공문서의 작성과 한글 사용)에 의하면 공공기관에서 공문서를 작성하는 때에 괄호 안에 한자나 외국 문자를 쓸 수 있는 경우는 1. 뜻을 정확하게 전달하기 위하여 필요한 경우, 2. 어렵거나 낯선 전문어 또는 신조어新造語를 사용하는 경우로 한정하고 있다.

그러나 현실적으로 중앙정부부처는 물론이고 지방자치단체에서도 (2)의 예에서처럼 이 법규를 위반하고 외국어는 물론이거니와 영문 로마자를 그대로 사용하고 있다.

(2) 교과부: 프런티어 페스티벌, HRD, R&D, 커넥트 코리아(Connect Korea)

외통부: WTO Public Symposium

국방부: BTL, Foal Eagle(F/E) 훈련

문화체육관광부: 킬러 콘텐츠(Killer Contenze), 스타프로젝트

환경부: e-Echo Korea

이 문제에 대해서는 좀 더 열린 사고의 전환이 필요하다. 아무리 법령을 근거로 하여 비판하여도 정부부처부터 이를 따르지 않는 실정이다. 한글로만 적는다고 민족과 국가를 사랑하는 일은 아니다. 내용의 전달을 보다 분명하게 하기 위해 한글로 표현하기 힘든 경우도 있다. 특히 논문을 작성하거나 응축된 보고서 작성 등을 위해 한자나 외국어를 괄호 안에 표시하거나 첨자의 방식으로 표기할 수 있는 길을 열어주는 절충적인 방안도 강구해 법령상 권위를 지키도록 해야 할 것이다.

7) 「외래어 표기법」과 신조어

자국어 내부에 들어온 새로운 단어는 고유어의 결속을 통해 혹은 외래 언어적 요소들과의 결합으로 새로운 단어를 만들어 내게 된다. 자국어의 조어 생산력은 자국 문명과 문화 발전과 매우 긴밀한 관계가 있다. 그러나 최근 우리나라에서 신조어의 생산 방식은 거의 외국어의 음차 표기형끼리 결속시키거나 우리말의 일부를 결속시키는 매우 불안전한 방식으로 새로운 말들이 생산되고 있다.

신조어의 조어 양식은 고유어의 결속이나 한자어의 결속, 외국어의 결속, 고유어와 한자어 혹은 외국어의 결속 등의 양식으로 생산되고 있는데 외국어의 어휘소들의 결합으로 이루어지는 경

우가 가장 높은 생산력을 보이고 있다.

(3) 거울폰(거울+phon)
　　　공기캔(공기+can)
　　　구글한다(Google+하다)

　　　가제트족(gadget+族)
　　　갤러리촌(gallery+村)
　　　건실맨(健實+man)
　　　건테크(健(康)+tech(nology))
　　　갭이어(gap year)
　　　걸리시 마케팅(girlish marketing)
　　　골프폰(golf phone)

　(3)의 예에서처럼 신조어의 생산 양식은 이보다 훨씬 복잡하지만 외래어 혹은 외국어와 관련된 몇 가지 사례를 보더라도 전통적인 국어의 조어양식에서 완전히 일탈해 있음을 알 수 있다. 고유어나 한자어의 요소와 외래어 혹은 외국어의 요소를 혹은 외래어나 외국어의 요소들 결속시켜 생산하는 신조어는 우리말 기반의 뿌리를 흔들고 있다. 그러나 이러한 신조어 관리에 대한 문제는 속수무책의 상황이다.

　국립국어원에서는 1991년부터 우리말 다듬기를 통해 22,000여 개의 다듬은 말을 신조어로 공급하고 있다. 2004년 7월 5일부터 '모두가 함께 우리말 다듬기www.malteo.net' 인터넷 사이트를 개설하여 운영하고 있는데 이를 다듬은 말도 일종의 신조어이다. 그러나 이들 신조어 관리에 대한 법령이나 규범에 어떤 근거도 찾아볼 수 없다. 「한글 맞춤법」 제1장 총칙 제1항에 "한글맞춤법은 표준어를 소리대로 적되, 어법에 맞도록 함을 원칙으로 한다."라는 규정에 의하면 신조어가 '표준어'에 포함될 수 있는 어떤 규범의 근거도 찾아 볼 수 없다. 인터넷 통신언어와 함께 신조어는 어문 규범 관리의 사각지대에 놓여 있다고 할 수 있다.

8) 전문 용어 관리

최근 급격하게 늘어나는 전문 용어에는 주로 외국어 원어가 그 대로 밀려들고 있기 때문에 이에 대한 관리는 매우 중요하다. 「국어기본법」 제17조 (전문 용어의 표준화 등)에는 "국가는 국민이 각 분야의 전문 용어를 쉽고 편리하게 사용할 수 있도록 표준화하고 체계화하여 보급하여야 한다."라고 규정하고 있다. 동 규정에 따라 「국어기본법 시행령」 제12조 (전문 용어의 표준화 등)에는 매우 분명한 관리 체계에 대한 내용을 규정하고 있음에도 불구하고 법령 이행을 위한 아무 대책을 수립하지 못하고 있다.

먼저 전문 용어의 표준화와 체계화를 위해 중앙행정기관에는 5인 이상 20인 이하의 위원으로 구성되는 "전문용어표준화협의회"를 두도록 명시하고 있으나 동 법령이 발효된 이후 정부 대부분의 부처에서도 이 협의회를 구성하지 않고 있다.

여러 학문 분야별 밀려들어 오는 외국어로 된 전문 용어(학술 용어, 상품명, 약어 등)를 우리말로 번역하거나 원어 그대로 음차 표기를 하여 사용함으로써 맞춤법, 띄어쓰기, 표기법 규범에 어긋

날뿐더러 통일이 되지 않아 매우 혼란스럽다. 정부의 지식 정보 기술의 발전을 위해서도 전문 용어의 효율적인 관리 문제는 매우 시급하게 관심을 기울여야 할 분야임에도 그대로 방치하고 있는 상황이다. 「국어기본법 시행령」 제12조에서 규범하고 있는 전문 용어 관리체계를 도식화하면 다음과 같다.

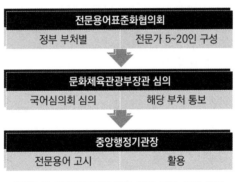

〈그림 1〉 국어기본법에 따른 전문 용어 관리 절차

1) 전문용어표준화협의회 구성: 「국어기본법」 제17조의 규정에 따라 각 중앙행정기관에 5인 이상 20인 이하의 위원으로 구성된 전문용어표준화협의회를 두며, 그 협의회는 해당 기관의 국어책임관·관계분야 전문가 및 공무원으로 구성한다. 중앙행정기관별 전문 용어 표준화와 체계화는 「국어기본법 시행령」 제12조 제1항의 규범에 따라 부처별로 구성한 전문용어표준화협의회의 심의를 거쳐 문화체육관광부장관에게 심의를 요청해야 한다.

2) 문화체육관광부 장관은 국어심의회의 심의 절차: 문화체육관

광부장관은 「국어기본법 시행령」 제12조 제2항의 규정에 따라 중앙정부 부처별로 심의 요청된 전문 용어 표준안을 국어심의회의 심의를 거쳐 확정한 후 이를 해당 중앙행정기관의 장에게 회신한다.

3) 중앙행정기관의 장은 확정안을 고시: 중앙행정기관의 장은 「국어기본법 시행령」 제12조 제3항의 규범에 의하여 고시된 전문 용어를 소관 법령의 제정·개정, 교과용 도서 제작, 공문서 작성 및 국가 주관의 시험 출제 등에 적극 활용하여야 한다.

「국어기본법 시행령」 제12조 제3항의 ⑤에 따라 문화체육관광부장관은 학술단체 및 사회단체 등 민간부문에서 심의 요청한 관련 분야의 전문 용어 표준안에 대하여 국어심의회의 심의를 거쳐 확정하고 확정안을 고시할 수 있다. 따라서 정부언론외래어 공동심의회에서 심의한 것은 반드시 국어심의회의 심의를 거쳐 고시하도록 규정하고 있다. 2005년 「국어기본법」이 발효된 이후 이와 같은 절차와 과정을 이행하고 있는지 의문이다.

「외래어 표기법」 구성과 내용의 문제

「외래어 표기법」은 전체 4장인데 제1장은 표기의 기본 원칙, 제2장은 표기 일람표, 제3장은 표기 세칙, 제4장은 인명, 지명 표기의 원칙으로 구성되어 있다.

1) 제1장 표기의 기본 원칙

「외래어 표기법」의 제1장 표기의 기본 원칙은 전체 5항으로 구성되어 있다.

제1항 외래어는 국어의 현용 24자모만으로 적는다.

제2항 외래어의 1음운은 원칙적으로 1 기호로 적는다.

제3항 받침에는 'ㄱ, ㄴ, ㄹ, ㅁ, ㅂ, ㅅ, ㅇ'만을 쓴다.

제4항 파열음 표기에는 된소리는 쓰지 않는 것을 원칙으로 한다.

제5항 이미 굳어진 외래어는 관용을 존중하되, 그 범위와 용례는 따로 정한다.

제1장의 표기 기본 원칙에 '외래어'의 개념이 명시되지 않았다. 다만 한글맞춤법 제1장 총칙 제3항에 "외래어는 '외래어 표기법' 에 따라 적는다."는 규정과 표준어 규범 제1부 표준어 사정 원칙 제 1장 총칙, 제2항에 "외래어는 따로 사정한다."고 규정하고 있 다. 곧 외래어는 외래어 표기법에 따라 적은 것 가운데 따로 사정 한 것만을 의미한다고 할 수 있다. 그러나 외래어를 전면적으로 따로 사정한 적이 거의 없다. 다만 1991년부터 '정부언론외래어공 동심의회'에서 주로 인명이나 지명 등 시사적인 내용을 토론하여 언론사를 중심으로 통일된 표기의 기준을 삼고 있으며, 이를 통해 모아진 자료를 국립국어원에서 『외래어표기용례집』으로 몇 차례 간행한 바가 있다.

(4) 가제09(「독」Gaze) 명=거즈(gauze).
　　거즈(gauze) 명 가볍고 부드러운 무명베. 흔히 붕대로 사용한다.
　　≒가제09(Gaze).

(5) 옥도-정기(沃度丁幾) [-또--] 명『약학』 요오드, 요오드화칼륨 따

위를 알코올에 녹인 용액. 어두운 붉은 갈색으로 소독에 쓰이거나 진통, 소염 따위에 쓰이는 외용약이다. '요오드팅크'로 순화. 늑옥정04(沃丁).

요오드(「독」Jod) 몡 『화학』 할로겐족 원소의 하나. 광택이 있는 어두운 갈색 결정으로 승화하기 쉬우며, 기체는 자주색을 띠며 독성이 있다. 바닷말에 많이 들어 있으며 의약품이나 화학 공업에 널리 쓴다. 원자 기호는 I. 원자 번호는 53, 원자량은 126.9045. 늑아이오딘·옥도04(沃度)·옥소02(沃素).

아이오딘(iodine) 몡 『화학』=요오드.

옥도04(沃度) [−또] 몡 『화학』=아이오딘.

옥소02(沃素) [−쏘] 몡 『화학』=아이오딘.

요오드팅크 미등재 어휘

(6) 라벨01(label) 몡 『경제』 「1」 종이나 천에 상표나 품명 따위를 인쇄하여 상품에 붙여 놓은 조각. 분류 번호, 취급상의 주의 사항, 제품의 크기, 가격 따위를 써넣기도 한다. 늑레이블·레터르「1」. 「2」 파일의 관리나 처리의 편의를 위하여 파일에 붙이는 특별한 항목 표시 기록.

레이블(label) 몡 『경제』=라벨01(label) 「1」.

레테르 미등재 어휘.

위의 예 (4)~(6)은 국어규범에 따라 만든 『표준국어대사전』에 실린 외래어의 몇몇 사례이다. (4) 가제Gaze와 거즈gauze는 독일식 표기냐 미국식 표기냐에 따라 두 개의 올림말을 표준어로 싣고 있다. 동일한 대상이 이처럼 국가별 표기법에 따라 각각 달리 표기하여 올림말로 삼아 사전에 다 싣는다면 어떻게 될까?

이와 유사한 사례는 제3장 표기 세칙 제11절 루마니아어의 표기 제1항에 'septembrie셉템브리에'로 제14절 노르웨이어의 표기 제1항에 'september셉템베르'로 영어인 경우'september셉템버'로 표기한 사례를 들고 있다. 'sep·tem·ber[septémbər]'를 이처럼 나라마다 외래어 표기 세칙에 따라 달리 표기한 단어를 모두 외래어로 인정한다면 우리말 사전이 어떤 모습이 될까?

(5)의 '옥도정기'와 '옥도', '옥소'는 일본식 한자 조어형이고 독일식 발음인 '요오드'와 미국식 발음인 '아이오딘'이 모두 표준어로 인정하여 『표준국어대사전』에 등재되어 있는 실정이다. 더군다나 국립국어원에서 순화어로 만든 '요오드팅크'는 아예 사전에 실리지도 않았다. (3)에서 일본식 외래어인 '레테르'는 '라벨'의 뜻풀이에까지 사용하면서 올림말에는 빠져 있다. 'la·bel'의 영국식 발음인 [léibəl]과 '라벨'이라는 발음 모두를 외래어로 사전의 올림말로 인정하고 있다.

이러한 외래어를 언제 누가 표준어 규정 제1부 표준어 사정 원칙 제 1장 총칙, 제2항에 "외래어는 따로 사정한다."고 규정하였는지 밝혀야 할 것이다. 과문한 탓인지 모르지만 『표준국어대사전』의 편찬자들이 임의로 이처럼 외래어로 인정하여 마구잡이로 사전에 등재한 결과이다.

제1장 외래어 표기의 기본 원칙에서 「한글 맞춤법」 제1장 총칙 제3항에 "외래어는 '외래어 표기법'에 따라 적는다."는 규정은 마련되어 있지만 「표준어 규정」 제1부 표준어 사정 원칙 제 1장

총칙, 제2항에 "외래어는 따로 사정한다."는 규정만 있을 뿐 사정의 기준이나 원칙은 없다. 그리고 국어심의회에서서 사정하도록 규정하고 있음에도 불구하고 제대로 사정한 사례가 없다.

앞으로 과학 기술의 발달과 더불어 넘쳐나는 전문 용어를 관리하기 위해서는 반듯한 외래어 관리정책이 수립되지 않는다면 '게놈'(「독」Genom)이 미국식으로는 '지놈(genome[dʒíːnoum])'으로 표기되면 '게놈'과 '지놈'이 서로 충돌 되지 않을 수 없는 상황이 지속될 것이다.

「외래어 표기법」의 제1장 제1항은 "외래어는 국어의 현용 24자모만으로 적는다."라는 규정은 「한글 맞춤법」 제2장 자모 제4항에 제시된 24자모로 한정하는 규정이지만 실재로는 [붙임 1]에 나타나는 16자를 더 포함시켜야 한다. 현실적으로 현재 외래어 표기는 붙임 16자를 합쳐 40자로 표기하고 있다. 그런데 현용 24자모만으로 적는다는 규정은 수정되어야 한다. 「한글 맞춤법」 제2장 제4항 규정의 수정이 불가피하다. [붙임 1]의 자음도 모두 단자음이며 모음 가운데 'ㅐ, ㅔ, ㅚ, ㅟ'는 단모음화된 음소이기 때문에 이를 분리해서 설명할 필요가 전혀 없는 것이다.

「외래어 표기법」의 제4항의 "파열음 표기에는 된소리를 쓰지 않는 것을 원칙으로 한다"는 규정을 「외래어 표기 규정」에 삽입한 이유는 된소리 표기를 줄여서 우리말을 발음을 보다 부드럽고 아름답게 표기하려는 취지나 의도는 충분히 수긍이 간다. 그리고 외래어 표기는 반드시 원음주위에 충실해야 할 이유도 없다. 예를 들어 '中國'을 '뗑꿔어'로 표기하지 않고 '듕귁'으로 표기한 세종대왕의 슬기처럼 우리말 음운체계에 맞게 표기하는 기본 원칙을 고려할 필요는 있지만 최근 외래어의 원음주의 표기에 대한 필요성이 대두되고 있다. 외래어에 대한 원음주의 표기를 요구하는 대표적인 사례로 영어의 치간음(θ), 순치음(f, v)의 표기 문자를 훈민정음 문자를 재활용하자는 주장이 제기되고 있다. 그뿐만 아니라 '오렌지'를 미국식 발음으로 [ɔ : rindʒ]나 영국식 발음으로 [árindʒ]로 왜 표기하지 않느냐는 논의가 제기되기도 하였다.

외국어의 원음에 충실하게 표기하기 위해서는 실로 많은 문자가 필요하다. 그러나 한글표기가 전 세계의 언어를 표기하는 국제음성부호가 아니다. 새로운 음소를 하나 더 만들 경우 모든 출판물들의 출판 시스템의 변화와 국제 문자자판의 코드 통일 등 엄청난 재정적 분담이 뒤따를 뿐만 아니라 엄청난 혼란의 소용돌이로 휩쓸릴 위험이 따른다. 된소리 표기의 문제도 동남아시아 3개국 표기 세칙인 '말레이인도네시아어의 표기, 타이어의 표기, 베트남어의 표기법'에서는 된소리 표기를 인정하고 있다. 그뿐만 아니라 관용화된 일본 외래어 표기에도 된소리표기를 용인하고 있다. 따라서 동구어와 러시아어에서 된소리 표기 문제는 재검토되어야 할 것이다.

다음 "제5항의 이미 굳어진 외래어는 관용을 존중하되, 그 범위와 용례는 따로 정한다."는 규정은 왜 만들었는지 모르겠다. 규정이 있으면 그 규정에 따라 인정 범위와 용례는 따로 정한다고 해놓고는 어디에도 없다. 국가 규범의 신뢰성과 공신력의 문제와 관계되는 일이다.

(7) 깡통(-筒) 뗑「1」양철을 써서 둥근기둥 꼴로 만든 통조림통 따위

의 통. 「2」 아는 것이 없이 머리가 텅 빈 사람을 속되게 이르는 말. 【← can＋통(筒)】

빠꾸(「일」bakku) 閔 「1」 차량 같은 것을 뒤로 물러가게 함. '뒤로', '후진04'으로 순화. 「2」 물건을 받지 않고 되돌려 보냄. '퇴짜'로 순화. 【＜back】

리어-카(▼rear car) 閔 자전거 뒤에 달거나 사람이 끄는, 바퀴가 둘 달린 작은 수레. '손수레'로 순화. ≒후미차.

사시미02(「일」sashimi[刺身]) 閔 → 생선회.

사지02 閔 『수공』 → 서지06(serge).

사쿠라(「일」sakura[櫻]) 閔 「1」 다른 속셈을 가지고 어떤 집단에 속한 사람. 특히 여당과 야합하는 야당 정치인을 이른다. '사기꾼', '야바위꾼'으로 순화. 「2」 → 벚꽃 「1」. 「3」 『운동』 → 벚꽃 「2」.

와이-셔츠(▼← white shirts) 閔 양복 바로 안에 입는 서양식 윗옷. 칼라와 소매가 달려 있고 목에 넥타이를 매게 되어 있다. ≒와이샤쓰.

바께쓰(「일」byaketsu) 閔 한 손으로 들 수 있도록 손잡이를 단 통. '들통02', '양동이'로 순화. 【＜bucket】

　(7)의 예들은 관용화된 일본식 외래어로 『표준국어대사전』에 올림말로 실려 있는 예들이다. 「외래어 표기법」의 제1장 표기의 기본 원칙에 규정된 된소리를 쓰지 않는 다는 원칙에도 위배되었을 뿐만 아니라 "제5항의 이미 굳어진 외래어는 관용을 존중하되, 그 범위와 용례는 따로 정한다."는 기준에 따라 그 범위와 용례를

선정하여 사전에 등재해야 할 것이다.

2) 제2장 표기 일람표

제2장 표기 일람표는 국제음성부호(IPA)를 비롯하여 19개 국가
어의 자모 대조표를 제시하고 있다.

[도표-1] 국가별 외래어 표기 일람표

표	표기 일람표	제정 시기
[표-1]	국제 음성 기호와 한글 대조표	문교부 고시 제85-11호(1986. 1. 7)
[표-2]	에스파냐어 자모와 한글 대조표	문교부 고시 제85-11호(1986. 1. 7)
[표-3]	이탈리아어 자모와 한글 대조표	문교부 고시 제85-11호(1986. 1. 7)
[표-4]	일본어의 가나와 자모와 한글 대조표	문교부 고시 제85-11호(1986. 1. 7)
[표-5]	중국어의 주음 부호와 자모와 한글 대조표	문교부 고시 제85-11호(1986. 1. 7)
[표-6]	폴란드어 자모와 한글 대조표	문교부 고시 제1992-31호(1992.11.27)
[표-7]	체코어 자모와 한글 대조표	문교부 고시 제1992-31호(1992.11.27)
[표-8]	세르보크로아트어 자모와 한글 대조표	문교부 고시 제1992-31호(1992.11.27)
[표-9]	루마니아어 자모와 한글 대조표	문교부 고시 제1992-31호(1992.11.27)
[표-10]	헝가리어 자모와 한글 대조표	문교부 고시 제1992-31호(1992.11.27)
[표-11]	스웨덴어 자모와 한글 대조표	문화체육부 고시 제1995-8호 (1995. 3.16)
[표-12]	노르웨이어 자모와 한글 대조표	문화체육부 고시 제1995-8호 (1995. 3.16)
[표-13]	덴마크어 자모와 한글 대조표	문화체육부 고시 제1995-8호 (1995. 3.16)
[표-14]	말레이인도네시아어 자모와 한글 대조표	문화관광부 고시 제2004-11호 (2004.12.20)
[표-15]	타이어 자모와 한글 대조표	문화관광부 고시 제2004-11호 (2004.12.20)

표	표기 일람표	제정 시기
[표-16]	베트남어 자모와 한글 대조표	문화관광부 고시 제2004-11호 (2004.12.20)
[표-17]	포르투갈어 자모와 한글 대조표	문화관광부 고시 제2005-32호 (2005.12.28)
[표-18]	네덜란드어 자모와 한글 대조표	문화관광부 고시 제2004-11호 (2004.12.20)
[표-19]	러시아어 자모와 한글 대조표	문화관광부 고시 제2004-11호 (2004.12.20)

1995년 이후에 동남아시아 및 포르투갈 등 외래어 표기 일람표를 추가하지 않은 채 아직까지 "외래어는 [표 1~13]에 따라 표기한다."라고 하여 규범 자체의 오류를 그대로 방치하고 있다. "외래어는 [표 1~19]에 따라 표기한다."라고 수정되어야 할 것이다.

제2장 표기 일람표는 크게 두 가지 관점에서 접근해야 한다. '[표-1] 국제 음성 기호와 한글 대조표'는 발음 전사Pronunciation transcription 기준이다. 이 국제 음성 기호는 전 세계 모든 언어를 표기할 수 있는 음성 부호 알파벳phonetic alphabet(symbol)이다. 사실 [표-1] 국제 음성 기호와 한글 대조표는 발음 전사 기준만 있으면 국가별 표기 일람표는 아무 소용이 없다. 다만 인명이나 지명 등 해당 국가의 사전에 등재 되지 않은 어휘의 경우도 구글Google을 비롯한 음성지원시스템이 있기 때문에 전사 표기는 전혀 문제가 되지 않는다.

그런데 [표-2]에서 [표-19]까지 국가별 표기 일람표는 자모 Alphabet 전사 기준이다. 앞의 발음 전사 기준만 있으면 세계 대부분의 국가 외래어를 표기할 수 있다. 발음 표기 전사 기준과 국가별 알파벳 전사 기준은 본질적으로 다른 것이다. 예를 들어 영어에서 /e/는 무려 7~8종의 발음으로 실현되기 때문에 자모 전사 방법에서는 이런 변이 환경을 모두 설명해 줄 필요가 있어 외래어 표기법이 무척 난해해질 수밖에 없다.

제3장 표기 세칙에 제1절, 영어의 표기, 제2절 독일어의 표기, 제3절 프랑스어의 표기가 제2장 표기 일람표에 없는 이유가 어디에 있는가. 국제 음성 기호와 한글 대조표만 있으면 가능했기 때문이다. 그러나 이러한 기본 원칙을 깨뜨리고 국가별 표기 세칙을 만들어 간다면 외래어 표기법은 끝없이 늘어날 수밖에 없다. 현재도 그리스어 표기법 등을 제정하기 위한 준비가 되어 있는 것으로 알고 있다.

실제로 1986년도에 재정한 [표-5] 중국어의 주음부호와 한글 대조표도 한어 병음 자모 대조표로 전환해야 한다.

1992년도에 제정한 [표-8] 세르보크로아트어 자모와 한글 대조표는 이젠 유명무실해졌다. 세르비아, 보스니아, 크로아티아로 국가 분열이 이루어진 상태이다. 물론 아직 이들은 세르비아어를 기원적으로 사용하고 있기 때문에 큰 문제는 아니지만, 국가 규범이 이를 그대로 받아들여야 하는가는 문제가 아닐 수 없다.

복수 공통어를 사용하는 아프리카나 남태평양의 여러 국가나 구소련에서 분리된 국가들에 대한 외래어 표기법을 고려한다면 외래어 표기법이 수백 가지가 넘어설 가능성도 있다는 말이다.

국가별 표기 일람표는 자모 전사로 계속 표기법을 만들어 나갈 경우 이슬람 계 국가의 외래어 표기 문제나 고어인 라틴어의 경우 고전 라틴어와 스콜라 라틴어 가운데 무엇을 기준을 할 것인지 결코 쉬운 일이 아니다.

특히 지명은 다양한 민족이 모여 사는 경우 어떤 민족 언어가 지배했는가? 혹은 시대와 국가에 따라 다양하게 명명되었기 때문에 이를 고려한다면 외래어 표기법은 사용자에게는 엄청난 부담이 되지 않을 수 없다.

3) 제2장 표기 일람표 용례 분석

「외래어 표기법」제2장 표기 일람표는 5차례에 걸쳐 국가별 외래어 표기 대응표가 정부 고시로 발표되었다.

1986년 1월 7일에 국제 음성 기호와 한글 대조를 비롯한 4개 국가 자모와 한글 대조표가 발표되었다(문교부 고시 제85-11호).

1992년 11월 27일에는 동구의 폴란드를 비롯한 5개국의 국가 자모와 한글 대조표가 발표되었다(문화부 고시 제1992-31호).

1995년 3월 16일에는 북유럽의 노르웨이를 비롯한 3개 국가 자모와 한글 대조표가 발표되었다(문화체육부 고시 제1995-8호).

2004년 12월 20일에는 동남아 3개 국가 자모와 한글 대조표가 발표되었다(문화체육부 고시 제2004-11호).

2005년 12월 28일에는 포르투갈, 네덜란드, 러시아 3개 국가 자모와 한글 대조표가 발표되었다(문화체육부 고시 제2005-32호).

이 자모 대조표는 상대 국가의 음소에 한글 음소를 대조한 자모 전사 방식이다. 외래어를 표기하기 위해서는 상대 국가의 음운변화의 원리까지를 고려한 매우 친절한 표기법이기 하지만 영어, 독일어, 프랑스어와 같이 국제 음성 기호와 한글 대조표만 있어도

충분히 발음 전사가 가능함에도 불구하고 자모 전사라는 이중의
전사 기준을 만든 것이 문제이다. 물론 원음주의에 따른 국가별
표기를 보안할 필요는 있다. 제3장과 같은 간략한 표기 세칙을
보완한다면 충분히 가능하다.

[도표-2] 국가별 외래어 표기 용례 분석

표	표기 일람표	용례	표준국어대사전 미등재 어휘수
[표-1]	국제 음성 기호와 한글 대조표	없음	없음
[표-2]	에스파냐어 자모와 한글 대조표	45개	1개
[표-3]	이탈리아어 자모와 한글 대조표	50개	17개
[표-4]	일본어의 가나와 자모와 한글 대조표	없음	없음
[표-5]	중국어의 주음 부호와 자모와 한글 대조표	없음	없음
[표-6]	폴란드어 자모와 한글 대조표	99개	5개
[표-7]	체코어 자모와 한글 대조표	90개	2개
[표-8]	세르보크로아어 자모와 한글 대조표	72개	0개
[표-9]	루마니아어 자모와 한글 대조표	53개	11개
[표-10]	헝가리어 자모와 한글 대조표	80개	0개
[표-11]	스웨덴어 자모와 한글 대조표	66개	20개
[표-12]	노르웨이어 자모와 한글 대조표	164개	10개
[표-13]	덴마크어 자모와 한글 대조표	144개	13개
[표-14]	말레이인도네시아어 자모와 한글 대조표	92개	14개
[표-15]	타이어 자모와 한글 대조표	82개	3개
[표-16]	베트남어 자모와 한글 대조표	100개	1개
[표-17]	포르투갈어 자모와 한글 대조표	94개	10개
[표-18]	네덜란드어 자모와 한글 대조표	107개	16개
[표-19]	러시아어 자모와 한글 대조표	96개	31개
총계		1,434개	154개

[도표-2]에서처럼 표기 일람표에 예를 든 용례가 한글로 표기된 경우 모두 표준어로 되어야 할 것이다. 그러나 실제로 『표준국어대사전』에 올림말로 실려 있는 용례는 매우 적은 편이다. 총 1,434개 가운데 154개만이 『표준국어대사전』에 올림말로 등재되어 있다. 영어, 독일어, 프랑스어를 포함하여 일본어와 중국어의 용례는 단 한 개도 실려 있지 않다.

1) 전문 용어, 인명, 지명

전문 용어와 인명, 지명의 표기법에 나타나는 문제에 대해 살펴보자.

(8) 야마03(「에」llama) 圐 『동물』 낙타과의 포유류. 야생의 과나코를 가축화한 종으로 낙타와 비슷하나 훨씬 작아서 어깨의 높이는 1.2미터 정도이고, 몸의 길이는 2~2.4미터이며, 털은 검은색·갈색·흰색이다. 몸과 다리가 길다. 귀는 길고 끝이 뾰족하며 등에 혹이 없다. 타거나 짐을 싣고 털은 직물, 가죽은 구두의 원료로 쓰며 고기는 식용한다. 늑라마02·아메리카낙타. (Lama glama)

캄파넬라02(Campanella, Tommaso) 圐 『인명』 이탈리아의 철학자·사상가(1568~1639). 나폴리의 독립 운동에 가담하여 27년간 투옥되었다. 감각을 인식의 원천으로 하여 범신론적 자연관을 설명하였다. 저서에 『태양의 나라』, 『진정 철학(眞正哲學)』따위가 있다.

포즈난(Poznań) 圐 『지명』 폴란드 중서부, 바르타 강(Warta江)에 면하여 있는 항구 도시. 교통 요충지로 기계, 자동차 따위의 공업이 발달하였다.

(8)의 예에서 '야마', '캄파넬라', '포즈난'과 같이 전문 용어나 혹은 인명이나 지명이 주를 이루고 있다. 이처럼 외국 전문 용어, 인명이나 지명을 모두 외래어 표기에 따라 한글로 적은 것을 모두 표준어로 인정한다면 한국어의 어휘는 앞으로 어떻게 될 것인가? 이들 어휘에 대한 인지율, 이해율, 사용율의 기준으로 면밀하게 검토하여 표준어로 등재해야 할 어휘와 전문 용어와 외국 인명 지명은 분명하게 별도로 관리해야 할 문제이다. 일부 사용 사용율이 비교적 높은 어휘는 우리말로 순화하는 공정을 거치기도 하지만 순화된 외래어를 언중들이 선뜻 받아들이지 않는 문제를 어떻게 해결해야 할 것인지도 논의되어야 할 과제이다.

2) 외래어 동음어

아래의 예처럼 외국어를 모두 한글로 표기했을 경우 외래어의 동음어가 엄청나게 늘어날 것이다.

(9) 포트01(phot) 「의존명사」『물리』 조명도의 시지에스(CGS) 단위. 1포트는 1㎠당 1루멘의 광속을 받는 면의 조명도로, 1만 럭스(lux)에 해당한다. 기호는 Ph.

포트02(port) 〔명〕=포트와인.

포트03(port) 〔명〕『컴퓨터』 중앙 처리장치와 주변장치가 통신하는 데 사용하는 컴퓨터의 연결 부분. 이것을 통하여 프린터나 전용 회선, 모니터 따위의 주변 장치와 연결한다.

포트(pod) 폴란드어 자모와 한글 대조표 용례. (사전에 미등재)

(10) 빅토리아01(Victoria) 몡『문학』로마 신화에 나오는 승리의 여신.
그리스 신화의 니케에 해당한다.

빅토리아02(Victoria, Tomás Luis de) 몡『인명』에스파냐의 작곡
가(?1548~1611). 마드리드 근교의 수도원 사제 겸 음악가로, 미사
곡·모테토 따위의 교회 음악을 많이 남겼다.

빅토리아03(Victoria) 몡『인명』영국의 여왕(1819~1901). 하노버
왕조의 마지막 영국 군주로, 영국의 전성기를 이루고, 군림하되
통치하지 않는다는 전통을 확립하였다. 재위 기간은 1837~1901
년이다.

빅토리아04(Victoria) 몡『지명』인도양, 세이셸 제도의 마헤
(Mahé) 섬에 있는 항구 도시. 문화와 산업의 중심지로서 병원과
사범 대학을 비롯한 현대적인 시설들을 갖추고 있다. 세이셸의
수도이다.

빅토리아05(Victoria) 몡『지명』캐나다 밴쿠버 섬의 남쪽에 있는
항구 도시. 목재, 고무, 통조림 따위를 수출한다. 브리티시컬럼비
아 주의 주도(州都)이다.

(11) 코크(Kock) 스웨덴어 자모와 한글 대조표(사전에 미등재)
코크(Cork) 몡『지명』아일랜드 남부, 리 강(Lee江) 하구에 있는
항구 도시. 이 나라 제이의 도시이며, 상공업 중심지이다. 아일랜
드 독립 운동의 중심지였으며, 유럽 대륙과 국내 각 항구를 적출하
는 농산물 거래소가 많다.

(9)의 예 '포트'처럼 외국어를 모두 한글로 표기한 경우 엄청난 양의 동의가 생겨날 것이다. 현행 외래어 표기법에 따라 표기된 어휘를 모두 표준어로 인정한다면 한국어의 어휘 생태의 기반은 무너질 수밖에 없게 된다. 특히 포트pod는 폴란드어 자모와 한글 대조표 용례에 실린 어휘이지만 사전에 등재되어 있지 않다. (11)의 예 '코크'의 경우 사전에는 아일랜드 항구 도시 이름만 등재되어 있기 때문에 스웨덴어 자모와 한글 대조표에 실린 '코크Kock'에 대한 내용은 스웨덴어 사전을 참고하지 않으면 그 내용을 확인할 길이 없다.

3) 외래어 동의어

외래어 표기 일람표의 용례들을 면밀하게 검토해 보면 국가 간의 동의어가 엄청나게 쏟아져 나올 수 있다. 아래의 예 (12)~(18)의 예에서처럼 영어의 제로zero를 한글로 표음한 것을 외래어로 인정하는 경우 라틴어에 기반을 둔 모든 인구어의 국가별 동의어형 '제로'가 모두 표준어로 인정될 수 있는 말이다. 셉템버september는 실재로 노르웨이어와 덴마크어의 표기 용례로 들고 있다. 월月을 표시하는 외국어를 모두 한글로 표기한 것을 외래어로 인정한다면 어떻게 될까? 외래어 동의어 처리 문제만 하더라도 외래어 정책의 근간이 흔들릴 수 있다.

(12) 제로02(zero) 몡 「1」=영14(零) 「1」. 「2」 전혀 없음.
    제로(zero) 폴란드어 자모와 한글 대조표 용례. (사전에 미등재)

(13) 피크(peak) 🖭「1」어떤 상태가 가장 고조될 때. '절정03', '절정기', '한창01'으로 순화. 「2」『공업』어떤 양이 가장 많아지는 순간의 값.

피크(fik) 체코어 자모와 한글 대조표 용례. (사전에 미등재)

(14) 킬로그람(kilogram) 루마니아어 자모와 한글 대조표 용례. (사전에 미등재)

킬로그램(kilogram) 🖭 국제단위계에서 질량의 단위. 사방 10cm인 물의 질량에서 유래하였으나, 현재 국제 도량형국에 보관된 킬로그램원기의 질량으로 정의한다. 1킬로그램은 1그램의 1,000배이다. 기호는 kg. 늑킬로「1」.

(15) 탁시(taxi) 루마니아어 자모와 한글 대조표 용례. (사전에 미등재)

택시(taxi) 🖭 요금을 받고 손님이 원하는 곳까지 태워다 주는 영업용 승용차.

(16) 섹스(sex) 스웨덴어 자모와 한글 대조표 용례. (사전에 미등재)

섹스(sex) 덴마크어 자모와 한글 대조표 용례. (사전에 미등재)

섹스(sex) 🖭「1」=성07(性)「2」.「2」=성07「3」.

(17) 셉템베르(september) 노르웨이어 자모와 한글 대조표 용례. (사전에 미등재)

셉템베르(september) 덴마크어 자모와 한글 대조표 용례. (사전에 미등재)

셉템버(september) 영어의 표기. (사전에 미등재)

(18) 호프01(「독」Hof) 뗑 한 잔씩 잔에 담아 파는 생맥주. 또는 그
생맥주를 파는 맥줏집.
호프(hop) 덴마크어 자모와 한글 대조표 용례. (사전에 미등재)

4) 차용 외래어의 처리 문제

최근 세계의 언어가 마구 뒤섞이고 있다. 특히 국가 간의 외국어
가 차용되어 자국의 발음대로 읽혀지고 있기 때문에 어느 나라를
기준으로 표기하느냐에 따라 표기를 한다면 동의 외래어형이 엄
청나게 늘어나게 될 것이다. 독일식 외래어 '루터'를 실재로 스웨
덴어 자모와 한글 대조 용례에 '루테르'로 표기하여 실어두고 있
다. 러시아의 '도스토옙스키'가 미국에서는 '다스터옙스키'가 된
다. '블라디보스토크'와 '마키아벨리'처럼 전 세계 인명과 지명이
차용국마다 철자가 달라지거나 발음이 달라지면 동일한 인명이
나 지명이 수십 가지 이상으로 표기될 수 있다는 말이다.

서양 고대사를 연구할 경우 국경이나 국가가 달라진 고대지명
을 어떻게 표기할 것인지 문제가 된다.

(19) 루터(Luther, Martin) 뗑 『인명』 독일의 종교 개혁자·신학 교수
(1483~1546). 1517년에 로마 교황청이 면죄부를 마구 파는 데에
분격하여 이에 대한 항의서 95개조를 발표하여 파문을 당하였으
나 이에 굴복하지 않고 종교 개혁의 계기를 마련하였다. 1522년
비텐베르크 성에서 성경을 독일어로 완역하여 신교의 한 파를

창설하였다.

루테르(Luther) 스웨덴어 자모와 한글 대조표 용례. (사전에 미등재)

(20) 도스토옙스키(Dostoevsky, Fyodor Mikhailovich) 몡『인명』제정
러시아의 소설가(1821~1881). 19세기 러시아 리얼리즘 문학의 대
표자로, 잡지『시대』와『세기』를 간행하면서 문단에 확고한 터전
을 잡았다. 인간 심리의 내면에 깃들인 병적이고 모순된 세계를
밀도 있게 해부하여 현대 소설에 막대한 영향을 끼쳤다. 작품에
「가난한 사람들」,「죄와 벌」,「카라마조프의 형제들」따위가 있다.

다스터옙스키(Dostoevsky) [dàstəjéfski, dʌs-] 미국

도스토옙스키(Dostoevsky) [dɔ́stɔiéf-] 영국

(21) 블라디보스토크(Vladivostok) 몡『지명』러시아 시베리아 동남부,
동해 연안에 있는 항구 도시. 시베리아 횡단 철도의 동쪽 종착점이
며 러시아 함대의 기지가 있다. 기계·차량·조선·제재·제유 따위
의 공업도 발달하였다. 늑해삼위.

블래디바스타크(Vladivostok) [vlæ̀divástɑk, -vəsták] 미국

블래디보스토크(Vladivostok) [-vɔ́stɔk] 영국

(22) 마키아벨리(Machiavelli, Niccoló) 몡『인명』이탈리아의 정치 사
상가·외교가·역사학자(1469~1527). 정치는 도덕으로부터 구별된
고유의 영역임을 주장하는 마키아벨리즘을 제창하여 근대적 정치
관을 개척하였다. 저서에『로마사론』,『군주론』따위가 있다.

매키아벨리(Ma·chi·a·vel·li) [mæ̀kiəvéli] 미국

(23) 피사02(Pisa) 圐『지명』이탈리아 토스카나 주에 있는 도시. 기원
전 2세기부터 발달한 항구 도시로 사탑(斜塔), 성당이 유명하다.
면직물, 기계, 유리 공업이 활발하다.

피저(Pi·sa) [pí : zə] 미국

(24) 프란시스쿠(Francisco) (포르투갈)

위의 예 (19)~(24)에서처럼 '가제'는 영어 'Gauze'를 일본식으로
발음한 결과이다. 어원으로 독일어 'Gaze'를 표기 기준으로 할
것이냐 영어식으로 할 것이냐는 별개의 문제이지만 분명 일본식
'가제'를 버젓이 올림말로 실어 놓고 뜻풀이는 '거즈'로 회전문식
으로 처리하고 있다. '간데라'는 밤낚시를 갈 때 석유를 분사식으
로 섬유망에 불을 밝히는 조명기구이면서, 한편으로는 조명도의
단위를 뜻하는 어휘이다. 『표준국어대사전』에서는 '간데라'의 어
원을 일본어 'kandera'로 '조명기구'가 아닌 조명의 밝기 단위로만
인정하고 '촉', '촉광'으로 순화해야 한다고 한다.

5) 국가별 용례의 오류

아래의 예 (25)에서처럼 '탈라'는 인도의 음악 용어인데 스웨덴
어 자모와 한글 대조표의 용례로 되어 있다. 스웨덴 차용어일 가
능성도 있지만 적절한 용례라고 볼 수 없다. '레프'도 불가리아어
의 화폐 단위임에도 불구하고 체코어 자모와 한글 대조표의 용례
로 사용되고 있다. 또한 '빌레트'는 러시아어인데 루마니아어 자
모와 한글 대조표의 용례로 실려 있다. '요아킴'은 이탈리아 사람

인데 노르웨이어 자모와 한글 대조표의 용례로 실려 있다.

(25) 탈라(「산」tāla) 명『음악』인도 음악에서 쓰는 용어의 하나로, 리듬 주기 또는 리듬의 기본이 되는 박절적(拍節的) 리듬 주기의 종류. 1~8박의 부분적 박절을 다양하게 결합하여 만드는 리듬 주기의 유형을 이른다. (체코어)

레프01(「불」lev) 「의존명사」 불가리아의 화폐 단위.

빌레트(「러」bilet) 명『북한어』 '표04(票)'의 북한어.

요아킴(Joachim Floris) 명『인명』 이탈리아의 신비주의 사상가 (?1130~1202). 세계의 역사를 아버지·아들·성령에 대응하는 셋으로 구분하고, 1260년에는 제3기가 시작한다고 하는 천년 왕국 사상을 설파하여 중세에 큰 영향을 주었다.

루마니아어 자모와 한글 대조표의 용례에서는 '몰도바'로 되어 있으나 『표준국어대사전』에는 '몰디비아'로 등재되어 있어 외래어 표기가 사전과 일치하지 않는다. 스웨덴어 자모와 한글 대조표의 용례에는 '에릭손'으로 되어 있으나 『표준국어대사전』에는 '에릭슨'으로 등재되어 있다.

(26) 몰다비아(Moldavia) 명『지명』루마니아 동북부 프루트(Prut) 강과 카르파티아 산맥 사이에 있는 지역의 옛 이름. 14세기 중엽 몰다비아 인에 의하여 후국(侯國)이 건설되었으며 그 후 터키 및 제정 러시아의 지배를 받았다. 현재는 루마니아와 몰도바 공화국이 되었다. ≒몰도바01.

에릭슨(Ericsson, John) 📷『인명』스웨덴 태생의 미국 기술자 (1803~1889). 선박용 스크루의 실용화와 장갑선의 건조 등 선박 개량에 공헌하였다.

(26)의 예에서처럼 포르투갈어 자모와 한글 대조표의 브라질어 용례는 (브)를 표시하도록 단서 조항을 두었으나 이를 누락하한 예로 '나탈Natal', '올리베이라Oliveira', '디아스Diaz' 등이 있다.

6) 원음과의 차이

외래어 표기법은 원음주의를 지키되 한글 자모로 우리말의 음운 체계를 손상시키지 않도록 표기하는 것이 원칙이다. '오렌지orange'를 왜 원음에 가깝도록 표기하지 않는가라는 문제로 한때 문제가 제기되기도 하였다. 관습화된 외래어의 표기를 원음주의로 되돌리는 일은 용이한 일은 아니다. 그러나 인명이나 지명은 가급적이면 원음에 가깝도록 표기해 주어야 한다.

현지 원음과 차이를 보이는 예들을 중심으로 살펴보자.

(27) 에이콥센(덴마크) 덴마크어 자모와 한글 대조표 용례. (사전에 미등재)
   야콥센(Jacobsen, Jens Peter) 📷『인명』덴마크의 소설가(1847 ~1885). 무신론의 입장에서 자연과 인간을 객관적으로 표현하였다. 작품에 「닐스리네」따위가 있다.

(28) 케피티에어(덴마크) 덴마크어 자모와 한글 대조표 용례. (사전에

미등재)

카페테리아(「에」cafeteria) 📖 손님 자신이 좋아하는 음식을 직접 식탁으로 날라다 먹는 간이식당.

(29) 뭉키(덴마크) 덴마크어 자모와 한글 대조표 용례. (사전에 미등재)

뭉크02(Munk, Kaj Harald Leininger) 📖『인명』 덴마크의 극작가·목사(1898~1944). 종교계·사상계에 많은 영향을 미쳤으며, 독일 군 침공 때에는 반나치스 운동의 국민적 영웅을 주인공으로 한 희곡 「닐스 엡베센(Niels Ebbesen)」을 썼다. 나치스에 의하여 암살되었다.

(30) 키에르콕(덴마크) 덴마크어 자모와 한글 대조표 용례. (사전에 미등재)

키르케고르(Kierkegaard, Søren Aabye) 📖『인명』 덴마크의 철학자(1813~1855). 실존의 문제를 제기하여 실존 철학과 변증법 신학에 큰 영향을 끼쳤다. 저서에『이것이냐 저것이냐』,『죽음에 이르는 병』,『불안의 개념』 따위가 있다.

(27)~(30)의 예는 나라별 외래어 표기법에 따른 표기와『표준국어대사전』의 올림말과 표기법의 차이가 나는 예들이다. 외래어 표기법이 아무리 정교하다고 하더라도 언어 간의 음운체계의 차이로 원음에 충실하게 표기한다는 것은 거의 불가능한 일이다. 그러나 동일 대상에 대한 외래어 표기는 동일하게 표준화될 필요가 있다.

7) 표기 세칙

외래어 표기법 제3장 표기 세칙은 현재 21개 국가별로 구분하여 밝혀두고 있다. 제1절 영어, 제2절 독일어, 제3절 프랑스어의 표기는 제2장의 표기 일람표에는 제외되어 있다. 종래의 국제 음성 기호와 한글 대조표에 따라 표기하도록 하였지만 다시 철자 전사에 필요한 세부적인 세칙을 마련한 셈이다. 그러나 이 부분이 바로 문제가 된다. 국제 음성 기호와 한글 대조는 음성 부호를 한글 자모로 전환하는 것이기 때문에 음성 전사Phonetic transcription 방식이다. 그런데 표기 세칙은 다시 자모 전사법이므로 일관성의 문제가 제기될 수 있는 것이다. 최근에 자주 사용되고 있는 '콘텐츠 contents'는 자모 전사 방식이라면 음성 전사 방식으로는 '컨텐츠'에 가깝다. 『표준국어대사전』에서의 올림말은 '콘텐츠'로 고정해두었으나 일반 대중들은 '컨텐츠'를 선호하고 있다.

제4절에서 21절까지 17개 국가의 외래어를 표기할 경우 대상국가와 한국어의 음절구조의 차이 때문에 미시적인 표기 세칙은 절실하게 필요하다. 그러나 이러한 표기 세칙이 앞으로 더 늘어날 경우 일반 언중들이 이것을 어떻게 다 인지할 수 있느냐에 대한 문제를 고려하지 않을 수 있다.

[도표-3]과 같이 제3장 표기 세칙에 예시한 어휘가 총 800개인데 『표준국어대사전』에 실린 올림말은 119개뿐이다. 나머지는 해당 국가의 사전이 없으면 뜻을 알 수 없을 정도이다. 그리고 인명이나 지명을 제외한 일반 어휘는 숫자가 매우 적은 편이면서 또 이들을 외래어로 인정해야 할지 외국어 음차 표기라고 해야 할지 판단하기 어렵다.

[도표-3] 국가별 외래어 표기법 세칙

절	표기 세칙	용례	표준국어대사전 미등재 어휘수
제1절	영어의 표기	94개	51개
제2절	독일어 표기	31개	7개
제3절	프랑스어의 표기	59개	5개
제4절	에스파냐어의 표기	25개	0개
제5절	이탈리아어 표기	38개	5개
제6절	일본어의 표기	7개	6개
제7절	중국어의 표기	0개	0개
제8절	폴란드어의 표기	26개	2개
제9절	체코어의 표기	16개	1개
제10절	세르보크로아트어의 표기	10개	0개
제11절	루마니아어의 표기	15개	0개
제12절	헝가리어의 표기	10개	0개
제13절	스웨덴어의 표기	46개	4개
제14절	노르웨이어의 표기	62개	4개
제15절	덴마크어의 표기	65개	2개
제16절	말레이인도네시아어의 표기	62개	3개
제17절	타이어의 표기	30개	1개
제18절	베트남어의 표기	16개	0개
제19절	포르투갈어의 표기	83개	6개
제20절	네덜란드어의 표기	61개	12개
제21절	러시아어의 표기	44개	10개
총계		800개	119개

앞에서 살펴 본 바와 같이 외래어는 표준어 사정 원칙에 따라 반드시 따로 사정하도록 규범되어 있다. 그러나 이러한 사정의 절차를 거치지 않은 관계로 '갭gap', '북book', '켓cat', '앱트apt', '액트

act', '케이프cape'와 같은 어형을 외래어로 인정할 수 있을까?

인명, 지명 표기의 원칙

「외래어 표기법」제4장 인명, 지명 표기의 원칙은 제1절 표기 원칙, 제2절 동양의 인명, 지명 표기, 제3절 바다, 섬, 강, 산 등의 표기 세칙으로 구성되어 있다.[12]

제1절 표기 원칙에는 「외래어 표기법」제1장~제3장에 제시된 국가의 인명, 지명표기는 표기 일람표와 표기 세칙에 따르지만 그 외의 국가는 원음주의를 원칙으로 하고 있다. 그러나 제4항은 "고유명사의 번역명이 통용되는 경우 관용에 따른다."라고 규정해 놓고 제2절에서 동양의 인명, 지명 표기는 예외 규정으로 설정하여 혼란을 불러온다.

제2절 제1항은 중국의 경우 신해혁명을 전후 하여 그 이전에는 한자음 명칭을 통용하도록 해놓았지만 그 이후의 경우 원음주의로 처리하여 제1절 표기 원칙의 제4항과 충돌된다. 제2항에는 중국의 역사 지명으로 현재 쓰이지 않는 경우만 한자음대로 하고 현재 지명의 경우 중국어 표기법에 따르도록 하되 필요한 경우 한자를 병기한다고 규정하고 있다.

조선인의 간도 개척 시대 조선인이 살던 중국 동북 3성의 지명도 현행 「외래어 표기법」에 따르면 한국식 한자음이 아닌 중국 원음으로 표기하여야 한다. 중국 동북 삼성 지역은 가까이는 독립

---

12) 개정된 「외래어 표기법」의 제1항 "'해', '섬', '강', '산' 등이 외래어에 붙을 때에는 띄어 쓰고, 우리말에 붙을 때에는 붙여 쓴다."는 규정은 삭제되었다.

운동을 하던 우리 선조들의 삶의 터전이었으며, 역사를 거슬러 올라가더라도 우리 민족의 삶의 흔적이 곳곳에 남아 있다. 연변이나 동북 3성 지역의 조선족 소수 민족의 거주 현장에는 한자음으로 지명을 표기하고 있는데 이곳의 지명을 원음주의를 고수함으로써 우리 역사의 흔적을 지우는데, 우리 스스로가 앞장서고 있는 모습은 참으로 심각한 문제가 아닐 수 없다.

중국은 동북 3성의 소수민족정책의 원칙에 따라 우리 한자음을 그대로 인정하고 지명 표지판에 한글과 중국 한자를 병행 표기하도록 하는데 어찌 우리나라에서는 중국보다 앞질러서 중국 원음 중심으로 표기하도록 정해 놓고 『표준국어대사전』에 '발해만渤海灣'은 '보하이만의 잘못'으로 '도문'은 '투먼의 잘못'으로 '연길'은 '옌지의 잘못'으로 처리하고 있다.[13] '북경北京'은 '북경'과 '베이징'으로 표기하도록 하면서 동북 3성의 지명을 중국 원음표기를 고수하는 일은 우리 스스로 고대사와 현대사의 일부를 허무는 일이라고 할 수 있다.

예를 들어 '간도'를 『표준국어대사전』에서는 "① '젠다오'를 우리 한자음으로 읽은 이름. ② =북간도."로 뜻풀이를 하고 있다.[14] 간도를 젠다오로 표기하고 읽어야 한다면 '서간도'나 '북간도'는 어떻게 표현해야 하는가? '간도'가 왜 '젠다오'가 되어야 한다는 말인가? 민족 고토인 간도가 '젠다오'라니 이처럼 해괴한 일 또한 어디 있으랴? '여순, 위해, 대련, 도문'은 '-의 잘못'이라는 식으로

---

13) 현재 『표준국어대사전』에는 이를 수정하여 동의어로 처리하고 있음.

14) 현재 『표준국어대사전』에는 이를 수정하여 '젠다오'와 '간도04'를 동의어 처리하고 있음.

뜻풀이를 하였으며, '간도, 상해'는 '-를 우리 한자음으로 읽은 이름'이라는 뜻풀이를 하고 있다. 전자는 현지 지명을 원음으로 후자는 우리 한자음을 병용하는 것을 허락하고 있는데 그 기준도 모호할 뿐만 아니라 현지의 조선 동포들은 아직 우리 한자음으로 읽고 있는데 왜 「외래어 표기법」에서는 우리 한자음을 부정하고 현지 원음을 강요하는지 알 길이 없다. '연해주'는 '옌하이저우'로, '연길延吉'은 '옌지'로, '혼춘琿春'은 '훈춘'으로, '장백산맥'은 '창바이산맥'으로, '용정촌龍井村'은 '룽징춘'으로, '도문圖們'은 '투먼'으로, '송화강松花江'은 '쑹화 강'으로 표기할 수 있다면 "왕청汪淸, 액목額穆, 돈화敦化, 동령東寧, 령안寧安' 등 『표준국어대사전』에 올림말로 실리지 않은 지명이나 인명이 한두 가지가 아니다. 그렇다고 별도로 국사사전에 이러한 지명이나 인명이 소상하게 실려 있는 것도 아니다. 특히 '여순02旅順'은 "'뤼순'의 잘못"이라는 식으로 뜻풀이를 하고 있었던 점은 도저히 용납될 일이 아니다. 여순 감옥에서 돌아가신 안중근 의사가 이러한 사실을 안다면 과연 뭐라고 하실까? 이후 수정이 되긴 하였지만, 특히 우리 민족의 영산인 백두산을 장백산과 동의어로 처리하면서 백두산의 뜻풀이에는 '창바이'라 표기한 것과 '발해만'을 '보하이 만'의 잘못으로 뜻풀이를 한 것은 스스로 우리 역사를 부인하는 엄청난 잘못을 저지른 셈이다.

「외래어 표기법」 제4장 제3절은 바다, 섬, 강, 산 등의 표기 세칙이다. 제1항은 "'해', '섬', '강', '산' 등이 외래어에 붙을 때에는 띄어 쓰고, 우리말에 붙을 때는 붙여 쓴다."라고 규정하고 있다.[15] '동해, 남해, 황해'는 붙여 쓰고 '카리브 해, 에게 해'는 띄어 쓰도록 규정하고 있다. 이외에도 '족族, 양洋, 도道, 섬, 산山, 시市' 등이 합성하여 만들어낼 수 있는 조어의 기반을 국어 규범이 이를 억제시키고 있는 결과이다. 이러한 어문정책의 기반은 우리의 모국어의 기반을 절멸 위기로 내몰아내는 꼴이 되게 한다. 이 규정은 「한글 맞춤법」 제1장 총칙 제3항 띄어쓰기 규정과 함께 전면 재조정되어야 한다.16) 그러나 아직 미진한 문제가 완전 해결된 것은 아니다. 「한글 맞춤법」 제1장 총칙 제3항 제4절, 고유명사 및 전문용어의 띄어쓰기 세부 규정에서 '한국어, 중국어, 일본어, 영어'와 같이 한자어로 복합된 말은 붙여 쓰지만 '키큐어, 뱅갈어, 바스크어, 유키어, 와포어, 엘살바도르에서 사어로 알려졌던 '카코페라라어'와 같이 원어와 한자어로 복합된 어휘는 띄어 쓰도록 되어 있다. '불어'는 붙여 쓰고 '프랑스어'는 띄어 쓴다면 '불어'와 '프랑스어'가 전혀 다른 대상인가? 띄어쓰기를 한다는 것은 각각 다른 단어라는 의미이다.

국어 규범이 한 단위의 단어를 두 단어로 띄어 쓰도록 함으로써 국어의 어휘력을 축소시킬 뿐만 아니라 다양한 지식 기반을 깨뜨리는 역할을 하고 있을 뿐이다. 새롭게 생산되는 조어 양식을 국어 전문가와 같은 안목으로 고유어와 한자의 복합, 고유어와 외국어의 복합, 한자어와 외국어의 복합 양식으로 구분하여 띄어쓰기를 할 수 있는 국민이 얼마나 될까?

이상에서 살펴 본 바와 같이 외래어와 외국어 음차 표기의 규범

---

15) 문화체육관광부 고시 제2017-14호 「외래어 표기법」에서 제1항은 삭제됨.
16) 필자의 주장이 전면 수용되어 문화체육관광부 고시 제2017-14호 「외래어 표기법」이 개정되었음.

및 정책 관리에 대안을 『표준국어대사전』의 관리 방안과 연계시켜야 할 것이다. 곧 『표준국어대사전』을 기준으로 '표준어'와 '사정한 외래어'를 제외한 '신조어'나 '개인어', '방언', '순화어', '전문용어'를 비롯한 새로 생겨나는 많은 언어 자료를 사전 표제어로 올릴 수 있는 어떤 규범상의 근거를 제시해야 할 것이다. 논리적으로는 새로운 말이 널리 쓰이게 되면 우리말의 일부로 인정되고 또 국어사전에 올라갈 수 있지만 국어사전에 올라가 있다고 해서 반드시 '표준어'로 인정되는 것은 아니다. 『표준국어대사전』 사전은 그 제목이 '표준어'를 대상으로 하기 때문이라면 「한글 맞춤법」의 제1장 총칙 제1항 규정에 위배된다.

박용찬(2006)의 "국어사전은 표준어 모음의 성격을 갖는 것이라서 특별한 경우를 제외하고는 국어사전의 표제어는 모두 표준어로 봐야 하기 때문이다."라는 논의의 전제가 아주 왜곡되어 있다. 국어사전은 우리 국어의 모든 자산이 실려 있는 사전이어야 하고 『표준국어대사전』 사전의 표제어는 표준어로 볼 수 있는 것이지 '국어사전'과 『표준국어대사전』 사전을 동일한 관점에서 둔다는 것은 우리 모국어를 표준어로만 제한하는 매우 위험한 발상이라고 하지 않을 수 없다.

이러한 전제에서 신조어를 '국어사전'의 올림말로 올릴 것인가 또는 『표준국어대사전』 사전의 올림말로 올릴 것인가는 전혀 별개의 문제가 아닐 수 없다. 곧 언어 자산으로서 처리하느냐 또는 규범적인 언어 자료로 처리하느냐의 문제는 본질적으로 전혀 다른 문제이다. 지금까지 사전 편찬자의 주관에 따라 임의로 올림말을 선정하던 관행이 『표준국어대사전』 사전에 까지 미침으로 인해서 신조어 처리에 대한 정책 혼선이 야기된 것이다. 더군다나 외래어나 순화어와 전문 용어를 제외한 신조어는 말 그대로 조잡하고 거친 어휘일 수밖에 없다. 이것은 다단계의 여과 장치를 거쳐 정착된 어휘만 국어사전에 올리고 그 가운데 규범성이 보장되는 것만 엄격하게 심의하여 『표준국어대사전』 사전에 올릴 수 있는 것이다.

사전은 어문 규정을 철저하게 반영하여 국민들이 어문 사용의 거울이 되게 해야 한다. 그러나 어문 규정이 너무 어렵거나 일관성을 잃어버려 도리어 국민들의 어문 생활에 방해를 주어서는 안 된다. 국어의 띄어쓰기 규정은 새로운 어휘의 복합이나 합성의 관계를 제어하는 역할을 하고 있다.

그리고 어느 때보다 활발하게 대학의 연구실이나 연구소를 통한 연구 성과들이 넘쳐나고 있으며, 각종 고전 국역사업의 확대에 따라 새로운 한자 어휘가 대폭 늘어나고 있다. 또 창작자들의 창작물이 대량으로 쏟아져 나오면서 국가 사전에 실리지 않은 어휘가 엄청나게 늘어나고 있다. 특히 전문 분야가 세분화되면서 분야별 전문 용어가 정제되지 않은 채로 외래어 표기법에 따른 한글 표기로 넘쳐나고 있다. 특히 최근에는 정보통신(IT)산업 분야와 관련되는 전문 용어가 일상생활에서도 무질서하게 사용되고 있다. 이처럼 사전에 정제해서 실어야 할 사전 지식은 늘어남에도 불구하고, 이를 총체적으로 관리할 국가적 임무를 수행할 곳은 정해져 있지 않을 뿐만 아니라 이러한 임무를 수행해야 할 당위성마저도 인식하는 사람이 거의 없다는 것이 큰 문제이다. 그렇다고 이렇게 늘어나는 다양한 사전 지식을 어느 개인이나 대학 연구기관에서 담당하여 관리하기에는 한계가 있다. 국가사업으로 진행해 온『표준국어대사전』사전이 담당할 수 있는 지식 지원은 이미 포화상태에 도달했다. 각종 중고등학교 교과서에 실린 어휘에 대한 정보도 제대로 제공하지 못할 정도로 정밀한 지적 통제 없이 관리되고 있다. 또 선택의 협소함으로 이루어진 낡은 언어로는 진화하는 언어 지식을 온전히 담아낼 수 없다. 따라서 새로이 생산되는 지식 영역의 대중화를 위해서는 가장 먼저 사전 지식의 기준을 새로 설정하고 또 그 자료의 생산과 관리를 강화해야 한다. 이러한 일은 어느 개인이 주도할 수 없다. 따라서 향후 이 사전은 규범사전으로써 온전한 기능을 할 수 있도록 발전시켜나가야 할 것이다. 국가가 참여하고 다중이 협업하는 방식으로 지식 능력을 고도화하는 일이야말로 비물질적 생산성이 국가 경쟁력을 좌우하는 21세기에 적응할 기반을 마련하는 지름길이다. 기존의『표준국어대사전』사전이 안고 있는 여러 가지 문제들을 집중적으로 제기하고 체계적 불균형을 극복할 수 있는 대안을 제시해야 한다.

2017년에 고시한 「외래어 표기법」 일부 개정안

2017년 3월 28일에 문화체육관광부는 「외래어 표기법」 일부 개정안(문화체육관광부 고시 제2017-14호)을 고시한 바 있다. 이 개정안에는 "'해', '섬', '강', '산' 등이 외래어에 붙을 때에는 띄어 쓰고, 우리말에 붙을 때에는 붙여 쓴다."라는 조항을 삭제하는 내용이 포함되어 있다.

그동안 '해, 섬, 강, 산, 산맥, 고원, 인, 족, 어……' 등이 외래어에 붙을 때에는 띄어 쓰고 고유어나 한자어에 붙을 때에는 붙여 써 왔다. 종래 규정은 '백두산'은 붙여 쓰고 '창바이 산'은 띄어 쓴다. 동일한 대상이 우리말로 표기하느냐, 외래어로 표기하느냐에 따라 달라진 결과가 되었다. 이러한 모순을 줄이기 위해 이 규정을 삭제함에 따라 '해, 섬, 강, 산, 산맥, 고원, 인, 족, 어……' 등의 앞에 어떤 말이 오느냐에 관계없이 일관되게 띄어쓰기를 적용할 수 있게 되었다.

	개정 전	개정 후
외래어에 붙을 때	그리스 어, 그리스 인, 게르만 족, 발트 해, 나일 강, 에베레스트 산, 발리 섬, 우랄 산맥, 데칸 고원, 도카치 평야	그리스어, 그리스인, 게르만족, 발트해, 나일강, 에베레스트산, 발리섬, 우랄산맥, 데칸고원, 도카치평야
비외래어에 붙을 때	한국어, 한국인, 만주족, 지중해, 낙동강, 설악산, 남이섬 태백산맥, 개마고원, 김포평야	한국어, 한국인, 만주족, 지중해, 낙동강, 설악산, 남이섬 태백산맥, 개마고원, 김포평야

개정 전과 후를 비교해 보면, 개정 전에는 앞에 오는 말의 어종에 따라 '발트 해/지중해'와 같이 띄어쓰기를 달리해야 했으나 개정 후에는 '발트해/지중해'와 같이 띄어쓰기 방식이 같아졌다. '도버 해협/대한 해협'과 같이 개정 전에도 앞에 오는 말의 어종에 관계없이 띄어쓰기가 일정하던 어휘는 개정 후에도 띄어쓰기가 달라지지 않는다는 점을 유의해야 하며, 개별 어휘들의 올바른 띄어쓰기는 『표준국어대사전』을 검색하여 확인해야 한다.

그러나 이렇게 한다고 해서 문제가 완전 해결된 것이 아니다. '독어', '불어', '한국어'도 '독 어', '불 어', '한국 어'로 띄어 써야 하는 이상한 사태가 벌어진 것이다. 이러한 애매한 상황을 가름하기 위해 『표준국어대사전』에서 띄어쓰기가 변경되는 낱말은 온라인 사전에 등재한 것만을 인정한다는 이중적 장치를 해놓아 자칫 더 큰 혼란을 야기할 있다.

아래 제시된 말들은 고유명사와 결합하는 경우, 개정 전에는 앞에 오는 말의 어종에 따라 띄어쓰기를 달리하던 것들인데, 개정 후에는 앞에 오는 말의 어종에 관계없이 모두 앞말에 붙여 쓰게 됩니다.

○가(街), 강(江), 고원(高原), 곶(串), 관(關), 궁(宮), 만(灣), 반도(半島), 부(府), 사(寺), 산(山), 산맥(山脈), 섬, 성(城), 성(省), 어(語), 왕(王), 요(窯), 인(人), 족(族), 주(州), 주(洲), 평야(平野), 해(海), 현(縣), 호(湖) (총 26항목)

『표준국어대사전』에 등재되어 있지 않더라도 지명과 관련된 말을 고유어나 한자어 뒤에서 붙여 써 왔다면 외래어 뒤에서도 일관되게 붙여 쓸 수 있다(예: 서울시, 수원시/뉴욕시).

「외래어 표기법」 일부 개정안의 시행일은 2017년 6월 1일이며, 『표준국어대사전』에도 6월 1일부터 개정 내용을 반영할 예정이라고 밝혔다. 물론 사전을 통해서 모든 어문 규정을 검색할 수 있도록 하는 것은 바람직한 일임에 틀림이 없다.

한글 지식·정보의 생산과 관리*

한글은 지식·정보화의 핵심

지식·정보나 문화적 소통과 공유는 기호로 이루어진다. 새로운 디지털 미디어 시대에는 문화 경계가 확장되고 인류의 지식과 정보는 대부분 기호symbol로 전달된다. 이 기호는 문자 언어나 음성 언어, 오디오, 비디오 등 다양한 매체 기호로 구성되어 있으며, 그 가운데 문자 언어의 위력이 지배해 왔던 방식에서 영상 매체나 심지어 사람들의 몸의 언어가 예술영역과 결속하여 새로운 소통 방식으로 부상하고 있다. 이러한 변화에 따라 문자 언어에 묶여 있던 텍스트 중심의 인문학은 구두 언어를 비롯한 다매체 언어를 끌어안는 쪽으로 진화되어야 한다.

매체 기호는 인류가 발견하고 창조한 다양한 지식·정보의 다발

---

* 이상규, 「인문 지식·정보의 미래」, 국제미래학회, 『미래가 보인다』, 박영사, 2013.

이라고 할 수 있다. 활자화 시대에 책으로 전승되던 인류의 창조적 지식이 대량의 디지털 부호로 대체되어 서로 소통하고 나누고 협력하고, 또 검색하여 재활용함으로써 인류의 지식·정보는 동시다발적으로 새롭게 융합되고 재창조될 수 있다. 문화의 경계를 재편하면서 뒤섞이고 뭉쳐내는 힘을 가진 부호가 새로운 미래 지식 자본invention capitalism의 축을 형성하고 있다. 한 예를 들면 NASA에서 개발한 영상 디스플레어를 가정용 비디오 영상 플레이어로 변용함으로써 엄청난 고부가 수익을 올렸다. 가정용 비디오의 구동의 위해 집집마다 비디오 재생 기계를 구입함으로써 핵심 하드웨어를 가정용 소프트웨어로 전환함으로써 얻을 수 있는 이점이 매우 많다. 이처럼 디지털 언어를 활용한 검색 프로그램이나 음성, 문자 인식, 기계 번역, 인지 및 추론을 할 수 있는 로봇 언어, 곧 인공 언어 기술 개발이 가져올 엄청난 변화를 상상해 볼 수 있다. 언어 정보화 기술의 핵심이 고도화된 사전 기술이며 이를 통해 얻을 수 있는 이점이 엄청나다.

곧 기호로 표현되는 모든 아이디어와 창의성과 같은 지식·정보 자산이 새로운 개념으로서 자본의 축을 형성하는 지식 자본의 시대로 진입하고 있다. 단순한 소통의 방식이 아닌 부가가치가 무한한 지식·정보를 대량으로 생산하고 새롭게 조합하고 검색을 할 수 있는 환경이나 그러한 능력의 차이가 새로운 문화 경계를 만들어내고 있다. 그 가운데 한글이 차지하는 비중은 날이 갈수록 증대되고 있다.

문자 언어에 근거한 책이나 논문으로 이루어진 모든 인류의 창조적 지식·정보는 한마디로 말하자면 기호라는 소통의 매체가 없이는 불가능한 일이다. 인간 삶과 인간 가치에 대한 학문을 인문학이라고 정의하지만 소통이라는 관점에서 본다면 인간의 창조적 모든 행위인 과학·사회·인문 전반이 인문학의 영역에 포괄된다. 이러한 관점에서 격자화된 학문의 제 영역을 새롭게 통합하며, 공유하고 나누는 방식에 대한 성찰과 동시에 기호로 형상화되지 못한 구두 전달의 증거를 수집하고 재해석하여 공유함으로써 경계 사이에 놓여 있는 충돌을 제어할 필요가 있다. 지식·정보가 상층 혹은 자본 중심의 국가에서만 생산되는 것이 아니기 때문에 차등을 뛰어넘는 비물질적 자산을 협업으로 공유하고 나눔으로써 차이와 차등을 완화시키는 인류의 공동 노력이 필요한 것이다.[1]

지난 시대에는 감히 꿈도 꾸지 못했지만 지금은 모든 언어를 꽃 피게 할 수 있는 언어 정보기계화 시대이다. 다양한 언어를 규제하는 표준국어대사전, 표준문법, 규범으로만 구성된 닫힌 상자만 움켜쥐고는 우리말과 우리글이 더 발전할 수 없음을 명확하게 인식할 필요가 있다. 정부가 나서서 다양한 전문가 집단과 사용자 집단이 협력할 수 있는 최적의 환경을 만들고 그것에 대한 책임 역시 그들이 감당할 수 있도록 해야 한다. 미래 지향적 선진국으로서의 경쟁력을 강화하기 위해서는 새로운 지식·정보 기반 인프라를 구축해야 한다. 지속적으로 생산된 고급 지식·정보를 다중들에게 공급할 수 있는 신지식 기반 SOC를 구축해야 하는 것은 미래 다중 지식 역량을 함양하는 기반이 된다. 새로운 정부

---

1) 이상규, 「절멸위기의 언어」(분과 발표), 제18차 세계언어학자대회, 2008.

의 정보화 역량 강화의 핵심 과제는 이미 생산된 지식을 융합하고 효율적으로 관리하는 체계 구축에 초점이 놓여야 할 것이다.

고부가가치를 창출할 수 있는 미래 지향적 지식 기반 인프라를 구축하기 위해서는 한글의 정보화 기반을 굳건하게 하는 일이 무엇보다 중요하다. 비유적으로 말하자면 최근 고층 빌딩이 늘어나고 있다. 그 고층 빌딩을 관리하려면 고가 사다리를 만들어야 한다. 화재가 났을 때 초고층 빌딩의 화재를 제압할 수 없으면 안 된다. 그렇다고 무한히 높은 고가 사다리를 만들더라도 보관할 수 없으면 무용지물이 된다. 접었다 폈다 할 수 있는 사다리를 만들어야 하듯이 효율적이고 능동적인 교육과 지식 축적을 강화할 수 있는 미래 전략이 필요한 것이다. 역사 발전은 누군가가 행하지 않은 행동, 누군가가 감행하지 않은 선택에 따라 결정된다. 다른 나라 사람이 결정할 일이 아니라 바로 우리들이 해야 하는 있는 일이다.

한글의 과학성과 창조성

다양한 기호가 중시되는 시대이다. 그 가운데 한글은 인류가 남긴 지식과 정보의 다양성을 디지털의 증거로 남길 수 있는 가치 있는 기호의 핵심이다. 한글은 동아시아의 성리학의 융합 및 구조적 인식(성운, 역학, 성음, 천문, 수리학)을 바탕으로 한 통합적 구조주의의 과학에 대한 인식의 산물이며, 현대 언어학적 이론인 자음과 모음의 상형(조음 위치와 조음 방법)을 바탕으로 과학적으로 만든 인류 최선의 자질문자Feature's letter이다. 또한 동아시아의 자연철학의 음양 이론, 곧 0, 1를 기반으로 만든 IT문자이다.

이미 한글은 일음일자의 음성 문자로서 전 세계의 대부분의 음성 언어를 디지털 기호로 전환할 수 있는 디지털 문자임이 증명되었다. 한글은 세계 어느 나라 글자도 표음할 수 있는 장점을 지니고 있다. 이처럼 한글은 세계 문자가 없는 나라에 언어 자원의 기록화를 지원하는 데 매우 유리한 문자이다. 서울대학교 언어학과를 중심으로 몽고, 만주 지역의 소멸 위기의 언어 유산을 보존·기록하는 노력은 인류 문명에 크게 기여한 사업으로 평가될 것이다. 이러한 노력은 언어 생태주의 철학을 기반하여 소통의 민주화, 탈계급주의 소통이라는 언어학자들의 사명으로 평가되어야 할 것이다. 이처럼 한글의 독창성과 과학성, 그리고 창조성은 국내외 많은 학자들이 이미 높게 평가하고 있다.2)

따라서 한자는 이제 학술적 연구 대상일 뿐, 이 나라의 한글공동체에 생존할 수 있는 생명력은 이미 끝난 것이나 다름이 없다. 한글의 창조성과 독창성에 대한 사려 깊은 연구에 매진해야 함에도 얼치기 정책 책임자들이 결정한 나라 글자정책이 한글의 미래 발전에 걸림돌이 되어서는 안 된다. 지금까지 소홀히 내던져 두었던 한글이 아직도 한자와 외국어와의 눈에 보이지 않는 갈등을 겪고 있음은 안타까운 현실이 아닐 수 없다.

---

2) Jensen(1935/1969)은 "한글은 이전 여러 문자들의 특징을 알고 있었던 한 솜씨 있는 사람에 의해 의식적으로 발명된 문자"라고 결론, "동아시아를 통틀어 가장 쉬우면서 가장 완벽한 문자라고 극찬"하였다. Reischauer & Fairbank(1958)는 하버드 대학의 교과서로 출간된 책에 한글을 음소적이고 음절적인 장점을 지녀 아마도 세계 어느 나라의 문자보다 가장 과학적인 체계적 문자라고 평가하였으며, Sampson(1985)은 한글은 한국어의 30개 분절 음소의 수보다 적은 15개의 변별 요소로 구성되어 있음을 지적, 한글이 세계에서 가장 우수한 문자인 자질 문자라는 점을 밝혔다.

문제는 한글의 독창성과 과학성, 그리고 창조성을 인류를 위해 어떻게 활용하고 기여할 수 있도록 반전시켜야 하는지 보다 냉철한 고뇌를 하지 않으면 안 될 것이다. 그 길은 첫째, 문자에 대한 인식 변화에 따른 문자와 표기의 규범화와 표준화의 외연을 확대시켜야 한다. 규범이 '옳고', '그름'의 잣대가 아닌 더 나은 우리말의 은유를 찾는 데 기여할 수 있도록 이끌어야 한다. 규범적 문법의 전쟁에서 어느 한쪽이 완승하는 것이 아닌 언어의 다양성을 기반으로 한 한국어종합기반사전편찬을 통해 표준어의 외연에 방치되어 있는 한글 지식을 집결해야 할 시점이다.

둘째, 우리의 선조들이, 그리고 변두리의 사람들이 창조해 낸 언어의 변이형을 모두 존중하는 한국어종합기반사전의 편찬을 위해서는 한국어 정보화 사업이 함께 추진되어야 한다. 단순한 형태소 검색 수준에 머문 대량 코퍼스Corpus 구축에서 한 걸음 더 나아가 음성 언어와 문자 언어를 상호 자동 인식할 수 있는 글자 공학을 기반으로 한 음성 분석Sound-Tag, 의미 분석Meaning-Tag 등의 언어 정보 기술이 증진되지 않으면 안 된다. 문자와 음성의 전환과 기계 번역 등의 통합적인 과제는 어느 개인 연구자의 힘으로는 불가능한 일이다. 국가적 지원과 민간 사업자들과의 협업에 의해서만 도달할 수 있다. 예를 들면 김대중 정부 시절에 국립영화진흥공사를 영화진흥위원회로 개편하면서 관주도형의 영화제작 체계를 민간 주도로 전환하여 한국 영화의 질적 경쟁력을 확보하는 계기가 되었던 것처럼 언어 정보처리를 위한 기관도 정부에 예속된 기관에 맡겨 두어서는 안 될 것이다.

셋째, 국가가 규정한 어문규정집(규범, 표준문법, 표준국어대사전)을 언어의 투쟁이나 갈등의 대상으로 던져두어서는 된다. 조선어학회(한글학회 전신)라는 민간 학술 단체가 있어 규범 제정과 우리말큰사전사업을 추진한 성과가 있었다. 이러한 일들을 민간에 이양함으로써 국가 정보화의 역량을 강화할 수 있는 기반을 닦을 수 있다는 점을 명심해야 한다. 규범은 사전 편찬을 전제로 한 것이지 규제를 위한 규정으로서 역할을 할 대상이 아니다. 기계 언어 인식과 문법(표기법)의 괴리Lexico-Syntatic Pattern가 얼마나 심각한 상황인지 깨달아야 한다. 최근 자연 언어 처리를 연구하고 있는 소프트웨어 회사 연구진들이 검색 엔진 개발을 하는데 한국어의 규범과 문법이 도리어 큰 장애물이 되고 있다는 불평을 하고 있다.

넷째, 전문 용어의 문제이다. 솔직히 필자는 신문 기사의 경제면이나 정보화 기사를 정확하게 해독할 능력이 50% 수준임을 고백하지 않을 수 없다. 동식물 이름, 의약 용어, 경제 용어, 정보화 용어와 각종 두문자 약어로 된 낱말들이 거의 대부분 사전의 외연에 방치되어 있다. 필자는 이러한 상황을 『둥지 밖에 언어』라는 책에서 상황의 심각성에 대해 글을 쓴 적이 있다. 시중에 판매되고 있는 감기약의 약물 성분을 제대로 이해할 수 있는 국민이 얼마나 되는지 연구 보고서를 제공한 적이 있다는 이야기는 들어본 적이 없다. 「국어기본법」에서 전문 용어를 정부 해당 부서에서 관리하도록 명시하고 있음에도 불구하고 국민의 보건 건강을 위한 기본 지침에 의학 용어와 성분에 대한 국민의 이해도를 높이려는 노력을 얼마나 했는가? 더 이상 국민을 무식꾼으로 방치해서는 안 된다.

지식·정보의 축적이 종이 사전 편찬(한국어 및 대백과사전, 전문 용어 등)에서 이미 디지털 사전으로 전환되었다. 손으로 카드를 만들어 올림말과 풀이말을 작성하던 시대에서 온톨로지ontology나 시소러스thesaurus와 같은 언어 정보처리 기술력을 이용하여 전자 문서로 올림말의 체계와 풀이말의 계열적 통합적 구조를 완전하게 만들 수 있는 시대가 되었다.[3] 언어는 법으로 통제되지 않으며 그렇게 해서도 안 된다. 정부가 한글학회나 민간 사업자가 추진하던 사전편찬사업을 다시 그들에게 되돌려 주는 일이야말로 한글 산업화와 기계화를 위해 선행해야 할 일이다. 학술 단체나 민간에서 한국어종합기반사전 편찬을 담당할 때 오는 이점은 매우 많을 것이다. 언어 정보의 기술력을 증진시키는 동시에 이를 활용하여 문자와 음성 언어의 쌍방 소통 통로를 열어내는 정보 검색 기술의 발전, 기계 번역, 음성 문자 상호 전환 프로그램 개발 등 한글 산업화의 획기적인 발전을 앞당길 수 있을 것이다. 기계적 추리와 연산이 가능한 로봇 언어의 시대를 대비하기 위해 현재적 시점에서 우리는 무엇을 해야 할 것인지 미래 예측 능력을 가져야 한다.

이러한 발상의 전환이 없이는 한글의 독창성·과학성·창조성을 지속적으로 계승 발전시키는 것은 불가능한 일이다. 비유적으로 말하자면 언어는 음악과 매우 비슷하다. 7음계의 열린 무한한 조합으로 창조할 수 있다. 7음계로 연출하는 무한한 음악의 가능성, 음악에 아무런 통제가 가해지지 않듯이 그 결과물의 선택은 청취

---

[3] 이상규, 「생태적 관점에서의 한국어 정책의 현안과 과제」, 『한국사전학』 제13호, 한국사전학회, 2009.

자들이 스스로 알아서 선택할 일이다. 다양한 한글의 노래가 울려 퍼지도록 하기 위해서는 국가가 눈에 보이지 않는 규제의 사슬을 풀어주어야 한다. 기본 원칙과 나아가야 할 방향만 제시하라. 정부는.

규범과 사전편찬사업, 정부에서 민간으로

경북 안동 시골 할머니의 "내 말도 국가가 관리하니껴?"라는 풍자적인 말을 통해 국가의 언어 관리 한계를 드러낼 수 있다. 우리말과 글은 표준어라는 갇힌 상자 속의 언어가 아닌 은유의 구름(담화적 의미)과 같은 것이다. 국가가 감당해야 할 일은 언어의 통일성을 위한 기반을 만들거나 상황 분석에 열중하는 것이다. 더 나아가 학계나 학술 단체, 그리고 언어 소비자들의 말과 글을 통합적으로 가름하는 데 협업해야 할 것이다.

근대 한국어의 이상은 규범주의에 바탕을 둔 사전과 문법에 우리말을 온전하게 담아내는 일이 그 당시 당면과제였다. '조선어학회(한글학회)'가 추진했던 우리말큰사전사업과 더불어 어문 규정의 제정이 바로 그것이다. 한국어는 서울말이어야 하듯이 독일어라면 독일 수도의 한 변이형만을 골라 "한 나라의 언어이어야 하고, 모든 독일 사람은 그들만을 포괄해야 한다"고 생각했듯이 언어를 표준화해야 한다는 강박의 결과물이다. 조선조 500년 우리말을 잡초처럼 너무 오래 방치해 두었던 결과이다. 언어의 변이를 사회 통합과 애국심에 반하고 국가와 민족에 반하는 경멸의 대상으로 만든 것은 일제 식민 강점기하에서 만들어낸 결과이다. 실제로 국어학자들이 호들갑을 떠는 만큼 규범과 문법 부재의 오랜 기간 동안 우리의 말과 글이 그처럼 혼란만 있었던 것은 결코 아니다.

그 시대에 민간 학술 단체가 이끌어 온 우리말의 규범화와 우리말큰사전편찬사업의 노력을 국가가 회수한 뒤에 『표준국어대사전』이라는 견고하게 갇힌 언어 상자를 만들었다. 규범주의자와 그들에게 매료된 학자들은 서울 언어는 '옳고', 지방의 언어는 '그름'으로 편을 갈라놓고 그것을 기반으로 하여 법령집(문법과 사전)을 탄생시킨 것이다. 그런데 당시 환산 이윤재와 외솔 최현배 선생의 생각은 조금 달랐다. 한국어의 지리적 계층적 변이형을 최대한 사전에 담기 위해 환산은 '전등어(어원 분화형)'와 '각립어(음운 분화형)'라는 개념을 만들었으며,4) 외솔은 비록 제한적인지만 『시골말 캐기 잡책』을 만들어 언어의 다양성을 유지하려는 노력을 보였다. 제한된 시간과 자본의 역부족으로 그들의 이상은 달성되지 않았지만 그 이후 마치 국어를 법령처럼 규제하고 한자에 대한 사대주의와 영어의 나라로 바꾸려는 배타적 언어관을 지닌 이들이 득세하게 되면서, 방언이나 신조어, 전문 용어, 외래어 등 엄청나게 쏟아져 나오는 언어 자원의 관리는 손을 놓고 있는 실정이 아닌가?5)

---

4) 이윤재, 「사정한 조선어 표준말 모음의 내용」, 『한글』 제4권 제11호, 1936. "표준어를 될 수 있으면, 전 조선 각 지방의 사투리를 있는 대로 다 조사하여 여기에 대조하여 놓는 것이 떳떳한 일이겠으나, 이것은 간단한 시일에 도저히 성취할 수 없는 것일뿐더러, 분량이 너무 많아 인쇄에도 곤란을 면하기 어려울 것이므로, 그리 못된 것을 매우 유감으로 생각하는 바이며, 여기에 유어로 대조한 것은 다만 서울에서 유행하는, 즉 서울 사람으로서 여러 가지 쓰는 서울 사투리만을 수용함에 그쳤습니다. 그리고 각 지방의 사투리 전부를 조사 수집하는 것은 이후 별개의 사업으로 할 작정입니다."

국어정책은 한글로 삶의 그물을 짜는 모든 이들에게 직접적인 영향을 미친다는 면에서 그 중요함에 대해 아무리 강조를 해도 지나침이 없다. 한국어사용자뿐만 아니라 국가 언어로 표현되는 다양한 지식관리 영역과 긴밀한 연관성을 맺고 있기 때문에 국어정책의 방향 설정과 그 운용 과정은 매우 신중하게 하지 않을 수 없다. 최근 다문화 사회로 진입하면서 한국어정책의 중요성은 더욱 가중되고 있음에도 불구하고 그런 현실에 대한 인식은 매우 뒤떨어져 있다.

　다중의 지식 평준화는 선진국가로 향하는 지름길이다. 다중의 지식을 고도화하는 가장 기초적인 일은 바로 다양한 언어 지식을 체계화하여 한국어 사전을 편찬하고 이를 웹 기반에서 공유함으로써 가능하다. 규범은 사전편찬자들에게나 필요한 것이지 전 국민이 이해해야 할 필요가 과연 있는 것인가? 국민들은 사전을 통해 불편함이 없이 어문생활을 영위할 수 있도록 해야 함에도 어문학자들이 알아야 할 지식의 영역까지 요구해서는 안 될 일이다. 어문 규범의 기계화 지원을 통해 전 국민의 글쓰기의 불편함을 줄여 나가야 할 것이다. 다중의 지식과 정보 통합 능력을 인터넷을 통해 협업함으로써 중간 관리 비용을 최소화할 수 있기 때문에 국가 지식 생산을 고도화하는 하나의 방안으로 검토해야 할 것이다. 온라인상에서 누리꾼의 정보 생산에 대한 신뢰성 문제가 제기될 수 있지만 비판적 관점에서 머물러 서 있지 말고 다중의

---

5) 물론 국립국어원의 성과와 전혀 없었던 것은 아니다. 지역어조사사업, 생활 용어조사사업 등의 성과가 있다.

지식 기반을 강화함으로써 다중 스스로 미래를 선택하고 미래를 만들어 내는 주인공이 될 수 있도록 국가 지식 생산과 관리 방식의 혁신이 필요하다.6) 먼저 문제 제기를 위해 지난 시대의 한국어 정책의 시행 과정에서 나타난 몇 가지 거시적인 문제점을 먼저 짚고 넘어가지 않을 수 없다.

첫째, 먼저 한국어정책의 기본 방향을 설정하는 데 철학적 사유가 매우 부족했으며, 한국어정책 기본 방향을 설정해야 할 전문가 집단의 책임 소재가 분명하지 않았다.

한국어의 표준화를 위한 국어 규범의 고정화는 매우 필요한 국정의 기조라고 할 수 있으나 표준화의 잣대가 지역적, 계층적으로 지나치게 협소하게 규정되면서 표준화의 외연에 방치된 한국어 지식의 기반이 붕괴되고 있다. 상대적으로 신조어, 외국어 음차 표기, 전문 용어가 급격하게 밀려들어 와서 한국어의 기반이 붕괴될 수 있는 상황이지만 이에 능동적으로 대처하지 못하고 있다. 낱말이 자연적으로 소멸되기도 하지만 자연적 생성 능력도 갖는 균형이 잡혀져야 한다. 규범의 제약으로 인해 자연적인 낱말의 생산 능력이 현저하게 떨어지게 함으로써 우리말과 글을 소멸 위기로 내몰아서는 안 된다. 이는 곧 한국어정책을 입안하고 시행하는 집단의 철학적 사유의 부재에서 기인된다. 또한 한국어정책

---

6) 현재 문화체육관광부에서 추진하고 있는 위키식 국민형 사전편찬사업이 이러한 관점에서 2008년 필자가 제안한 결과의 산물이다. 하루빨리 개방하여 국민들의 호응을 얻어낼 수 있는 기반을 만들어야 하며, 이 사업의 주체를 정부기관이 관장만 할 것이 아니라 민간 전문 학술 단체로 이양해야 할 필요가 있다. 제2의 『표준국어대사전』과 같은 국민들의 비판대상이 되지 않기 위해서도 민간기관이나 단체나 사업자에게 이양할 것을 권한다.

의 입안과 시행 담당자들의 책임 소재를 더욱 명확하게 하면 더욱 신중하게 운용할 수 있을 것이다. '어문 규정'을 중심으로 하여 『표준국어대사전』의 방식으로 발음과 표기의 통일을 추진해 온 성과는 결코 과소평가할 수 없으나 한국어의 생태적 기반을 고려한다면 한국어정책의 기본 방향 설정과 한국어 사전사업의 추진 방향을 전면적으로 재고해야 할 단계에 와 있다.[7]

둘째, 한국어정책 집행기관의 행정적 절차가 지나치게 관료화되어 있다. 곧 행정 절차 과정에서 중간 위치에 있는 한두 사람의 의사결정으로 한국어정책 입안 전문가들의 다수 의견이 봉쇄되기도 한다. 국립국어원의 한국어정책 실무자가 한국어정책 전반의 방향을 좌지우지하는 시행 체계는 모순이 있다. 정책 입안과 시행을 전문가 집단 간의 분업과 협업의 방식으로 발전시키도록 해야 한다. 대학의 전문가나 정부 부처의 관료나 언론사, 한국어 관련 사회단체 등 유관기관의 전문가가 더욱 긴밀하게 분업과 협업이 가능하도록 만들어야 한다. 한국어정책을 담당하는 전문가 집단인 국어심의회의 의견 조율 과정이 느슨하며, 한국어정책 전반을 조망할 수 있는 전문가가 많지 않다. 한국어정책은 누구나가 참여할 수 있는 일이 결코 아니다. '국어심의회'도 전문가 집단이라고 할 수 없을 만큼 신뢰성이 확보된 집단이라고 볼 수 없다. 그뿐 아니라 정책 담당 정부 부처가 문화체육관광부인데 연간 한두 차례 의례적인 회의를 개최하여 해결될 수 있는 일이 아니다. 심지어 회의가 열리지도 않을 뿐만 아니라 그동안 국어심의회

---

7) 이상규, 『둥지 밖의 언어』, 생각의나무, 2008 참조.

회의 기록자료 조차 온전히 갖추고 있지 않다.

셋째, 4대 국어 규범인 「한글 맞춤법」, 「표준어 규정」, 「외래어 표기법」, 「로마자 표기법」으로 구성된 어문 규정은 개정 시기가 각각 다르고 참여자가 달랐기 때문에 내용이 상충되어 규정으로서 법리적 통일성과 신뢰성이 떨어진다는 비판을 받고 있다. 또한 이 규정을 "무조건 따라야 한다"는 강제적 조항을 운용함으로써 이 규정에 명시되지 않은 사항도 있고, 비록 명시되었다고 하더라도 이를 이행하지 않는 언론사나 출판사들이 의외로 많다.

'어문 규정'에 대한 새로운 연구를 통해 보다 정교하게 다듬고, 또 보다 포괄적인 규정으로 보완 발전시켜 나가는 동시에 미비한 사항은 『표준국어대사전』을 통해 실현하거나 '어문 규정' 정보검색기를 고도화하여 국민들의 어문생활을 보다 윤택하게 할 수 있도록 해야 한다. 한국어의 주인은 국어학자나 국어정책자들이 아니라 소비자인 국민이라는 점을 깊이 인식하여야 한다.

넷째, 『표준국어대사전』이 한국어 규범을 실현하는 신뢰성을 견실하게 쌓을 수 있도록 보다 합리적인 방향으로 고도화시킬 필요가 있다. 그와 동시에 표준어의 외연에 있는 한국어 자산을 통합하는 별도의 '한국어종합기반사전'을 민간이 협업의 방식으로 추진할 수 있도록 정부 지원이 필요하다. 이 문제는 한국어 정보화와 국민들의 지식 기반 강화를 위한 국가적 과제와 긴밀한 관계가 있다.

다섯째, 2005년 제정된 「국어기본법」에 따라 한국어의 중요성에 대한 인식이 확대되고 또 「국어기본법」의 법적 절차가 존중될 수 있도록 한국어정책이 입안되고 시행되도록 국회에서의 감시와 점검 과정이 뒤따라야 하며, 정부에서는 이를 실천하려는 의지가 분명해야 한다. 「국어기본법」 "제8조 (보고) 정부는 2년마다 한국어의 발전과 보전에 관한 시책 및 그 시행 결과에 관한 보고서를 당해 연도 정기국회 개시 전까지 국회에 제출하여야 한다."는 규정은 국회와 정부의 한국어정책 관리의 책임성을 명시한 부분이다.

여섯째, 한국어정책 기반이 단순히 규범의 정오 판정을 담당하는 수준의 업무를 관장한다면 우리나라의 국어정책기관인 '국립국어원'을 정부위원회 수준으로 전면 개편할 필요가 있다. 우리나라보다 다양한 방언과 이질적 다민족 국가 형태인 일본의 '국립국어연구소'가 2008년 '독립법인 국어연구소'로 전환된 사실을 신중하게 검토해야 할 것이다. 그렇지 않다면 정부가 책임성 있게 개선을 위한 지속적인 투자를 하든지 엉거주춤한 상태로 땜질해나갈 일이 아니다.

국민들의 의사소통을 규범에 맞도록 원활하게 하는 동시에 한국어를 국가 지식 기반을 관리하는 기관으로 발전하려는 의지가 필요하며, 규범의 기계화, 한국어로 생산되는 국가 지식의 총체적인 기계화와 정보화 등의 발전적인 전망을 제시하는 기관으로 다시 태어나야 할 것이다. 그러기 위해서도 학벌과 인맥을 초월하는 한국어위원회로 재편한 다음 국립국어원의 전문 인력들의 경쟁력을 강화하는 보다 적극적인 개혁 의지가 필요하다.

한글 공동체의 문화 변경

2000년 이후 외국의 한국어 학습 수요자가 늘어나고 있다. 이에 따라 한국어 교육과 한글 확산은 매우 중요한 국가정책의 하나로 부상하였다. 정부에서는 2007년부터 「세종학당」의 설립과 함께 정부 부처별 외국인을 위한 한국어와 한국 문화 교육에 관심을 가지고 각종 지원을 하고 있다. 이와 더불어 학계에서도 효율적인 한국어 교육 방안에 대한 연구가 활발하게 진행되어 왔다.[8]

「세종학당」은 「국어기본법」 제19조에 근거하여 "국외에서 한국어를 배우고자 하는 외국인과 재외 동포를 위한 개방형 한국어 문화 학교"로 "소수 지식인 중심이 아닌 일반 대중을 대상으로 한국어와 한국 문화를 보급하는 사회교육원 형태의 현지 교육시설"로 그 개념규정을 하였다.[9] 2007년 3월 19일 몽골의 울란바토르대학과 몽골국립사범대를 필두로 하여 「세종학당」이 처음으로 문을 연 이후 현재 전 세계에 46개국에 100개소가 개설되어 운영되고 있다.

설립 당시 「세종학당」은 문화 상호 이해 존중을 바탕으로 한 문화 상호주의라는 설립 이념 아래 (1) 문화 상호주의의 원칙에 입각한 쌍방향의 언어 문화 교류와 이해 촉진, (2) 지식인 중심 엘리트 교육에서 탈피, 대중적인 한국어 교육의 확대, (3) 국가 간의 문화적 연대와 공존을 위한 교류 협력 증진이라는 3대 설립 목적을 명시화하였다. 정부에서는 이를 위해 2012년 5월 2일 국무

---

8) 국립국어원, 『세종학당』 운영 매뉴얼, 국립국어원, 2009, 2~10쪽.

9) 국립국어원, 『2007 세종학당 백서』, 국립국어원, 2007, 32쪽.

회의를 통해 「세종학당」 재단설치를 위한 관련 법안인 「국어기본법」, 「국어기본법시행령」 개정안에 포함시켜 공포함으로써 한국어의 해외 보급에 대한 본격적인 국가 관리체계로 진입하였다. 이 법안을 근거로 하여 「세종학당재단」이 설립됨으로써 그 이전에 나타난 여러 가지 문제점들을 보완할 수 있는 계기가 마련된 것이다.[10]

문화체육관광부에서는 한국어 교육정책 전문기관인 「세종학당재단」을 설립하여 변화하는 한국어 교육 수요자 층에 부응하는 전환기를 맞이하게 되었다. 이러한 환경 변화에 따라 한국어 교육의 올바른 목표와 방향 설정은 구체적인 교육 방법의 미시적 설계보다 우선 논의되어야 할 과제이다.

「세종학당」 설립 당시의 기본 목표 또한 (1) 현지인 중심 실용 한국어 교육, (2) 저비용 고효율 교육 체계, (3) 한국어와 한글 학습 기회 확대와 (4) 상호 문화 교류를 통한 문화 다양성을 실현하는 실천 방안이 마련되어 있다. 이 가운데 "언어 문화 상호 이해 존중을 바탕으로 한 문화 상호주의"는 세종학당의 최상위의 설립 정신이자 철학이라고 할 수 있다. 곧 언어 식민지적 방식과 달리 언어 문화 상호 교류주의 방식으로, 상대 국가의 역사와 문화적 배경을 존중하는 새로운 국제 교류의 소통방식을 위한 이중 언어 교육 방식은 향후 21세기 국가 간의 언어 교육의 참신한 비전이라

---

10) 2007년 「세종학당」 설립 시기와 2012년 「세종학당」 재단설립을 위한 관계 법령 개정이 이루어진 시기를 기준으로 제1기 세종학당과 2기 세종학당으로 구분할 수 있다. 제1기를 준비기간이라고 한다면 제2기는 국가사업으로 「세종학당」이 본격적으로 출발한 시기라고 할 수 있다.

고 말할 수 있다. 2008년 미국 버클리대학교 한국문화연구소의 학술세미나에서도 세종학당의 설립 기본 정신은 가장 이상적인 21세기 언어 문화 교육 모델이라는 평가를 받은 바 있다.

앞으로 「세종학당재단」의 발전을 위한 핵심 과제는 다음과 같다. 첫째, 전 세계 한국어 교육기관에 대한 전면적인 조사를 통한 네트워크 구축, 둘째, 한국어 교원의 인적 네트워크의 구축, 셋째, 전 세계에서 유통되고 있는 교재 및 부교재와 학습 도구에 대한 전면적인 조사 보고서를 작성하고 온라인 도서관을 개설하여 양질의 교재를 제공할 필요가 있다. 넷째, 전 세계 교육기관을 중심으로 교육과정이 어떻게 구성되어 있으며 실제 운영이 어떻게 이루어지고 있는지 세밀한 조사와 이를 자료베이스로 구축하고 상시로 관리할 인력과 재원을 확보해나가야 할 것이다. 다섯째, 저비용 고효율화의 운영을 위해서는 온라인 「세종학당」(누리세종학당)으로 발전시킬 수 있는 디지털 한국어 교재 개발, 쌍방 화상 원격 교육 프로그램 개발 등 중장기적인 발전 전략을 수립하고 이를 차근차근 실천해나가야 할 것이다.

이와 함께 교육 목표와 이념을 충실하게 반영할 수 있는 교육과정의 재편, 교재 개발과 보급, 교원 양성의 장기 수급 계획, 공급 방법의 개선과 발전 방안 마련, 교육 현장 구성 등에 대한 대안을 착실하게 마련해 나가야 할 것이다.

한글의 창조성과 문화예술

우리는 흔히들 시인을 언어의 창조자라고 치켜세운다. 그 이유는 낡고 때 묻은 언어에 새로운 언어로 세탁을 하거나 새로운 은유를 통해 사물에 다가설 수 있도록 우리들을 안내해 주기 때문이다. 창조는 사물의 본질에 다가서는 행위이다. 인간의 인식적 행위만으로는 사물의 본질에 온전히 다가서지 못한다. 언어라는 가교를 놓음으로써 대상에 접근할 가능성을 갖는 것이다.

얼마 전 우리 대학교에 러시아 출신 교수가 담당하는 시론 시간에 도종환 시인의 초청 특강이 있었다. 강의가 끝나고 학생들에게 이 시 가운데 가장 절묘하게 표현된 부분이 어딘지 물어 보았다. 시론 시간에 이론 겉껍질만 배우다보니 시의 언어가 왜 중요한지 알 리가 없었다. 역시 이 시 전부를 정확하게 외우지는 못하지만 흥얼거리는 수준은 된다.

혼들리지 않고 피는 꽃이 어디 있으랴

이 세상 그 어떤 아름다운 꽃들도
다 흔들리면서 피었나니

흔들리면서 줄기를 곧게 세웠나니
흔들리지 않고 가는 사랑이 어디 있으랴

젖지 않고 피는 꽃이 어디 있으랴

이 세상 그 어떤 빛나는 꽃들도
다 젖으며 젖으며 피었나니

바람과 비에 젖으며 꽃잎 따뜻하게 피웠나니

젖지 않고 가는 삶이 어디 있으랴

—도종환, 「흔들리며 피는 꽃」

  필자는 도종환의 「흔들리며 피는 꽃」이라는 시는 매우 쉬운 시
어를 사용하고 있기 때문에 일단 호감을 가지고 있다. 단순한 일
상적 일인 바람에 흔들리는 물상과 비에 젖는 그 숱한 물상 가운
데 '꽃'이라는 것을 상징적으로 선택하여 인간의 보편성을 이끌어
내고 있다는 점에서 매우 훌륭한 작품이라고 생각한다. 이 정도의
일은 어느 정도 수준에 와 있는 시인이라면 누구든지 할 수 있다.
이 시의 가장 핵심 부분은 "흔들리면서 줄기를 곧게 세웠나니"라
는 부분에 있다고 생각한다.

  잘 났거나 못 났거나, 많이 가졌거나 가지지 않았거나, 많이
배웠거나 많이 배우지 않았거나 이 세상의 그 다양한 모든 사람들
은 들판에 피어 있는 아름다운 한 송이의 꽃처럼 바람에 흔들리고
비에 젖으면서 살아가고 있다. 그러면서 자연에 순응하면서도 자
의식, 곧 곧게 살아가야 한다는 의지를 갖고 있기 때문에 이 세상
의 다른 사물과 다르다는 보편적 가치를 잣아 올리기 때문에 필자
는 이 시를 매우 아낀다.

  그런데 문제는 이 시작의 은유적 세계를 이해하기 위해 이 시에
등장하는 매우 일상적인 낱말들을 사전적 뜻풀이를 가지고는 도
저히 접근이 불가능하다. 언어학자들이 만든 사전으로는 문학적
해석에 한 걸음도 다가설 수 없다. '꽃'이라는 낱말이 가진 은유적
의미는 사전 편찬에서 완전히 제외되었기 때문이다. 이젠 기계

번역의 내일을 열어내기 위해서는 '꽃'이라는 사전적 의미 외연에 있는 은유적 인식적 의미meaning mining를 보완하려는 창의적인 노력과 시도가 필요하다.

　시인이 만들어내는 언어의 은유와 상징이야말로 사물의 본질에 다가서는 창의적 상상력이다. 그래서 시인을 언어의 마술사요, 언어의 창조자라는 명예를 부여하고 있다.

　사전이 왜 이러한 은유적 의미를 전혀 배제하여야 하는가? 이러한 은유가 탁월한 시의 문장이 사전에 왜 싣지 못하는가?『표준국어대사전』의 '꽃'이라는 낱말의 뜻풀이다.

꽃 몡「1」『식물』종자식물의 번식기관. 모양과 색이 다양하며, 꽃받침과 꽃잎, 암술과 수술로 이루어져 있다. 분류 기준에 따라 갖춘꽃과 안갖춘꽃, 단성화와 양성화, 통꽃과 갈래꽃, 풍매화와 충매화 따위로 나눈다. ¶ 꽃이 아름답게 피다.

「2」꽃이 피는 식물을 통틀어 이르는 말. ¶ 꽃을 가꾸다/정원에 꽃이 만발하다/화단에 꽃을 심다.

「3」인기가 많거나 아름다운 여자를 비유적으로 이르는 말. ¶ 이번에 입사한 여직원은 우리 부서의 꽃이라는 소리를 듣게 되었다./꽃 같은 따님을 두셔서 좋으시겠습니다.

「4」아름답고 화려하게 번영하는 일을 비유적으로 이르는 말. ¶ 꽃 같은 청춘/꽃 같은 나이/그들은 걸음을 멈추고 그의 꽃같이 환히 피어난 얼굴 모습을 바라보았다.

「5」중요하고 소중하며 핵심적인 것을 비유적으로 이르는 말. ¶ 그는 영화의 꽃이라고 할 수 있는 감독을 맡아 하면서 많은 작품을 남겼다.

「6」홍역 따위를 앓을 때 살갗에 좁쌀처럼 발갛게 돋아나는 것. ¶ 자고 난 아이의 볼에 하나둘 꽃이 번지기 시작했다.

「7」(일부 명사 뒤에 붙어) '그 꽃'의 뜻을 나타내는 말. ¶ 도라지꽃/무 궁화꽃/목련꽃/민들레꽃/사과꽃/유채꽃.

이러한 뜻풀이로는 도저히 바람에 흔들리는 꽃의 은유에 도달 하기 어렵다. 아니 엄두도 낼 수 없다. 언어의 기계화를 위해 가장 먼저 고려해야 할 일이 바로 이러한 예술의 언어가 함의하고 있는 은유적 의미를 담아내려는 시도를 해야 한다. 때로는 일회성의 은유도 존재하고 있겠지만 적어도 이러한 고급의 은유적 작품이 사전 속에 예문을 녹아들어가고 또 그것에 대한 은유적 의미를 담아내려는 시도조차 하지 못하는 현재 우리나라의 사전의 근본 적 한계를 이야기하고자 한다.

나는 예술이 너무 집단화되고 패거리를 이루고 있는 것을 몹시 싫어하는 사람이다. 어떻게 하면 정부로부터 돈이나 타낼까 궁리 하면서 문이도文以道를 실천하지 않는 예술인이 늘어나는 것은 사 회가 타락할 조짐을 보이는 현상이다. 이러한 은유적 의미사전을 만들어 사전 전체의 질을 향상시키고자 하는 일말의 노력도 예술 인은 하지 않고 있지 않는가?

과학은 예술과 참 멀리 있어 보이지만 어쩌면 가장 가까이 있을 지도 모른다. 사전은 바로 이처럼 변화하는 언어의 질서를 담아내 는 동시에 이러한 창조적인 은유를 담아내려는 의지가 없다면 세월에 따라 분해되어 흩어지는 하나의 말의 유희에 지나지 않게 되는 것이 아닐까? 우리말을 담아내는 한글은 문법(표기법, 어법을 포함)에 대한 연구는 상당히 축적되어 왔다. 그러나 지나치게 규범적인 문법 연구에 치중해 왔다는 한계가 있었다. 그러나 한글이 가지고 있는 은유성이나 도상성에 대한 연구는 최근에 와서 다소 활기를 띄고 있다. 여간 다행스러운 일이 아니다.

한글은 문화 예술적 방면에서 다양하게 활용되고 있다. 위에서 언급한 시와 소설, 연극과 영화를 비롯한 문자를 소재로 한 그림이나 랩 음악 등 미술이나 음악과의 접목은 한글의 창조적 특성을 확장하는 매우 좋은 수단이 될 것이다. 캘리그래피(영화 제목, 드라마, 서책, 광고 휘호 등), 글꼴(서체 연구, 문화체 개발), 글자 공학(휴대문자, 자판기), 글자디자인(패션, 문화 상품) 등으로의 인접 분야의 전문가들과 공동으로 한글이 지닌 특장점을 지속적으로 발전시켜야 할 것이다. 그뿐 아니라 우리 고유어나 사어화된 토박이말, 문자 예술의 중요 영역인 시와 소설, 희곡 등에서 우리말의 은유적 확장을 위해 새로운 소생력을 강화해 줄 필요가 있다. 2008년 한국시인협회와 국립국어원이 공동으로 한글 자모를 낱낱이 한 편의 시로 창작하여 모음집을 만든 사례는 한글의 예술적 창의력을 살리는 노력 가운데 하나라고 할 수 있다. 사물의 본질에 다가서는 유일한 통로가 언어이며, 그것을 구체화한 형태가 문자라고 할 수 있다. 문자는 사물 본질에 대한 재해석의 노력이라는 측면에서 새로운 언어를 생성할 수 있는 예술적 창의성에 대한 이해를 좀 더 확대할 수 있는 기획이 필요하다.

'훈민정음'의 글꼴에 대한 연구는 이미 많은 성과를 이루어 냈다. 시대별로 한글 자모의 글꼴이 초·중·종성의 환경이나 자모 결합 환경에 따라 글꼴이 어떻게 변화되는지 이론화하고 있다.

그러나 주로 판본 중심의 연구 성과11)들이기 때문에 필사체, 서예 글자체에 대한 한글 글꼴 문제에 대한 연구는 상대적으로 미흡한 감이 없지 않다.

타이포그래피의 관점에서 한자와 한글의 글꼴에 대한 연구는 원문 해석 문제뿐만 아니라 창제 배경이나 자형의 기원 문제와도 밀접한 관계가 있다. 그럼에도 불구하고 그런 체계적인 관련성을 고려하지 않고 글꼴을 타이포그래피의 관점에서만 독립적으로 접근한 연구는 한계가 있다. '훈민정음'을 설명하고 해설하는 데 이용된 한자의 선정은 용의주도하고 면밀하게 이루어졌다. 그러나 각종 영인본에 나타나는 글꼴이나 도형의 훼손과 오류의 실태는 심각하다고 할 정도로 문제점이 드러나고 있다.12) '훈민정음'에서 한자의 쓰임이 임금에게 올리는 글인 일종의 상주문이기 때문에 글 속에 나타나는 편방점획이나 고속자에 대한 정밀한 분석이 필요하다.13) 한글 자모에 대한 타이포그래피의 차원의 논의는 한글 문자 기원이나 창제 목적과도 긴밀한 관계가 있다.

'훈민정음'의 '類'의 경우처럼 '犬'을 '부'나 '변'으로 사용하지 않는 점이라든지 '兎'의 경우 획을 한 점 삭제한다든지, '中', '秋'

---

11) 박병천, 『한글 판본체 연구』, 일지사, 1998.

12) 권점 표기와 관련하여 이상규(2008)의 『훈민정음 영인 이본의 권점 분석』에 서 그 실태의 일부를 밝힌 바가 있다.

13) 이형상의 『자학』에서는 "자획의 많고 적음은 모두 『설문해자』를 기준으로 삼았는데, 편방점획에 착오가 있는 (…중략…) 당시에 법으로 정한 것이 매우 엄격하여 이를 범한 사람은 반드시 벌을 받았는데, 그 후로는 점점 법의 적용이 느슨하게 되어 편방점획은 단지 임금에게 올리는 상진장에서 만 쓰게 되었고, 이에 음운 또한 어제에만 쓰게 되었다."(김언종 교수가 번역한 『자학』, 푸른역사, 2008, 141쪽 참조)

의 경우 획을 한 점 가획 한다든지 하는 일은 상주문으로서 고도로 기획된 일이라 할 수 있다. '爲'의 경우에도 한 문장 안에서 거듭 사용되는 경우 '爲'와 '爲'를 번갈아 씀으로써 도형의 단조로움을 피하고자 하였다. 그리고 '殿下'나 '명(命)'을 나타내는 내용은 행간을 비우거나 신하의 이름을 나타내는 '臣申叔舟'처럼 '臣'자나 이름 '叔舟'은 소자로 기록한 것처럼 상주문에 나타나는 문자의 활용도 모두 타이포그래피의 관점에서 기획된 결과이다.

자음의 경우, 단독으로 사용된 경우 'ㄱ'이 중성과 합자하는 위치에 따라 '그', 'ㄱ'나 종성이 있는 경우 '골', '감'이나 종성으로 사용되는 '럭'에서처럼 합자의 위치에 따라 자획의 크기 비율만 달라지고 고정된 형태가 유지되고 있다. 이처럼 한글 자모의 도형이 다시 한자의 서체처럼 획의 삐침이나 꺾음과 같은 기교를 부리지 않은 이유에 대해서는 일반 백성들의 필기도구와 같은 사서 환경을 고려한 것으로 평가하기도 한다. 노마히데키(2008)가 말한, 곧 길을 가다가 나무꼬챙이로 길바닥에 글을 써서 의사를 소통할 수 있도록 배려한 철저한 민중적이고 민주적인 문자라는 주장도 눈여겨보아야 한다. 한글 자료도 판본체 이외에 서사체에 대해서도 문자형 도형 구획이나 자형에 대한 자료의 데이터베이스화 작업도 매우 긴요하다. 'ㅇ'은 서도나 타이포그래피에서는 무한한 변용이 가능하다. 필기체로 쓸 경우 'ㅇ'의 크기는 매우 다양하지만 그 전형은 오직 하나이다. 곧 훈민정음에서 말하는 '일즉다-卽多'의 원리와 실천이 서도나 캘리그래피에서 실천 가능하다는 말이다.

알파벳은 필기체에서 활자체로 진화하였으나 '한글'은 활자체를 근거하여 필기체가 발전되었기 때문에 서도라는 측면에서 한글 사용자는 모두 타이포그래피이다. 알파벳은 활자체와 필기체가 구분되어 있지만 한글은 글쓰기를 하는 이들이 모두 필기체의 고유 서체를 확보하는 셈이다. 이러한 측면에서 정병규(2008)가 말한 "한글 타이포그래피라고 부르는 한글의 문자 표현적 실천이 훈민정음의 반포와 함께 동시에 시작된 것"이라는 주장은 매우 의미 있는 논의이다.14)

훈민정음에 실린 문자 이외의 각종 문장 부호에 대한 연구도 필요하다. '훈민정음'에 나타나는 권점 'ㅇ'의 크기는 외원 지름 4.5mm, 내원 지름 3mm이며 선의 굵기는 1mm이다. 글자별 판각 상태에 따라 이 크기는 다소 유동적이다. 첩운 글자의 사성 표기의 권점에서는 글자와 겹쳐지거나 그 크기가 약간의 차이를 보이는 경우도 있다.

세계 최고의 글자라고 자랑하는 훈민정음의 원전과 관련된 영인 이본 간에 이와 같은 중대한 오류 문제가 있다는 사실은 그 자체가 믿기 힘들 정도이다. 첩운 권점 표기는 후대에 추가로 기록했거나 영인본의 오류가 답습되는 과정에서 생겨난 문제가 아닌가 추정할 수 있다. 그러나 이것은 추정일 뿐 단언할 수 있는 문제는 아니기 때문에 왜 이러한 일이 일어났는지 정밀하게 검토해야 한다. 한글 서체 연구의 출발점이자 종착점이라고 할 수 있는 '훈민정음'과 한글 필사체에 나타나는 각종 서체 연구는 아직

---

14) 정병규, 「훈민정음과 한글 타이포그래피의 원리」, 세종대왕 탄신 611돌 기념 심포지엄 발표문, 2008, 7쪽.

많은 미지의 영역으로 남아 있음을 강조하지 않을 수 없다. '훈민 정음'에 담겨 있는 무변광대한 타이포그래피로서의 철학적 원리를 천착해야 한다.[15] 한글 타이포그래피 연구의 출발점이자 귀결점은 바로 '훈민정음'이다.

한글과 글자 공학

언어와 문자의 흐름은 국력과 자본의 흐름과 매우 밀접한 관계를 맺고 있을 뿐만 아니라 최근에는 인터넷 소통의 힘과 매우 밀접한 관계를 맺기 때문에 정보화 환경에 더욱 긴밀하게 다가설 수 있는 끊임없는 연구와 국가 전략이 필요하다. 최근 동아시아에서는 한국이 중국어나 일본어를 능가하는 초고속 정보 입력 능력이 있다고 인정되었다. 물론 한글의 우수성만을 주장하기만 하면 안 되지만, 이를 바탕으로 앞으로 영어를 비롯한 서구어와의 기계 번역과 자료 공유를 위한 광역 워드넷 구축사업이 추진되어야 할 것이다. 특히 한문이나 한글 자료에 나타나는 자형의 변화에 대한 자료 디지털화 작업은 매우 긴요한 일이다. 디지털화 작업은 시대 변화에 따른 서체 변화의 흐름을 이해할 수 있으며, 한자나 한글에 대한 기계 가독율을 높일 수 있다.

한글의 글자 배열 문제, 문서 작성기의 자판기, 휴대폰의 자판 배열 방식의 통일과 특수 문자 입력 방식의 국제 표준화 연구도 소홀하게 다룰 문제가 아니다. 향후 서사어의 디지털화를 위해 인쇄체와 필기체 글자 도형의 인식 문제에 대한 연구도 추진되어

---

15) 허경무, 『한글 서체의 원형과 미학』, 묵가, 2008.

야 한다. 일본에서는 「한자체 규범 자료베이스http://www.joao-roiz. jp/HNG/」16)를 통해서 동아시아 사경의 한자체를 지역별, 시대별로 자료베이스를 구축하여 자형의 변천 과정을 연구하는 기본 자료로 활용하고 있다. 이처럼 한글의 판본체 및 필사체 자료를 종합적으로 디지털화하는 작업을 추진해야 할 것이다.

언어학과 산업공학과의 학제적 연구를 시도함으로써 한글 공학 연구의 지평을 넓힐 수 있을 것이다. 최근 한글과 관련한 다양한 소프트웨어의 제작이 가능하게 되었다. 이를테면, 한글이 공용 문자로 사용되면서 한글로 중국어, 일본어, 몽골어, 태국어 등이 입력되고 문자 전송이 되는 프로그램을 개발하여 한글로 이들의 언어를 적고 인식하는 음성인식프로그램이 개발되었다. 나아가 이 프로그램이 장착된 휴대폰이나 내비게이션, 컴퓨터, 전자 제품 등 수많은 기기나 제품들을 만들 수 있게 되었다.

그럼에도 관용화된 문맥적 의미는 반영하지 못하고 있다. 예를 들어 "꽃을 꺾었다."라는 문장은 대단히 중의적인 문장이다. '꽃' 과 '꺾다'라는 낱말의 사전적 의미로는 "여성에게 상처를 주었다" 라는 문맥적 의미를 도저히 해석할 수 없게 된다. 이처럼 낱말의 은유적 의미를 현재의 사전으로는 방치할 수밖에 없다.

이처럼 문제는 국어사전이 단순한 사전으로서가 아닌 자연 언어 처리와 검색이라는 관점에서 보면 치명적인 약점을 가지고 있다는 것이다. 대규모의 언어 자료 코퍼스에 저장된 언어 데이터를 체계적이고 자동적으로 통계 규칙rule이나 패턴pattern을 찾아내

---

16) 石塚晴通, 「漢字字体規範データベース漢字字体規範データベース」, 편찬위원회.

는 일종의 데이터베이스 속의 지식(KDD)을 체계화한 데이터 마이닝Data Mining으로서의 가치는 매우 뒤떨어질 수밖에 없다.

따라서 사전 편찬에서 동의어나 반의어, 유의어, 관계어, 상하위어 등 어휘 관계망을 체계화하기 위해 시소러스thesaurus나 온톨로지ontology의 기술을 응용하면 종래 수작업으로 진행되던 사전 편찬의 기술이 더욱 고도화할 수 있다. 곧 올림말이나 풀이말의 체계적 균형을 보장할 수 있다.

대량 코퍼스로 구축된 데이터 마이닝Data Mining을 지원하는 구조적 데이터 관리는 주로 형태소 분석처리를 함으로써 유사 낱말이나 관계망 속에서의 낱말의 검색 속도는 무축 빨라졌다. 그러나 문맥 속에서 같은 은유적 의미나 인지적 의미를 형식화가 어렵다는 이유로 방치함으로써 언어의 기계처리의 정확도와 속도는 늦어질 수밖에 없다. 사전을 통한 문법만으로는 시적 의미(은유적 의미) 처리가 불가능한 벽에 처해져 있지만 형태소 분석가 마찬가지로 다량의 의미정보를 삽입해준다면 이 또한 기계처리가 가능할 것이다. 다시 말하자면 국어사전 이외에 문학작품에 나타나는 시어의 은유적 의미 사전이나 관용화된 문맥적 의미를 대량으로 구축해나갈 필요가 있음에도 불구하고 이러한 발전 가능성에 대해서는 거의 방기하고 있는 실정이다.

텍스트만이 아니라 음성 데이터 마찬가지이다. 물론 아직 음성 자료처리는 의미 자료처리의 가능성보다 더 난해한 일이기 하지만 개인적 차이를 통합하는 음성의 분절 단위, 형태 분절 방식과 같은 자동 분절이 가능한 기술 개발에 관심을 기울여야 할 것이다.

한글은 정보화 사업의 주요 영역으로 떠오르기 시작했다. 정보화 시대에 최적의 환경을 제공하는 문자 체계인 한글의 미래는 대단히 밝다. 한글을 아끼고 발전시키자는 국민 한 사람, 한 사람의 마음이 모아진다면 한글은 세계적인 문자로 발전해 갈 가능성이 무궁무진하다.[17]

글자 공학은 한글로 표현되는 모든 지식과 정보 자원을 공유·검색하고 재생산할 수 있는 기반 구축을 하는 데 기여할 수 있다. 곧 한국어를 대상으로 한 언어 공학의 일부로서 한글의 정보처리에 있어 필수 불가결한 분야이다. 이를 위해서는 공공기관이나 민간에서 보유하고 생산한 한글로 표현되는 모든 언어에 대한 연구 및 공학적 결과를 정보 자원으로 전환하여 공유할 수 있는 정보 환경을 조성하는 데 주안점을 두어야 한다. 다시 말해, 한글의 현상과 특성을 이해하고, 표준화, 정보처리 방법론 등을 포함하는 영역의 활동에 적합한 환경을 구축해야 할 것이다.

한글 정보 베이스는 이러한 한국어 공학의 한 분야로서, 한국어 공학에 필요한 정보 베이스를 구축하는 것을 목적으로 하고 있다. 정보 베이스란 자료베이스와 유사한 용어로서, 정보 영역의 사용자에게 유용한 정보를 여러 출처로부터 수집한 정보의 모음을 의미한다. 한글 정보 베이스는 한글을 위하여 또는 한글을 이용하여 연구하는 사람들에게 필요한 정보 베이스를 뜻한다. 여기에 속하는 분야로는 사전, 말뭉치, 음성 및 필기체 자료베이스, 용례 분석, 통시적 및 공시적인 언어 현상 연구 성과 등을 들 수 있다.

---

17) 최병수, 『조선어 글자공학』, 사회과학원출판사, 2005. 북한에서는 '한글'에 대한 글자공학적 연구가 대단히 발전되어 있다.

향후 이러한 지식 기반의 자료를 국가적 공유 플랫폼으로 구축하여 국내 모든 지식 자원을 통합하고, 그것을 공유함으로써 지식의 재생산의 효율화를 기할 수 있다. 곧 한국어 정보 베이스를 효과적으로 구축하기 위해서는 각 분야의 정보가 통합적으로 관리 및 유지될 수 있는 환경을 우선적으로 구축하는 것이 필요하다.

지식의 소통과 표현 방식에서 인터넷을 활용함으로써 엄청난 변화의 시대를 맞고 있다. 따라서 지난 시대의 지식 관리 생산 방식에서 탈피하여 새로운 변화에 적응할 수 있는 모형 개발을 서둘러야 할 시점이다.

한글 서예와 캘리그래피

전통 예술의 한 가지로서 서예가 디자인에 접목되면서 캘리그래피calligraphy라는 이름으로 요즘 많은 인기를 얻고 있다. 전통 예술로만 알려져 왔던 서예가 본래의 생명력과 원동력으로 현대 디자인이라는 커다란 울타리 속에서 다시 태어나 새 영역으로 자리 잡고 있다. 캘리그래피란 의미 전달 수단인 문자의 형태에 순수한 조형미를 더한 것이다.[18] '서예'에서 쓰는 지필묵(종이, 붓, 먹)의 독특한 질감에 '디자인' 영역의 감성적 시각과 마케팅을 더하고, 여기에 붓의 탄력과 강약, 속도감 등으로 글씨의 표정을 끌어내 한국적 디자인을 구현하겠다는 지표를 가지고 있다. 앞으로 서예는 캘리그래피의 방식으로 또 서양의 캘리그래피는 동양의 서예의 기법과 서도를 배움으로써 상호 보완의 관계를 유지하

---

18) 이상현, 「손글씨가 만들어 가는 한글세상」, 『온한글』, 2007년 11월호.

면서 상생의 발전이 이루어질 수 있을 것이다. 곧 디자인 표현의 한계성을 극복하는 데 서예와 캘리그래피가 새로운 역할을 하고 있는 시점에서 우리만의 독보적 문자인 한글 캘리그래피의 가능성을 가늠해 보며, 디지로그 시대에 발맞추어 고전미와 현대미가 어우러진 한국적 캘리그래피의 지표를 열어나갈 수 있을 것이다. 최근 영화 포스터, 책 표지, 상표, 영상 매체에서의 캘리그래피, 전각을 통해 한글에 내재된 기호학적 이미지와 리듬을 창조적으로 되살려 내는 노력들이 활발하다. 2008년 한글날 홍익대 앞에서 윤디자인연구소가 기획한 '캘리그래피와 문학과의 만남전'이나 국립국어원과 '한국시인협회'가 공동으로 기획한 한글과 디자인이 결합한 '한글 피어나다'와 같은 기획이 서예의 진화를 예측할 수 있는 성과들이다. 그리고 윤디자인연구소에서 온라인으로 제공하는 「온한글」의 정보는 한글 캘리그래피의 미래를 열어가고 있다. 우리나라의 타이포그래피의 미래는 우리의 전통적인 서예 기반을 발전시키는 전략이 필요하다. 그러기 위해서는 서예를 전통적인 기법에만 묶지 말고 화상 도구나 기법을 보다 다양한 방향으로 발전시켜 나가야 할 것이다.

한글의 자모도 영어의 알파벳처럼 한 시대의 문화와 스토리텔링을 담아내는 기획이 필요하다. 예를 들면 로마 글자는 고대 그리스와 로마를 거쳐 동부 유럽에서 미국으로 건너가서 이젠 세계의 통용 글자로 발전되었다. 로마자는 고정되어 있지 않았고 사용 시대와 지역의 문화를 글꼴 속에 담아내면서 글꼴 하나하나에 스토리를 담아내고 있다. 구텐베르크의 『42행성서』 이니셜 문자의 그래픽은 아주 미려할 뿐만 아니라 고도의 감성을 담아내고 있다. 로마자만 보더라도 로마 시대의 문화를 그리스 시대는 그리스 시대의 전통 문화를 타이포그래피로 반영하고 있다. 이는 시대의 문화적 품격이나 예술성의 느낌이 모두 다르기 때문이다. 이처럼 우리의 자모를 다양한 그래픽 문자로 개발하고 우리 문화의 전통 문양을 결속시키며, 나아가서는 자모에 우리 나름대로의 스토리를 담아내려는 시도가 필요하다.

'세계적으로 아름다운 한글'로 다시 태어나려면, 과학성이나 예술성에 대한 학술 연구도 중요하지만 이 시대의 문화와 전통을 담아내기 위한 고뇌가 필요하다. 훈민정음의 위대함을 단순히 기술하는 것만으로 한글의 우수성을 전달하던 시대는 지났다. 지금 우리는 비주얼 시대에 살고 있다. 문자는 더 이상 단순한 소통을 위한 기호가 아니고 한 시대의 문화와 예술, 인간의 심성과 사유 방식 등을 담아내는 비주얼 요소임을 생각해야 할 것이다.

데이빗삭스의 『알파벳』에서는 모든 알파벳이 스토리텔링을 담고 있다.[19] 'A'는 "처음, 그리고 가장 좋은 것", 'B'는 "2등급의 B", 'C'는 "골치 덩어리", 'D'는 "신뢰할 수 있는 D", 'F'는 "잊어버리기 위한 것", 'K'는 "경쟁자들competitors"과 같이 알파벳의 형성 과정에 담긴 오랜 문화 전통을 각인해서 다양한 스토리를 만들고 있다. 한글이 문화 상품을 개발하는 매체임을 직시해야 한다. 2008년에 국립국어원에서 '한글 피어나다'라는 주제로 『문화의 옷을 입힌 한글』을 한국시인협회 회원과 디자이너가 결합하여 24자모마다 시를 짓고 그래픽을 융합하는 시도를 하였다. 이처럼

---

19) 데이빗 삭스, 이건수 옮김, 『알파벳』, 신아사, 2007.

끊임없는 창조적 시도와 시각적 변용의 시도를 통해 한글을 개발할 수 있을 것이다. 기호 속에 신화를 담는 작업이야말로 울림을 잃어버린 우리 문자를 되살려 내고 문화콘텐츠의 원형을 개발하는 것이라고 생각한다. 여기 아주 좋은 사례가 있다. 최근 미국에서는 알파벳을 미국의 전통 문양을 새겨 넣은 『An Abecedarium』(ILLUMINATED ALPHABETS FROM THE COURT OF THE EMPEROR RUDOLF II)라는 책을 발간하여 미국 중심의 알파벳 문화를 알리고 있다.[20]

책의 디자인에서도 다양한 그림이 강력한 영향력을 가지고 있다. 그만큼 문자 자체도 독서의 구미를 당기도록 하는 데 매우 주요한 요소이다. 한글에 내재하고 있는 문화와 전통을 어떻게 담아낼 것인지, 또는 그 가능성이 무엇인지 연구해야 한다. 한글의 특수성과 우수성 그리고 필로타이포그래피로서의 철학성을 담아내는 동시에 가독성과 체계성을 고려하여 다양한 서체 개발을 하는 것이 무엇보다 필요한 과제이다. 국립국어원에서는 이러한 가능성을 탐색하기 위해 2007년도 「곱고 바른 한글꼴 개발의 필요성 연구」를 과제로 채택한 바가 있다.[21]

여기서 한 걸음 더 나아가 문화관광체육부와 지방 정부에서 행하는 각종 문화 행사에서 사용되는 문화체 개발이 절실하다. 가까운 일본의 경우 독자적인 문화체를 개발하여 전국 어디를 가든지 문화체의 CI 작업이 완결되어 외국 사람들에게 그들 독자

---

20) 김민수, 『필로디자인』, 그린비, 2007.
21) 한재준, 「곱고 바른 글꼴 개발의 필요성 연구」, 국립국어원 연구과제 2007-01-56, 2007.

적인 문화 전통을 가나문자를 통해 각인시키고 있다. 이처럼 우리나라에서도 한글 문화체 개발을 서둘러야 할 것이다.

비주얼 시대의 한글에 대해 언급한 바 있지만, 문자는 이제 단순히 의사소통의 기호가 아니다. 그 나라와 시대의 문화와 정서가 총체적으로 담긴 얼굴이다. 따라서 이제는 국어학자들뿐 아니라 과학·디자인·음악 등 다양한 문화 예술로 옷을 입히는 한글이어야 한다. 우리나라의 지식 경쟁력이 세계 40위밖에 안 되는 이유는 학문 간의 협업과 공유가 안 되기 때문이다. 서로 문을 열고 상생하기 위한 방향을 모색한다면 지식 기반을 훨씬 높일 수 있을 것이다. 한글 자모의 음양 이론과 이원론적인 특성이 디지털 세계에서 더없이 적합한 이론이 되었듯이, 훈민정음의 신비한 원리와 이야기들이 모든 분야를 넘나들며 다양한 결과물을 낳을 수 있게 되기를 바란다.

현재 한국은 지구상 어느 나라도 따라잡기 힘들 정도의 정보화 기술력과 고급 콘텐츠 기반, 그리고 뛰어난 문화 연출을 선도할 수 있는 역동적인 힘을 가지고 있다. 이 거대한 정보 문화의 역동적인 힘의 원천에는 한글이라는 문자의 원리가 작용하고 있다. 실용적 편리성을 추구한 세종의 정보화에 대한 상상력은 바로 2000년대의 정보화 시대를 맞이하여 그 진가를 발휘하고 있다. 양질의 디지털 정보를 어느 나라보다도 더 빠르게 구축할 수 있게 하는 힘이 바로 한글이다. 한글은 세계의 문자 중 합리적이고 과학적이며, 디지털 기술로 조합하기에 가장 적합한 문자이다.

인터넷을 통해 우리는 세계인들과 만나서 온갖 가치 있는 정보와 지식을 쉽게 공유할 수 있는 지적 민주화를 누리고 있다. 정보화 덕분에 우리 국민은 지적 수준의 편차가 거의 없는 세상을 살고 있다. 우리나라는 손전화의 기술이 세계를 선도하는 나라이며, 손전화의 자판을 활용하여 가장 빠른 속도로 개인 정보를 교류할 수 있는 나라이기도 하다. 손전화의 한글 자판은 한글의 자음과 모음의 가획원리에 기초한 것이다. 세종이 직접 창제한 한글의 덕을 현재의 우리가 톡톡히 보는 셈이다. 디자인 제품이 주로 선물로 이용되지만 개인적 선물 전용품이나 증여물을 예술품으로 만들어 낼 만큼 디자인 시장은 확장되었다.22) 한글 디자인 시장의 확장은 선물의 '대화적'인 성격을 강화시켜 줌으로써 상품 시장을 확장시키는 데 매우 큰 역할을 하는 동시에 국가 산업 발전의 동력으로서의 지위를 갖게 된다. 2006년 프랑스 파리에서 패션디자이너인 이상봉 씨가 한글을 디자인으로 한 의상을 패션 무대에 올려 세계인으로부터 찬사를 받았다. LG에서 출시한 사인폰(손전화기, LG-AV4200) 뒷면에 윤동주 시인의 '별을 헤는 밤'을 소리꾼 장사익 씨가 손으로 쓴 글씨를 디자인하여 많은 인기를 끌고 있다. 이처럼 '한글'이 단순한 의사소통의 방식으로만 이용되는 것이 아니라 문화 산업 부문과 연계될 수 있는 가능성이 충분하게 입증되었다. 이제 한글이 부를 창출하는 원천이며, 국가 발전의 동력이 되고 있다.

이 밖에도 도예, 전각, 목각/서각, 조형물, 서양화, 문인화, 서예, 무용 등 예술 분야에서도 한글이 독특한 소재로 사용되고 있으며, 글꼴 디자인, 경관 조성, 캘리그래피에서도 한글의 자형을 활발히

---

22) 곤 A. 워커·사라 채플린, 임산 옮김, 『비주얼 컬처』, 루비박스, 2007.

활용하고 있다. 한글은 산업화 분야에도 활발히 활용되고 있는데, 북디자인, 상표, 의상, 넥타이 등 생활 용품 및 정보기기, 한글 간판에서 한글의 활용이 이제는 낯설지 않다. 국립국어원에서는 2006년 한국조폐공사와 함께 한글날 기념 주화 「효데례의」를 제작하여 보급하고 2008년에는 『우표와 함께 하는 아름다운 우리 한글』을 간행하여 한글의 산업화를 앞당기려는 노력을 시도한 사례처럼 정부기관뿐만 아니라 공공기업을 포함한 기업체에서도 한글 타이포그래피에 대한 관심과 투자를 대폭 늘려야 한다. 그뿐만 아니라 국외에서도 한글을 활용한 사례가 많은데, 유네스코 현관에 한글 표기 디자인 작품이 전시되었고 영국 빅토리아 박물관 입구 한글 조형물(용비어천가 목각)이 전시된 것이 한 예이다. 이제는 일본 도쿄 지하철에도 한글로 된 안내판이 나오고 있으며, 중국 동북 삼성의 도로 광고 표지판도 한글로 병기되어 있다.

조선조의 찬란했던 기록 문화는 단연 한문 글쓰기가 그 중심을 이루었다. 그렇다보니 한문의 그늘에 가려져 있던 상당한 분량의 한글 자료인 서책이나 장책 또는 낱장의 고문서와 기록물이 있지만 이들을 제대로 관리하지 못하고 있다. 전국 박물관에 한글 전공 학예사는 거의 없기 때문에 자연히 한글 기록 자료는 관리의 손길에서 벗어나 있다. 한글 고문서, 한글가사(내방가사), 한글 소설, 한글 행장 등 기록물의 유산을 체계적으로 관리하고 보존하기 위한 전략 마련이 시급하다.[23]

---

23) 문화체육관광부에서는 2011년 『한글 고문서를 통해 본 조선 사람들의 삶』이라는 자료집을 간행한 바가 있다.

따라서 한글 관련 자료들을 분류하여 그 개념을 정립해서 하위 유형을 분류함으로써 한글의 확산과정을 이해하는 단초가 될 수 있을 것이다. 그뿐만 아니라 세계에서 가장 우수한 표음문자 가운데 하나인 한글 문서를 문화유산으로 보존할 가치가 충분히 있다고 판단된다. 이를 위해서는 문화체육관광부와 문화재청을 포함한 산하 박물관에 한글 전공 학예사를 대폭 늘려야 할 것이다. 곧 문을 열게 될 한글박물관이 이러한 기획을 선도하여 자랑스러운 한글의 시대를 이끌어야 할 것이다.

이제 국민 편의와 한국어를 배우고자 하는 많은 외국인을 생각하며, 한국어 사전의 외연을 넓히고 규범의 기계화 시대로 다가서는 실용한국어의 시대를 열어야 한다. 또한 국가 지식 경쟁력을 강화할 수 있는 한국어 정보화의 초석을 마련하고 문화예술의 창의력을 키울 수 있는 창의적인 문화 한국어의 시대를 열어나가야 한다. 단순한 의사소통을 위해서가 아닌 한국어가 국가 지식 산업의 일부로 국가 선진화에 기여하는 새로운 한국어 시대를 맞이해야 한다. 그러기 위해서는 정부와 한국어단체 그리고 학계가 서로 정보를 공유하고 협업하는 시대를 만들어야 한다. 국민의 한국어 능력 향상, 한국어 정보화, 한국어 사전 지식 강화의 기반을 마련하고, 한국어와 한글을 세계 사람과 함께 나누는 넉넉한 새 시대를 우리 함께 맞이할 준비를 해야 한다.

국가사업으로 진행해 온 『표준국어대사전』이 감당할 수 있는 지식 지원은 이미 포화상태에 도달했다.

생태적 관점에서의 한국어정책*

생물 언어적 다양성의 공동지대

언어는 허공에 존재하는 것이 아니라 사람이 살고 있는 생태 환경의 일부로 존재하기 때문에 언어와 생태학ecology을 연결 짓기에는 안성맞춤이다. 생태학의 어원은 '집'을 뜻하는 그리스어 'oikos'이다. 언어라는 말 역시 로고스logos에서 유래된 말인데 하이데거는 인간 존재의 집이, 곧 언어라고 말했다. 언어가 형이상학적인 존재의 집이라면 생태계는 물질적 세계의 존재인 집인 셈이다. 언어는 복잡한 생태계의 일부이다. 따라서 생물 다양성을 유지하려면 반드시 언어를 지원해야 한다. 기획되지 않은 엄청난 양의 토착 언어의 지적 자원을 내버려두어서는 안 된다.

---

* 이상규, 「생태적 관점에서의 한국어 정책의 현안과 과제」, 『한국사전학』 제13호, 한국사전학회, 2009에 발표한 글을 수정한 것이다.

세상에는 우리가 상상하는 것보다 훨씬 더 다양한 종족과 언어가 존재한다. 인류 역사를 통해 어떤 연유로 그렇게 많은 언어들이 생겨났다가 절멸되었는지 그 다양성이 생겨난 과정과 그 다양성이 유지되는 사회적인 힘과 그리고 그것이 파괴되는 요인이 무엇일까? 21세기에는 세계 언어와 생물 종의 절반 이상이 절멸될 것으로 예상하고 있다. 생물 다양성이 보장되는 지역과 언어와 문화적인 다양성을 보이는 지역이 놀랍게도 일치한다. 그런데 이처럼 생태 다양성과 언어 다양성이 공존하는 지역이 동반 절멸의 상황에 내몰려 있다. 지난 세기 말까지 식민 지배에 의한 침탈의 결과나 혹심한 전쟁과 자본 경쟁에 의한 자립 기반을 잃게 된 결과였다.

언어나 생태가 복잡성을 띄고 있는 지역은 대체로 문화가 뒤떨어진 토착민 거주지라는 공통성을 가지고 있다. 대륙 간의 언어 사용자의 실태를 보면 오스트레일리아와 태평양, 아메리카 대륙에서는 150명 미만의 사용자를 가진 언어가 20% 이상이고 거의 대부분의 언어가 사용자 10만 명 미만이다. 아프리카와 아시아, 유럽은 사용자가 10만에서 백만에 이르는 거대 내지는 중간 규모의 언어를 사용하는 곳이 많다. 오스트레일리아와 태평양 지역의 언어 상황은 매우 위험한 수준이다. 또 이들 언어 지역은 모두 발생적, 유형적 다양성을 띠는 언어의 온상임에도 불구하고 거의 절멸 위기에 처해 있다. 대규모 언어라도 외부 압력이 크면 급격하게 절멸될 수도 있고 규모가 작더라도 사회가 안정되면 언어가 절멸될 위험성이 반드시 크다고는 말할 수 없다. 일반적으로 규모가 작은 언어가 절멸될 가능성은 그만큼 더 높은 것이다. 세계 인구의 4%가 살고 있는 적도 부근의 열대 지역에는 전 인류가 사용하고 있는 언어의 약 60%를 차지한다. 예컨대 하와이 제도의 면적은 미국 전체의 1%지만 토종 식물의 다양한 변종들은 미국 내에 자생하는 식물의 다양성을 훨씬 능가하고 있으며, 토착민들이 명명하던 그 다양한 식물 변종의 명칭은 멸종되고 있다. 토착민들의 언어의 절멸과 함께 멸종 위기에 처해 있는 1,104종의 생물 가운데 363종(30%)이 이미 멸종되었으며 나머지도 멸종이 임박해 있다. 이처럼 생물의 멸종이 언어의 멸종과 긴밀한 관계를 맺고 진행되어 온 것은 결코 우연한 일이 아니다.

모든 인류가 축적해 놓은 풍요로운 지혜의 원천이 바로 언어이다(1992년 유럽 의회, '지역 또는 소규모 언어들을 위한 유럽 헌장 European Charter for Regional or Minority Languages'국제 협약 채택). 과학기술은 다른 기술로 대체될 가능성이 있지만 자연생태나 그 생태를 명명하는 언어는 그렇지 않다. 개별 언어마다 세상을 바라보는 독특한 그들만의 창이 있다. 모든 언어는 살아 있는 박물관이며, 언어가 스스로 일구어낸 모든 문화유산의 기념비와도 같다. 언어 다양성의 일부라도 상실된다는 것은, 곧 인류의 지식·정보의 손실을 의미한다. 모든 사람은 자신의 언어를 가질 권리가 있고 또 그 언어를 문화 자원으로 보존하고 자손들에게 물려줄 권리를 갖고 있다(1992년 유네스코와 국제연합에서 '민족적·인종적·종교적·언어적 소수자들의 권리 선언Declaration on the Rights of Persons belonging to National of Ethnic, Religious and Linguistic Minorities'채택). 영어가 아메리카 원주민, 오스트레일리아, 켈트인 등의 언어를 몰아 낸 빈자리를 당당하게 차지하고 있을 어떤 권리도 없다.

멸종으로 치닫는 생태계의 현상과 같이 죽어가는 강물, 물고기, 새들, 사라져 가는 나무와 들풀처럼 변두리의 언어나 방언도 함께 저 세상으로 떠나보내야 할 것인가? '비즈니스 문명'의 유통 질서의 자본주의 세계를 거꾸로 되돌리면서 내버려진 것, 변두리의 것, 소외된 것들에 대해 이름을 불러주고 관심을 갖게 하는 일이 필요하다. 질리언 비어는 『다윈의 플롯Darwin's Plots』(휴머니스트, 2008)에서 "진화하는 인간이 사는 세계는 언어가 정치, 경제, 테크놀로지, 가족, 성, 우정 등 개별적으로 재생산의 성공에 핵심적인 역할을 하는 요소들의 복합체로 직조되는 세계다."라고 언어의 중요성을 강조하고 있다. 낡은 언어로는 미래의 세상을 바로 볼 수 없다. 어떤 발전이든 그 발전은 다양성이 전제되어야 하며, 오직 다양성이 보장될 때만이 진보적 발전이 가능하다.

생태의 다양성을 갖춘다면 종의 풍부함과 생존의 안정성이라는 구도 속에서 고도의 환경 적응력을 가질 수 있다. 투구게가 북아메리카 동부 해안의 오염된 강어귀에서 제일 마지막까지 생존하는 이유는 이 투구게가 온도의 변화와 염도에 대한 적응력이 다른 생물 종보다 더 뛰어나기 때문이다. 위도가 높을수록 생물 종의 활동 평균 영역인 위도상의 범위가 넓어지듯이(라포포트 법칙) 높은 위도 지역에서는 상대적으로 적은 수의 생물 종이 열대에 서식하는 수많은 종보다 훨씬 더 광범위한 영역에서 활동한다.

언어도 생물 종과 마찬가지로 환경에 적응하는 고도의 능력을 갖고 있으며, 생태계의 변화와 마찬가지로 언어도 변화한다. 생태계나 언어 절멸의 원인이 환경 변화에 있다면 이 환경 변화는 다시 인위적인지 자연적인지 구분해서 논의할 필요가 있다. 다른 문화나 언어가 점차 잠식해 들어오는 상황에 노출되면 언어가 해체되고 붕괴되며 산산이 부서지는 과정을 겪게 된다.1)

언어의 붕괴는 언어의 우열성과 관계없이 인류가 축적해 온 토착 자산의 몰락으로 이어지게 된다. 문명과 야만, 지배와 피지배, 다수와 소수라는 대립의 문제가 아닌 나름대로 조화로운 인류 지식·정보의 손실로 이어지게 된다. 지난 세기동안 문명과 야만이라는 이원적 사유가 지리 경계를 침탈하는 핵심적 근거가 되어 왔다. 지리 경계 사이에 놓여 있는 차이에 대한 인식의 핵심은 소통의 인식적인 차이이기 때문에 지배자는 문화 동화라는 이름으로 피지배자의 소통 방식을 일방적으로 무시하는 것이다.

유네스코의 문화 다양성 선언이 국가 간, 문화의 상품과 서비스의 균형 있는 교역의 필요성이 강조되면서 2005년 「문화 표현의 다양성 보호와 증진 협약Convention on the Protection and Promotion of the Diversity of Cultural Expressions」이 유네스코 총회에서 채택되었다. 그러나 2001년 선언에서 '문화의 다양성'이 '문화 표현의 다양성'으로 축소되면서 문화상품과 서비스를 생산 배포하는 문화산업의 교류 확산 쪽으로 변질되었다고 본다. 제국주의 시대의 문화 침탈에 대한 반성의 여지도 없이 문화산업 시장의 개방으로 치달아감으로 새로운 문화 갈등과 새로운 형태의 불평등을 야기시키는 계기가 될 수 있는 소지를 안고 있다.

차이difference를 차별화discriminate하는 문명관을 가진 제국식민주

---

1) Lee Sang Gyu, "Gyeoremalkeunsajeon: An Alternative to Inter-Korean Communication", *ASIA* Vol. 2, No. 3.

의에 대한 비판과 더불어 아프리카를 중심으로 하는 제3세계의
물결,[2] 탈식민주의[3]와 탈오리엔탈리즘이라는 관점에서의 비판[4]
에 대한 반성을 토대로 하여 유네스코에서는 세계 문화 다양성을
선언하게 된다. 국가를 구성하고 있는 다양한 구성원의 문화와
언어 표현의 자유를 보장하고 또 존중하지 않을 수 없는 상황에
직면한 시점에서 「유네스코 세계 문화 다양성 선언」이 채택된
것이다. 이 선언문의 서문에서 "새로운 정보통신 기술의 급속한
발전에 다른 세계화 과정이, 문화 다양성에 대한 도전이자 문화
및 문명 간의 새로운 대화를 위한 조건을 형성"하고 있다고 밝히
고 있다. 그런데 세계 문화 다양성 보존의 당위성을 정보통신 기
술의 급속한 발전에서 그 뿌리를 찾고 있으나 실제로는 지난 세기
의 서방 몇몇 나라와 구러시아의 제국주의 침탈로 인한 생태 환경
그리고 문화와 언어의 단일화가 지나치게 급속하게 진행되는 데
대한 우려에서 나온 것이다.

다양성을 기조로 한 지난 세기의 선진국가들의 다문화주의 교
육은 거의 실패작이라는 냉혹한 비판도 대두되고 있다.[5] 특히
교육적 측면에서 문화 다양성 이론은 이상적인 논리일 수 있다.
현재 우리나라에서도 특수목적 학교인 국제학교가 설립되었지만

---

2) 프란츠 파농, 홍지화 옮김, 『알제리 혁명 5년』, 인간사랑, 2008. 프란츠 파농
(1925~1961, Frantz Fanon)은 『검은 피부 하얀 가면』, 『아프리카의 혁명을
위하여』 등의 저술을 남긴 제3세계 혁명을 주도하였다.

3) 마르크 페로, 고선일 옮김, 『식민주의 흑서』, 소나무, 2008.

4) 발레리 케네디, 김상률 옮김, 『오리엔탈리즘과 어드워드 사이드』, 갈무리,
2011.

5) 피드우드, 김진석 옮김, 『다양성: 오해와 편견의 역사』, 해바라기, 2005.

여기에는 학군을 뛰어 넘어 우수한 학생들이 입학하는 서울대 입학 목교로 왜곡되고 있다. 한국 학교에 적응력이 뒤떨어지는 다문화 2세대를 위한 모어Mother's Language 교육 강화를 목표로 하여 만든 국제학교가 이처럼 변형되고 있는 것이 하나의 사례가 될 수 있다.

생태 환경 그리고 문화와 언어 다양성의 보장이란 어떤 관계가 있을까? 제국주의 침략의 방식으로 많은 식민국가나 부족과 종족의 생태 환경과 문화가 급속도로 변화하였다. 서구의 식민제국 국가들은 발달된 문명으로 무기를 만들고 또 무서운 살상의 병원균을 피식민 국가에 이식시킴으로써 대부분의 원주민들은 무너질 수밖에 없었다. 그들 소수자의 죽음은, 곧 그들이 사용하는 언어와 문화와 역사의 절멸로 이어짐으로써 그들이 가진 토착 지식·정보는 손실될 수밖에 없게 되었다. 『문명의 붕괴Collapse』를 쓴 제레드 다이아몬드는 잉카 지역 원주민들의 몰락이나 남태평양군도에 있는 뉴기니아섬에 사는 원주민의 몰락을 서구인들이 개발한 '총'과 '세균', 그리고 '쇠'로 상징되는 수단에 굴복해 가는 과정으로 그리고 있다. 수렵생활을 하며 다양한 환경에서 다양한 언어를 사용하던 부족을 야만으로 치부하여 그들을 몰락시킨 과정을 『총, 균, 쇠Guns, Germs, and Steel』에서 상세하게 기술하고 있다. 몇몇 제국국가가 발전된 쇠라는 문명의 이기로 농경 생산성이 높아지자 이를 자본으로 한 힘과 대량살상 무기를 앞세워 아프리카, 인도네시아를 비롯한 남태평양의 많은 군도와 북미, 중미, 남미로 이어지는 토착 원주민들을 추방하거나 대량학살을 통해 그들의 이민자 국가를 건설하였다. 특히 병원균의 항체를 갖고 있던 유럽인들은 병원균에 항체가 없던 토착 원주민들을 집단 감염시킴으로써 총으로보다 페스트, 콜레라, 천연두와 같은 바이러스와 병원균에 의한 떼죽음을 당하게 된 역사를 거쳐 왔다.

팔라우Palau섬에서 수렵생활을 하며 살아가던 원주민들은 수백 종류의 고기 이름과 생태적 정보와 지식을 알고 있었지만 그들의 죽음과 언어의 절멸은 그들이 알고 있던 토착 지식의 몰락으로 이어지는 세계인류 문명의 붕괴를 예고하는 지표가 되었다. 이와 같이 생태와 문화 그리고 언어의 절멸에 대한 우려들이 다양한 국제 협약으로 이어지거나 학술적 논의의 대상이 되기 시작하였다.

세계 문명 질서에 대한 반성과 새로운 화해의 길을 모색하려는 국제적인 노력이 「유네스코 세계 문화 다양성 선언」을 하였듯이 세계의 여러 생태학자들과 언어학자들이 생태와 언어를 포함하는 문화 단일화에 대한 우려를 표시하기 시작하였다. 세계 언어학자들은 언어 침탈의 문제를 제기하면서 소수 언어 보존을 위한 논의를 시작하였다. 1981년 유럽 의회에서 가에타노 아르페Gaetano Arfé가 「지역 언어, 문화 및 소수 민족의 권리를 다루기 위한 공동체 헌장」을 채택하였고, 1992년 캐나다 퀘벡에서 개최된 국제언어학회International Linguistic Congress에 참여한 세계 언어학자들은 「소수 언어 보호를 위한 헌장」을 채택하였다. 1992년 유럽 의회에서는 「지역 또는 소규모 언어들을 위한 유럽 헌장European Charter for Regional or Minority Languages」을 국제 협약으로 채택하였으며, 1992년 유네스코와 국제연합에서는 「민족적·인종적·종교적·언어적 소수자들의 권리 선언Declaration on the Rights of Persons belonging to National of Ethnic, Religious and Linguistic Minorities」을 채택하였다.

이러한 흐름은 여러 나라에서 구체적으로 언어 다양성 보장을 위한 법률 제정으로 이어지기도 하였다. 1990년 미국에서는 「아메리카 토착 언어를 쓰고 익히고 발전시킬 아메리카 원주민들의 자유권을 보존, 보호, 증진하기 위한 법」을 통과시켰으며, 1992년 「아메리카 원주민들을 도와 그들이 자기 언어들의 생존과 지속적인 생명력을 확보하도록 돕기 위한 법안」을 통과시켰다. 이와 함께 세계 언어학자들은 언어 다양성을 보장하기 위한 학술 활동도 활발하게 전개하고 있다. 1993년 11월 유네스코에서 「위기 언어 레드북Red Book of Endangered Languages」을 작성하여 보존되어야 할 인류의 소수 절멸 언어 리스트를 작성하였으며, 1995년 동경대학교에서 「위기의 언어들에 대한 국제 정보 센터International Clearing House for Endangered Languages」를 개설하여 운영하고 있다. 2003년부터 서울대학교 알타이어학회에서도 만주 퉁구스 지역의 절멸 위기의 언어 구제를 위한 현장 조사를 펼치고 있다.

이러한 활동과 연구 지원을 위한 각종 움직임도 나타났다. 1995년 미국에서 「위기 언어 기금Endangered Languages Fund」을 설치하였으며, 1995년 영국에서는 「위기 언어들을 위한 재단Foundation for Endangered Languages」 설립과 함께 절멸 위기의 소수 언어 보존을 위한 각종 지원을 하고 있다. 1995~2004년 일본 오사카학원대학大阪學院大學에서는 「절멸 위기의 환태평양 언어 보존」 연구소를 설립하였고 1996~1998년 헬싱키대학교에서는 「핀우그리어 자료뱅크」를 구축하여 핀우그리아 언어의 생존과 생태에 대한 연구를 펼치고 있다. 1998년 동경외국어대학교에서는 「구어 카라임어

(튀르크어족) CD프로젝트」를 통해 튀르크 부족 언어의 채록과 자료베이스를 구축하고 있으며, 2000년 미국 오스틴대학교에서는 「라틴아메리카의 토착어 아카이브」를 구축하고 있다. 2007년 일본의 아이누 문화 연구 재단에서는 「아이누어 보존」을 위한 국제학술 활동을 펼치고 있다.[6] 엘리 코헨Elie Cohen은 「세계화와 문화 다양성Globalization and Cultural Diversity Conflict and Pluralism」[7]에서 생태와 언어 문화 다양성의 관련성에 대한 내용을 유네스코 보고서로 제출하였다. 또한 유네스코 한국위원회에서도[8] 「지구의 언어, 문화, 생물 다양성 이해하기Sharing a World of Difference the Earth linguistic, cultural and the Earth linguistic, cultural and biological」라는 보고서를 간행하여 다양성에 대한 문제를 언어와 문화 그리고 생물 다양성과 연계하여 기술하고 있다.

다문화·다인종 사회에 직면한 세계 많은 국가들에게 지난 세기 동안 진행되어 온 문화의 침식과 이에 따른 소수 언어의 붕괴와 생태 환경의 파괴를 어떻게 조정하고 발전시킬 것인지에 대한 문제는 매우 중대한 관심사로 떠오르게 되었다. 언어의 다양성 문제가 문화 다양성의 기본 요소임을 확인하는 계기가 되었던 것이다.[9]

---

6) 이상규, 「언어의 다양성과 공통성」, 제18차 세계언어학자대회 추진위원회, 2007.

7) 엘리 코헨(Elie Cohen), 「세계화와 문화 다양성(Globalization and Cultural Diversity Conflict and Pluralism)」, *World Culture Report 2000*, UNESCO Publishing, 2000.

8) 유네스코 한국위원회, 「지구의언어, 문화, 생물 다양성 이해하기(Sharing a World of Difference the Earth' linguistic, cultural and the Earth' linguistic, cultural and biologica)」, 유네스코 한국위원회, 2006.

우리말의 다양성 살리기

한 국가의 언어정책은 모든 국어사용자에게 직접적인 영향을 미친다는 면에서 그 중요함에 대해 아무리 강조를 해도 지나침이 없다. 한국어사용자뿐만 아니라 국가 언어로 표현되는 다양한 지식 관리 영역과 긴밀한 연관성을 맺고 있기 때문에 한국어정책의 방향 설정에서 그 운용 과정은 매우 신중하게 하지 않을 수 없다. 최근 다문화 사회로 진입하면서 한국어정책의 중요성은 더욱 가중되고 있음에도 불구하고 그런 현실에 대한 인식과 대처하는 능력은 매우 뒤떨어져 있다.

언어는 단일하게 고정된 법전과 같은 것이 아니라 장소나 상황에 따라 다양하게 달라지는 인간 행위임을 인정하는 것, 이게 바로 다양성의 진정한 의미이다.[10] 다중多衆의 지식 평준화는 선진 국가로 향하는 지름길이다. 다중의 지식을 고도화하는 가장 기초적인 일은 바로 다양한 지식을 체계화하여 한국어사전을 편찬하고 이를 웹이나 앱 기반에서 공유함으로써 가능하다. 다중의 지식과 정보 통합 능력을 인터넷을 통해 협업하게 되면 중간 관리 비용을 최소화할 수 있기 때문에 국가 지식 생산을 고도화하는 하나의 방안이 될 수 있다. 온라인상에서 누리꾼의 정보 생산에

---

9) 이 기간 동안 인종과 민족 그리고 언어의 절멸과 관계되는 루이-장 칼베의 『언어와 식민주의』(김병욱 옮김, 유로서적, 2004), 다니엘 네틀·수잔 로메인이 쓴 『사라져 가는 목소리』(김정화 옮김, EJB, 2003), 데이비드 크리스틸이 쓴 『언어의 죽음』(권루시안 옮김, 이론과실천사, 2005), 프란츠 M. 부케티츠가 쓴 『멸종, 종과 민족 그리고 언어 사라진 것들』(두행숙 옮김, 들녘, 2005)과 같은 연구서들이 쏟아져 나왔다.

10) 로버트레인 그린, 김한영 옮김, 『모든 언어를 꽃피게 하라』, 모멘토, 2013.

대한 신뢰성 문제가 제기될 수 있지만 비관적 관점에서 머무르지 말고 다중의 지식 기반을 강화함으로써 다중 스스로 미래를 선택하고 미래를 만들어내는 주인공이 될 수 있도록 국가 지식 생산과 관리 방식의 혁신이 필요하다. 지식과 정보 소통의 기반인 한국어는 사용자 숫자를 기준으로 하여도 세계 10위권에 속하는 주요 언어이다. 국제연합(187개국)의 세계지식재산권기구WIPO는 2007년 스위스 제네바에서 제43차 총회 본회의를 열어 183개 회원국들의 만장일치로 한국어와 포르투갈어를 국제특허협력조약PCT의 '국제 공개어'로 공식 채택하였다. 이러한 위상에 걸맞은 한국어 관리 체계 구축 전략은 한국어의 세계화와 국가 선진화로 향하는 핵심 과제이다.

어문 규범과 우리말의 다양성과의 관계에 대해 살펴보자.

「한글 맞춤법」 제1장 총칙 제3항에는 "문장의 각 낱말은 띄어 씀을 원칙으로 한다."라고 규정해 놓고는 세부 규정 제5장에는 '띄어쓰기' 규정을 제1절 조사, 제2절 의존명사, 단위를 나타내는 명사 및 열거하는 말 등, 제3절 보조용언, 제4절 고유명사 및 전문용어의 띄어쓰기 세부 규정을 제시하고 있다. 한국어 규범이 언어를 간접적으로 절멸하게 만드는 요인으로 작용되는 예가 있다.

첫째, 띄어쓰기 규정이 한국어의 생태 기반을 크게 위축시키고 있다.

우리말로 된 "순색의 빛깔 이름은 주로 붙여 쓰고, 외래어나 순색이 아닌 것은 띄어 쓰는 것을 기본으로 한다"는 규정은 '치자색, 바다색, 복숭앗빛'은 붙여 쓰지만 '치자 빛, 바다 빛, 복숭아색, 살구 색, 살구 빛'은 띄어 쓰도록 하고 있다. 물론 의미 단위로 붙여 쓰기를 하면 사전의 올림말이 넘쳐난다는 문제점이 없지 않아 있지만 이를 어문 규범으로 해설을 하자니 밑도 끝도 없이 복잡한 설명이 필요한 것이다. 사전의 올림말에서 의미 낱말로 굳어진 낱말은 과감하게 붙여 써야 할 것이다. '붙여 쓰기'는 띄어 쓰고 '띄어쓰기'는 붙여 쓰도록 규정할 정도로 띄어쓰기의 혼란 때문에 우리말 조어 생산력이 현저하게 저하되고 있다는 언급은 앞에서도 강조한 바 있다. 이처럼 띄어쓰기 규정이 고유한 한국어의 조어 능력을 저하시키는 요인이 될 수 있다. 곧 한국어 규범이 언어를 절멸의 위기로 몰아넣는 언어 재앙의 원인이 되어서는 안 된다. 한국어 규범을 관리하는 집단은 언어 생태에 대한 깊은 성찰과 사려 깊은 철학적 사유가 필요하다는 사실은 아무리 강조해도 지나침이 없다. 생태학에서도 단일 재배는 부득이 멸종으로 이어질 수밖에 없다고 예고하고 있다. 그런데도 인간은 자연의 다양성을 파괴하고 식량의 원천이 되는 생물의 종을 표준화하거나 생산량이 많은 쪽으로만 육종하는 데 혈안이 되어 있다. 기술적으로 고도의 무장을 하고 있는 인간들은 엄청난 종족의 절멸과 그 언어의 절멸을 아무렇지도 않게 바라만 보고 있다.

사전은 한국어의 참 모습을 비추어 주는 거울이 되어야 한다. 사전이 앞장서서 한국어의 생태계를 파괴해서는 안 된다.[11]

둘째, 전문 용어의 띄어쓰기 규정 문제. '한국어', '중국어', '일본어', '영어'와 같이 한자어로 복합된 말은 붙여 쓰지만 '아랍어',

---

11) 유네스코한국위원회, 「지구의 언어·문화·생물 다양성 이해하기(Sharing a World of Difference the Earth' linguistic, cultural and biological diversity)」, 유네스코한국위원회, 2005.

'히브리어', '키큐어', '뱅갈어', '바스크어', '유키어', '와포어', 엘살
바도르에서 사어로 알려졌던 '카코페라라어'와 같이 원어와 한자
어로 복합된 낱말은 띄어 쓰도록 되어 있다.

　그러나 지명과 관련된 외래어는 모두 '동해', '남해', '서해', '지
중해', '북해', '남중국해', '흑해', '홍해'와 같이 '해海'와 결합하는
복합어도 마찬가지로 붙여 쓰지만 '에게-해', '발트-해', '카스피-
해', '오만-해', '카브리-해'와 같이 외국어와 한자가 복합된 낱말
은 전부 별개의 낱말로 인정하여 띄어 쓰도록 규정을 확대 해석하
여 사전 편찬자가 임의로 띄어쓰기를 사전에 그대로 반영하고
있다. 이 무슨 해괴한 일인가? '키큐어', '뱅갈어'(2017년 외래어
표기법 개정 과정에서 『표준국어대사전』에 올림말에서 삭제 됨)
는 분명히 한 낱말임에도 불구하고 규범에서 마치 이들이 전문
용어인 것처럼 판단하고 제50항 "전문 용어는 낱말별로 띄어 씀
을 원칙으로 하되, 붙여 쓸 수 있다."로 규정하여 전혀 불필요한
조항을 설치하여 혼란을 가중시킬 뿐만 아니라 한국어정책이 언
중들이 만들어 내는 새 낱말의 조어를 억제함으로써 다양한 낱말
기반을 약화시키는 불필요한 역할까지 하고 있다. 새롭게 생산되
는 조어 양식을 한국어 전문가의 안목으로 고유어와 한자의 복합,
고유어와 외국어의 복합, 한자어와 외국어의 복합 양식으로 구분
하여 사전 편찬자의 임의적인 판단에 따라 새로운 낱말임에도
불구하고 별개의 낱말로 분리시켜 구문으로 처리하는 것은 물론,
새롭게 늘어나야 할 낱말을 인위적으로 억제시키고 있다. 그 결과
모한국어의 낱말 숫자는 계속 줄어들 수밖에 없었다. '어語, 해海,
족族, 양洋, 도道, 섬島, 산山, 시市' 등의 예와 같이 복합하거나 합성하

여 만들 수 있는 이루 헤아릴 수 없을 정도로 많은 조어력을 억제시키고 있다.12) 이러한 어문정책을 운용하는 방식은 모한국어의 낱말 기반을 허약하게 하고 또 다양하게 생산되는 새로운 낱말을 인위적으로 절멸 위기로 내몰아내는 꼴이 되게 한다.

셋째, 고유어와 한자어 및 외래어의 낱말 표준화에도 문제가 있다. 1988년 개정된 표준어 규정(제22항)은 "고유어 계열의 낱말이 생명력을 잃고 그에 대응되는 한자어 계열의 낱말이 널리 쓰이면 한자어 계열의 낱말로 표준을 삼는다."라고 규정하고 있다. 어문정책을 어떻게 규범 사전에서 구현하는가에 따라 고유어를 대량 학살할 위험성이 있음을 알려주는 사례 중에는 식물 이름들이 많이 있다. '노야기'를 '향유鄕薷'에, '함박꽃'을 '모란牡丹'에, '뱀풀'을 '금불초'에, '암눈비앗'을 '익모초益母草'에 뜻풀이를 함으로써 고유 낱말의 자리에 한자어가 들어오도록 만든 결과 고유 낱말은 자꾸 사라지고 있다. 잎이 있을 때는 꽃이 없고 꽃이 있을 때는 잎이 없어 꽃은 잎을 생각하고 잎은 꽃을 생각한다고 해서 이름을 '상사화相思花'라 하고 꽃이 지고 나면 잎이 피고 잎이 지고 나면 꽃이 되살아난다고 하여 '부활賦活꽃'이라고도 한다. 그런데 '부활꽃'이라는 낱말은 사전에서 찾아 볼 수 없으며, 이것을 지방에따라 '개난초'라고 부르는데 이 '개난초'의 뜻풀이를 '상사화의 잘못'으로 기술하는 오류를 범하기도 한다. 한자어 대신에 영어가 그 자리를 차지할 날이 멀지 않을 것이다. 만일 조선조에 밀려들

---

12) 2017년 3월에 고시한 「외래어 표기법」 개정안에서는 해당 조항을 삭제하는 대신 『표준국어대사전』의 올림말을 참조하도록 했으나 문제는 여전히 남아 있다.

어온 한자어를 현재의 어문규정처럼 원음주의 표기법으로 했다면 이미 우리말의 기반은 와해되었을 것이다. 중국中國을 '중꿔'로 표기하지 않고 우리식 발음과 절충한『동국정운』식 발음인 '듕귁'으로 하다가 이것도 안 되니 결국 한국식 한자음 '중국'으로 고정시켰으니 얼마나 다행인가. 'orange'를 '어륀지' 또는 '오뤤쥐'로 표기하지 않고 우리 발음에 맞도록 '오렌지'로 고정한 원리나 매한가지이다. 일제 식민지하에서 우리나라 생물학자들이 나비의 한 변종인 'Adopaea'를 '아도피아'로 표기하지 않고 '꼬마팔랑'이라는 고운 우리말 이름을 붙인 생물학자들의 슬기로움이 우리말 기반을 그만큼 더 공고하게 만들어주었다.

넷째, 한국어가 절멸의 상황으로 치닫고 있음을 알려주는 좋은 사례를 신조어에서 찾을 수 있다. 언중들이 스스로 다양한 말을 만들어 내는 신조어의 생산성이 증대될 때, 그 언어는 생존성이 보장된다고 할 수 있다. 최근 외국어와 전문 용어가 대량으로 밀려들어 오면서 일반 국민이 고유어로 된 새로운 말을 만드는 자생력이 떨어지고 있을 뿐만 아니라 지나친 규범의 통제 때문에 새로운 말을 만들어내는 기력이 쇠잔해진 감이 없지 않다. 리처드 엘리스가 쓰고 안소연이 옮긴『멸종의 역사no turning back』(AGORA, 2006: 55)에서 "생태와 진화에 관한 다른 대부분의 문제들과 마찬가지로 멸종도 한 가지 원인만으로 일어나는 경우는 거의 없다. 멸종은 여러 가지 원인들, 그 원인들 간의 상호작용, 그리고 그로 인한 증가 효과 때문에 일어난다."라는 말처럼 우리말을 사용하고 있는 사람들이 생산해 내는 신조어의 기반이 고유어의 복합이나 합성 형식이 아니라 한자어와 외국어의 혼태blending로 대량의 말을 만들어내고 있기 때문에 어느 시점에 가서는 고유어는 우리말 낱말 기반에서 도태되고 말 것이다.

문제는 우리 고유어가 자리잡아야 할 자리에 한자어나 외국어가 생뚱맞게 들어와 그 자리를 차지하도록 방치하고 있다는 사실이다. 한국어 어문 규범은 한국어의 생태 문제를 도외시하고 지나치게 구조적 기술주의에 기반을 둠으로써 규범이 간접적으로 모국어의 기반을 무너뜨리는 역할을 하도록 해서는 안 된다.

『표준국어대사전』은 우리말을 집대성한 사전이다. 8년에 걸친 대작업으로 완성되어 국가적으로는 처음으로 편찬, 발간한 사전이지만 적잖은 문제점을 드러내 부실 편찬이라는 질타를 받는 등 말도 많았고 탈도 많았다. 그러나 지난 결과를 비판하는 데만 머물러 있어서는 안 된다는 판단으로 국립국어원에서는 『표준국어대사전』의 보완 및 정비 작업을 지속적으로 추진하여 그 중간 성과를 웹 기반 사전으로 공개하기 이르렀다. 이 사업은 언어 정보처리 기술력의 확보와 함께 지속적으로 사전 내용을 세계적인 수준으로 발전시켜야 한다.

우리말의 전통적인 조어 양식은 두 낱말이 결합하여 새로운 한 낱말을 만드는 복합 방식이나 한 낱말에 곁가지가 붙어서 새로운 낱말이 합성되는 방식이 주종을 이룬다. 또 시인이나 소설가 등 문학 작가들이 새로운 낱말이 합성되는 방식이 주종을 이룬다. 또 시인이나 소설가 등 문학 작가들이 새로운 낱말을 만들어 사용하다가 사회 전반으로 확대되는 방식도 있을 수 있다. 또 최근에는 인터넷의 누리꾼, 언어정책기관, 언론사에서 새로운 낱말을 인위적으로 만든 신조어나 외국어를 자한국어로 편입시켜 사용하는 차용의 방식 등이 있다. 언중들이 스스로 다양한 말을 만들어 내는 신조어의 생산력이 증대될 때, 그 언어는 생존성이 보장된다고 할 수 있다. 최근에는 외국어가 대량으로 밀려들어 오면서 일반 국민이 새로운 말을 만드는 자생력이 떨어지고 있을 뿐만 아니라 지나친 규범의 통제 때문에 고유한 우리낱말을 만들어내는 기력이 쇠잔해진 감이 없지 않다.

한국의 국어사전

우리나라의 국어사전의 역사는 그리 길지 않다. 현대적 의미의 사전 편찬의 역사는 주로 외국 사전을, 특히 일본 사전을 그대로 번역하는 수준이었다. 물론 현재도 영어, 일어, 중국어, 노어, 베트남어, 태국어 등 외국어 사전은 거의 대부분 일본 사전을 재생하는 수준에서 벗어나지 못하고 있다.

일제 저항기를 통해 조선어학회 회원들이 자발적인 민족 구국의 운동의 일환으로 사전편찬을 위한 표기법을 통일하기 위한 목적으로 민간의 힘으로 최초의 종합국어사전이 탄생되었다. 이 종합대사전을 기반으로 하여 중사전, 소사전 등 다양한 사전이 만들어졌으며, 출판 시장에서도 국어사전을 제작하는 출판사가 여러 곳 생겨났다. 그 개인 출판사들의 자생력이 생기기도 전에 종합국어사전이 『표준국어대사전』이라는 이름으로 정부 주도형 사전이 출간됨으로써 많은 사전 출판시장이 도산되는 상황이 되었다. 사전사업은 반드시 정부가 주도해야 할 이유가 없다. 출판 현장의 사전편찬 기술력이 강화되는 것이, 곧 나라 전체의 발전과 함께 한다는 관점에서는 정부가 국어종합사전을 관장한 것은 문제가 없지 않았다. 더군다나『표준국어대사전』이 기존의 사전 올림말과 뜻풀이를 오려붙인 카드를 만들어 항목별 재조정한 수준으로 불과 3년 만에 만들었기 때문에 그동안 사전 자체의 질적 문제에 대한 엄청난 비판과 항의를 받아 왔다.

사전 출판의 이론적 기술적 상황이 그때와는 완전히 달라졌다. 대량 코퍼스를 구축하여 다양한 낱말들을 디지털 자료로 확보하고 어휘망을 구축하여 올림말과 뜻풀이의 체계적 균형을 정보처리 기술력으로 어느 정도 처리할 수 있는 단계에 와 있었다. 연세대학교와 고려대학교에서 기존의 사전이 안고 있는 여러 가지 문제를 극복하는 비교적 순도 높은 사전들이 발간되었다. 문제는 아직『표준국어대사전』이 국가에서 간행한 사전이라는 점이다. 그러므로 지금까지 지적되어 온 이 사전의 문제점들이 어떤 것이 있는지 살펴 볼 필요가 있다. 보다 더 나은 국어사전의 미래를 위해서.

첫째,『표준국어대사전』은 생태적으로 매우 조급하게 만든 과정에서 기존에 나온 많은 사전들의 올림말과 뜻풀이를 조합한 사전이다. 따라서 기존의 개인이나 출판사에서 만든 사전 대부분이 일본 사전을 대거로 베껴온 것이 그대로『표준국어대사전』으로 이어진 악순환을 극복하지 못했다. 특히 전문 학술 용어는 일본의『광사전廣辭典』을 아무 여과 없이 그대로 베껴온 부분이 한두 곳이 아니다. 혹평을 하자면 표절의 상징물이라고 할 수 있다. 국가적인 사전인『표준국어대사전』이 일본 사전을 베껴온 문화적 후진성을 하루 빨리 벗어나기 위해서도 이 사전의 전면적인 보완을 하루 빨리 추진해 주기를 바란다.

둘째, 국어사전은 거시구조로 올림말과 미시적 구조로 풀이말과 문법, 의미 등의 정보와 예문으로 구성되어 있는데 이들 구조의 계열적 관계와 통합적 관계에 적합성이 매우 뒤떨어져 있다. 올림말이 체계적 공백이 너무 많고, 풀이말에서도 어휘망을 전제로 하지 않았기 때문에 곳곳에 허점들이 노출되어 있다.[13)]

셋째, 『표준국어대사전』은 규범을 철저하게 반영하는 규범사전임을 천명하고 있음에도 불구하고 이와는 너무나 거리가 멀다. 저인망그물로 기존의 사전을 긁어모았기 때문에 표준어가 아닌 올림말이 너무나 많이 들어가 있으며, '칭기즈 칸'을 '징기스^칸 Jinghis Khan → 칭기즈 칸', '성길사—한成吉思汗 → 칭기즈 칸의 음역어'의 식으로 여러 가지 표음 전사형을 올림말로 올려놓고는 회전문식 풀이를 하여 수록 항목만 늘인 경우가 한두 곳이 아니다.

넷째, 동의어 처리에 심각한 문제점을 가지고 있으며, '국민의 례'는 한 낱말로 인정하고 '국위 선양'은 두 낱말로 인정하는 식의 합성어의 선정 기준이 일관성을 잃음으로 인해 혼란을 자초하고 있다.

다섯째, 규범사전이라고 하지만 올림말로 등재되지 않은 낱말의 띄어쓰기나 사잇소리의 유무를 판정할 기준이 없기 때문에 사용자들은 매우 혼란스러워하고 있다. '바닷속', '콧속', '귓속'은 단일 낱말로 인정하면서 '주머니 속', '동굴 속'은 두 단어로 처리하여 사전에 실려 있지 않다. '속'이 '안', '내부'라는 의미를 갖는 경우 '귓속'과 '동굴 속'이 달라져야 할 아무런 이유가 없음에도

---

13) 이상규, 『둥지 밖의 언어』, 생각의나무, 2008.

불구하고 뚜렷한 판별 기준도 제시하지 않고 있다.

여섯째, 언어는 끊임없이 변화한다. 폭발적으로 늘어나고 있는 각종 전문 용어와 서양어 등 국어의 환경 변화를 전혀 수용하지 못하고 있다. 옥스퍼드 사전도 매년 업그레이드를 하여 사전의 질적 발전을 꾀하고 있다. 그러나 정부 사전으로 만든『표준국어대사전』의 근본적인 한계는 미시적인 내용적인 문제점보다도 훨씬 심각한 문제가 관리상의 거의 방치되어 있는 것이 문제이다.

필자가 국립국어원장을 맡았을 때 제일 먼저 사전 편찬실을 설치하고 내부 예산을 전용하여 사전의 질적 향상을 꾀하기 위해 노력하였으나 워낙 근본적인 문제가 많이 있었기 때문에 밑이 빠진 독에 물을 붓는 격이나 다름이 없었다.

적어도 이 사전을 발전시키려는 의지가 있다면 우선 전문 인력의 고정적인 배치와 소요 예산을 확보해 주어야 한다. 그러나 필자가 원장을 그만 둔 이후 직제개편에 따라 사전편찬실은 해체되고 예산은 무일푼이다.

얼마 전『표준국어대사전』의 문제점과 관리 실태를 비판한 이윤옥이 쓴 책이 출판되었다. 그 책을 읽으면서 그 책임 또한 필자에게도 없는 것은 아니기 때문에 향후 관리 방안에 대해 몇 가지 제안을 하고자 한다. 정부가『표준국어대사전』의 관리를 전면 출판 업계에 넘기는 방법이 한가지일 수 있다. 사전 편찬 기술은 언어 정보처리화 기술력과 맞물려 있기 때문에 민간 사전 사업자를 육성할 수 있는 발판이 될 수 있는 유리한 점이 없지 않다. 그렇지 않다면 정부가 지속적으로『표준국어대사전』의 질적인 향상의 목표를 상정하고 그에 따른 인력과 예산을 지속적으로 확보해 주어야 한다.

이것도 저것도 아닌 엉거주춤한 상태로 계속 끌고 나갈 문제가 아니다. 그리고 『표준국어대사전』의 질적 향상을 위해서는 이 사전으로 끌어 올 원천을 마련해야 한다. 정부부처별 전문 용어 정비, 한문 원전 해독을 통한 새로운 낱말 발굴, 방언, 신조어, 외래어, 외국어 음차 표기들을 모두 모으는 한국어 기반 사전을 기획하여 여기서 모아지는 것들 가운데 규범으로 가다듬은 낱말을 『표준국어대사전』에 공급하는 순환적 시스템 구축을 할 때 규범 사전은 한 단계 더 발전을 기약할 수 있다. 이와 더불어 사전 편찬의 기술력을 발전시키기 위한 한국어 정보화 기획을 추진해야 한다. 국어 정보화 사업인 1차 세종계획이 2008년에 끝난 어떤 후속 조치도 진행되고 있지 않다.

사전은 한 국가 지식·정보의 심장과 같다. 단순히 낱말의 뜻을 찾거나 표기법을 확인하는 정도로 활용되는 것이 아니라 자연 언어 처리를 위한 의미적 마이닝Meaning mining 기초 정보를 확대하기 위한 정보처리 기술력의 핵심으로 발전시킬 필요가 있다.

한국 어문 규범의 미래

한국어정책의 길찾기

각종 지식과 정보를 구조화하여 그 결과를 언어 정보기술로 통합하기 위해서는 사전 기술에 대한 새로운 발상이 필요하다. '표준어'라고 하는 매우 제한된 대상 언어로서는 폭증하는 지식을 설명하기에 부족하다. 언어 통일성을 유지하기 위한 전략으로 '표준어'의 둥지 밖에 방치되어 있는 전문 용어, 신어, 한자어, 민속 생활 낱말, 지역어, 인문사회과학의 각종 전문 학술 용어 등을 규범에 맞도록 재정비하면서 표준어 대상의 외연을 넓힌 종합 한국어 기반 사전이 필요하다. 이를 기반으로 전문 용어 사전, 외래어 사전, 전통 민속 사전 등 다양한 사전이 마련될 기반을 닦아야 한다. 또한 어문 규범과 한국어 사전 간의 규범 집행과 관리의 모순을 개선해야 국민으로부터 신뢰를 받을 수 있다. '한국어종합기반사전'이란 "다른 사전의 원천source으로 활용될 수 있도록 풍부한 올림말과 풀이가 갖추어져 있으며, 구조적으로 변형이 가능한 형태를 가진 사전"을 말한다. 다시 말하자면 『표준국어대사전』에 담아내지 못한 우리말 자산 전반을 모은 기반 사전 base dictionary을 의미한다. 현재 겨레말큰사전사업이 교착상태에 빠져 있다. 2007년 4월 한시법으로 제정된 「겨레말큰사전 남북 공동편찬사업회법」에 근거한 이 사업의 향후 전망도 매우 불투명하다. 통일부와 문화체육관광부가 협력하여 이미 구축된 자료를 통합하여 종합한국어기반사전으로 전환하는 것도 신중하게 검토해 보아야 할 것이다.

1970년대 이후 산업화와 도시화의 과정에서 급팽창한 '서울' 지역의 외연과 그 속에 유동하며 살아가고 있는 '교양인'이라는 정체를 규정하기가 어렵게 되었다는 점도 문제이다. 따라서 '표준어 사정 원칙'의 총칙 제1항의 규정은 사문화된 규정이나 다름이 없다. 우리 어문정책의 틀은 결국 우리 민족의 언어 자산을 한정된 '서울' 지역과 '교양인'으로 묶어 버림으로써, 상대적으로 풍부하고 다양한 방언은 표준어에 비해 열등한 것으로 비하되었고 공익성이 없는 것으로 여겨져 결국 절멸의 길로 들어서게 되었다. 표준어를 쓰는 서울 사람들에 의해 형성된 서울 중심 문화의 대중화는 지방 사람들로 하여금 자신들이 태어나고 성장한 고장의 방언을 부정하거나 지역 문화의 우수성까지도 무시하도록 한다는 점에서 신중히 재고되어야 한다. 언어에 대한 왜곡 현상은 학습자 개인의 언어 습관의 문제에 국한되지 않고, 그들이 살아온 지역 문화에 대한 정체성 내지는 자긍심 형성에도 영향을 미친다. 가공적인 표준어와 방언을 대척의 관계로 만든 국가의 언어 기획,

이것이야말로 문화적 폭력이라고 하지 않을 수 없다.[1]

최근에는 온라인 소통의 시대, 빠르게 발달하는 정보 기술에 따라 외국으로부터 유입되는 각종 신지식이 급격하게 증가하는 추세를 보이고 있어 대부분의 나라들이 이 새로운 사전 지식의 언어를 어떻게 처리할까 고민이 많다. 각 지역의 문화와 전통적 특성이 강조되는 시대적 흐름에 따라 지역어에 대한 인식이 확대되자 지역이나 생활 직업어를 사전 지식의 범주 안으로 끌어들여야 한다는 주장도 늘어나고 있다. 그리고 어느 때보다 활발하게 대학의 연구실이나 연구소를 통한 연구 성과들이 넘쳐나고 있으며, 각종 고전 국역사업의 확대에 따라 새로운 낱말도 대폭 늘어나고 있다. 또 창작자들의 창작물이 대량으로 쏟아져 나오면서 국가 사전에 실리지 않은 낱말이 엄청나게 늘어나고 있다.

특히 전문 분야가 세분화되면서 분야별 전문 용어가 정제되지 않은 채로 「외래어 표기법」에 따른 한글 표기형이 넘쳐나고 있다. 특히 최근에는 일반인들의 일상생활과 밀접한 정보통신(IT)산업 분야나 금융과 관련되는 외국 전문 용어나 약어가 무질서하게 사용되고 있다. 이처럼 사전에 정제해서 실어야 할 사전 지식은 급속도로 늘어남에도 불구하고, 이를 총체적으로 관리할 국가적 임무를 수행할 곳은 정해져 있지 않을 뿐만 아니라 이러한 임무를 수행해야 할 당위성마저도 인식하는 사람이 거의 없다는 것이 큰 문제이다. 국가사업으로 진행해 온 『표준국어대사전』이 담당할 수 있는 지식 지원은 이미 포화 상태에 도달했다. 각종 중고등학

---

1) 이상규, 『방언의 미학』, 살림출판사, 2007 참조.

교 교과서에 실린 낱말에 대한 정보도 제대로 제공하지 못할 정도로 정밀한 지적 통제 없이 관리되고 있다. 선택의 협소함으로 이루어진 낡은 상상력으로는 진화하는 언어 지식을 온전히 담아낼 수 없다. 따라서 새로이 생산되는 지식 영역의 대중화를 위해서는 가장 먼저 사전 지식의 기준을 새로 설정하고 또 그 자료의 생산과 관리를 강화해야 한다. 이러한 일은 어느 개인이 주도할 수 없다. 사전은 한 국가의 지식을 모아서 체계적으로 분류하고 기술한 말과 글의 정갈한 둥지이다.2) 따라서 향후 『표준국어대사전』은 규범사전으로서 온전한 기능을 할 수 있도록 지속적으로 발전시켜 나가는 한편으로는 규범의 외연에 있는 언어 자산을 관리하는 노력이 있어야 창의적인 문화 융성을 기대할 수 있지 않을까? 국가가 참여하고 다중이 협업하는 방식으로 한글 공동체의 지식 능력을 고도화하는 일이야말로 비물질적 생산성이 국가 경쟁력을 좌우하는 21세기에 적응할 기반을 마련하는 지름길이다.

국어정책 연구를 위한 토론의 현장

국립국어원에서 주최하고 국어학회와 조선일보에서 주관한 국어정책연속토론회가 2011년 6월 23일에서부터 9월 8일까지 6회에 걸쳐 목동 방송회관에서 열렸다. 제1차는 '후진타오'인가 '호금도'(6월 23일)인가, 제2차는 부산은 'Busan'인가 'Pusan'(7월 7일)인가, 제3차는 '북엇국'만 되고 '북어국'은 안 되나(7월 21일), 제4차는 표준어만 되고 방언은 안 되나(8월 11일), 제5차는 '누리꾼'인가

---

2) 이상규, 『둥지 밖의 언어』, 생각의나무, 2008.

'네티즌'인가(8월 25일), 제6차는 '대학 영어강의 의무화해야 하나'(9월 8일)라는 주제로 많은 사람들의 관심 속에서 진행되었다.

우선 주제 선정에서 현재 가장 관심사가 되어야 할 전문 용어 관리 문제에 대한 논의가 빠진 것이 아쉬웠다. 주지하다시피 우리말에서 현재 물밀듯이 밀려들어오는 차용 전문 용어와 자생 전문 용어의 관리는 국가적인 관심사가 될 현안 가운데 하나이다. 「국어기본법」과 「국어기본법시행령」 제12조 (전문 용어의 표준화 등)에는 중앙행정기관에는 5인 이상 20인 이하의 위원으로 구성되는 '전문용어표준화협의회'를 두도록 명시하고 있으며, 정부 유관부처별로 '전문용어표준화협의회'를 구성하여 심의된 분야별 전문 용어를 문화체육관광부의 국어심의회에서 심의 절차를 거쳐 정부 부처별로 공포하도록 명시되어 있다. 그러나 아직 정부 여러 부처에서 '전문용어표준화협의회' 구성이 지연되고 있는 이유를 이해할 수 없다. 2년마다 본 법안에 근거하여 이행 상황을 국회에 보고하도록 되어 있으나 요식적인 절차여서 그런지는 몰라도 이러한 문제가 제대로 지적된 적이 없다.

지금까지 국립국어원에서는 의학·생물·국방·수학·역사·정보과학 등 58개 영역의 자생 전문 용어와 차용 전문 용어의 표준화를 해당 분야의 전문성이 없는 국어학전공자 중심으로 규범의 잣대만 가지고 관리하다보니까 다른 분야의 전문가들로부터 많은 비판을 받을 수밖에 없다. 전국수학회 관련자들은 공공연히 '꼭짓점', '대푯값'과 같은 어문규정에 따른 표기법을 선뜻 받아들이지 않는다.

언어정책을 어느 국가기관이 독점해서 안 된다는 점에서 「국어

기본법」과 「국어기본법시행령」에서 정부 부처별로 전문 용어 관리를 하도록 명시해 두고 있음에도 불구하고 지난 관행을 그대로 밀고 나가고 있다. 적어도 전문 용어 관리는 58개 전문 용어를 유관 정부 부처별로 "전문용어표준화협의회"를 구성한 다음 분야별 심도 깊은 연구와 의견 조율 과정을 거쳐 표준화를 서둘러야 할 당면 과제이다.

어문정책이 국민들 간에 소통의 장애를 최소하는 쪽으로 발전되어야 하며 국어의 생태 환경에 안정성을 충분히 고려하는 동시에 합법적 절차를 거쳐야 함에도 이러한 노력의 흔적을 찾기 힘이든다. 특히 전문 용어 관리 문제는 해당 법령이 명시하고 있음에도 별다른 변화가 보이지 않는다.

여하튼 지난 2011년에 개최된 국어정책 연속 토론회는 「외래어 표기법」과 「로마자 표기법」, 그리고 한국어 어문 규정의 핵심적인 논점들을 공개적인 토론을 통해 정책의 방향을 모색하려는 노력의 일환이었다는 점에서는 그 의의가 높다고 할 수 있지만 과연 그 결과들을 어떻게 수렴하여 정책에 반영시킬지는 더 지켜보아야 할 일이다. 그런데 아직 아무런 변화가 보이지 않는다.

'호금도'인가 '후진타오'인가

80년대까지 외래어 표기 문제의 주요 관심사는 일본 외국어의 한글 표기의 순화사업이었다. 1990년대 이후에는 서구 외국 음차 표기가 주된 관심으로 떠올랐음에도 불구하고 외래어로 정착된 말에 대한 심의 절차가 느슨해지면서 엄청난 외국어가 그대로 한글 표기형으로 밀려들어 오고 있었다. 따라서 이를 순화적 차원에서 표기 방식을 통일하거나 대체 순화어로 교체하는 일에 몰두하였다. 외래어 어문정책 관리는 심각한 위기를 맞고 있지만 그해결 방안의 실마리를 쉽게 찾아내지 못하고 있다. 이명박 정부의 인수위원회 이경숙 위원장은 '오렌지orang'를 원어 발음인 [ɔ : rindʒ](미국), [á : rindʒ](영국)에 일치하도록 표기하지 않음으로 인해 자라나는 아이들의 영어 발음에 영향을 미친다는 발언으로 언론을 통해 많은 비판을 받은 적이 있다. 나라마다 음운체계가 다르기 때문에 해당 국가의 외국어를 우리말로 모두 정확하게 표기한다는 것은 거의 불가능한 일이며 가능하다고 하더라도 그렇게 할 필요가 없는 상태이다.

새소리 바람소리까지도 표기할 수 있는 위대한 한글 문자라고 했지만 실제로 전 세계 언어를 한글로 표기하려면 엄청나게 많은 새로운 문자를 제정해야 한다. 따라서 세종대왕께서도 '中国 [zhōng guó]'를 '듕귁'이라는 원음에 가까운 소리로 표기하다가 『육조법보단경언해』(1496년) 이후 '듕국'으로 현실 한자음으로 표기함으로써 『동국정운』식 이상적 현실 한자음 표기를 포기하게 되었다.

현재 외래어 음차 표기는 외국어 가운데 우리말로 정착된 낱말에 한정하여 국어심의회의 의결을 거친 다음 표준어로 인정하도록 되어 있다. 전문 용어를 포함하여 차용 외래어의 한글 표기화를 위한 표기 기준이 되는 국제음성부호(IPA)에 대응하는 발음전사법Pronounsion transcription과 18개 국가의 국가별 철자 전사Spelling transcription 규정이 마련되어 있다. 문제는 국제 간의 교류에 따른 외국 인명이나 지명, 그리고 밀려드는 전문 용어의 표기 통일을 감당하기에는 인력과 재정이 거의 마련되지 않는 형편이어서 관리 부재의 상황이라는 표현이 적절할 것이다. 그뿐만 아니라 세태의 변화가 더 큰 문제이다. 정부를 비롯한 공공기관이나 사회적 책임을 함께 지고 있는 언론사들로부터 생경한 외국어를 원어 그대로나 혹은 「외래어 표기법」에 맞추어 대량으로 노출하기 때문에 우리말의 기반이 급속도로 약화되고 있는 현실이다. 폐쇄적 민족주의적 언어의 순결성을 주장하려는 것이 아니라 변화하는 소통 환경에 합리적으로 적응할 수 있는 인식이 부족한 전문가 집단이나 국가 경영 관리자의 인식 부재의 현상을 탓하려고 하는 것이다.

현재의 사전을 토대로 하여 새로 유입되는 차용 외래어(전문 용어 포함)를 전문 분야별로 표준화하여 해당 정부 부처의 '전문용어표준화협의회'를 경유하여 외래어로 고시한 다음 곧바로 웹이나 앱을 기반으로 한 한국어종합기반사전3)에 등재함으로써 국가 언어 지식·정보의 생산과 관리를 효율적으로 할 수 있을 것이다.

첫 번째 발표자의 주요 관점은 한자로 쓴 중국 인명이나 지명, 관명 등 외래어 혹은 외국어 음차 표기를 무조건 한국 한자음으로 표기해야 한다고 주장하였다. 현행 「외래어 표기법」에 따라 신해혁명 이후의 인명, 지명, 관명은 현행 발음대로 적도록 규정함으로써 한자문화권 지역의 외래어 표기의 관점이 이동한 것은 사실

---

3) 유현경, 「연세 한국어사전과 고려대 국어대사전 비교 연구」, 565돌 한글날 기념 전국국어학 학술 대회 발표 요지, 2011. 기반 사전(base dictionary)이란 "다른 사전의 원천(source)로 활용될 수 있도록 풍부한 애용과 구조적으로 변형이 가능한 형태를 가진 사전"으로 정의하고 있다.

이다. 현행 외래어 표기법의 대원칙에는 외국의 지명이나 인명은 현지 원어민 발음에 가깝게 표기하도록 규정하고 있다. 정작 중국 현지에서는 동북 3성(조선족자치지구)의 소수민족 정책의 원칙에 따라 우리 한자음을 그대로 인정하고 지명 표지판에 한글과 중국 한자를 병행 표기하도록 하는데 어찌 우리나라에서는 중국보다 앞질러서 중국 원음 중심으로 표기하도록 정해 놓고『표준국어대사전』에 '발해만渤海灣'은 '보하이만의 잘못'으로 '도문'은 '투먼의 잘못'으로 '연길'은 '옌지의 잘못'으로 처리하고 있으니 참으로 기가 막히는 노릇이다. '북경北京'은 '북경'과 '베이징'으로 허락하면서 동북 3성의 지명을 규범을 반영해야 할 사전이 앞장서서 우리의 고대사와 현대사의 일부를 지워내고 있다. 2009년 이후 웹 지원『표준국어대사전』에서는 이들 가운데 일부 동북 3성 지역의 지명의 표기는 한국 한자음 표기로 수정하였다.

어문 규범은 이러한 혼란을 부추기는 역할을 해서는 안 된다. 소통의 방법이나 환경이 변하고 대외적인 교류 관계가 변하고 있다. 중국의 역사 변화와 더불어 티벳, 위굴, 내몽골 지역과 동북 3성은 현재 관점에서는 중국의 한어를 소통하고 있지만 금, 원, 청(후금)의 소통 언어는 자국의 언어 문자와 한어를 공용하였다. 따라서 한자로 썼지만 한어가 아닌 한자로 쓴 일종의 중국식 외래어이다. 한자로 썼다고 해서 모두 한자가 아니라는 말이다.

길림성 조선족 자치주에 있는 '도문圖們'을『표준국어대사전』의 올림말에는 '도문05(圖們)'과 '투먼(Tumen[圖們])'이 있다.

도문05(圖們) 몡 중국 길림성(吉林省) 연변 조선족 자치주에 있는 도시. 도로·교통의 요충지이며 제재업이 활발하다. 늑투먼.

투먼(Tumen[圖們]) 몡=도문05.

역시 두 가지 올림말을 올려둠으로써 어느 것이 옳은 것인지 헷갈리지 않을 수 없다. '도문圖們'의 지명의 유래를 살펴보자. [tumən][豆滿]은 '만萬'의 뜻으로 여진 지명으로 사용되었다. "No. 665. 方 土滿墨 [tumen] 만(萬)/[tumen](M), [ɜmə t'uman](N), [tumen] (E)"(역어), 額木禿(회동 역어). '만萬'을 뜻하는 말이 나나이어에서는 [ɜmə t'uman]이고 어벵키어에서는 [tumen]이고 만주어나 여진어에서는 [tumen]이다. 두만강에서 용정으로 가는 길목이었던 '도문'을 『용비어천가』에도 '豆漫'을 '투먼'으로 기록하고 있다. 이 '투먼'은 '만萬'이라는 뜻을 가진 낱말임을 확인할 수 있다. 이처럼 현재 그 지역의 지명이 '도문'이기 때문에 현지 지명의 우리말 한자 대응음으로 읽어도 좋지만 '투먼'은 분명히 여진어에 뿌리는 둔 한자 독음 표기임에 분명하다.

닫힌 민족주의에 바탕을 두고 무조건 한글 독음으로 읽자는 주장이나 원음주의 원칙에서 '공자孔子'를 '콩즈'로 읽자는 주장은 끝없는 대치와 갈등으로 치달을 수 있다. 보다 정밀한 현지 조사와 문헌학적 비교 연구를 토대로 한 인문학적 성찰이 필요하다는 말이다. 『고려사』나 『고려사절요』 그리고 『조선왕조실록』에 나타나는 한자로 표기된 중국 주변국에 대한 인명, 지명, 관명은 단순히 한자음으로 독음해서는 안 된다.

'호금도'인가 '후진타오'인가를 주제로 한 제1회 토론회의 성과는 극단적인 대립논쟁 이외에는 아무 성과도 없었다고 비판하면 지나친 것일까? 중국 한자음으로 된 외래어 표기 문제는 한국어학 전공자들만이 해결할 수 없는 일이 아니다. 몽고어, 투루크어, 퉁구스어, 여진어 전공 학자들, 역사학 전공자와 함께 협업하는 문제의 장으로 바꾸지 않으면 끝없는 논쟁과 갈등만 불러 올 것이다. 문제점에 대한 제대로 된 시각이나 이해가 부족한 이들이 모여서 뒤끓는 논쟁만 일삼는 일은 도리어 분열로 치달을 수밖에 없게 된다.

부산은 '[Busan]'인가 '[Pusan]'인가

7월 7일 제2차 연속토론회 주제이다. 1984년 매퀸-라이샤워(MR)식 「로마자 표기법」이 발표된 후 16년만인 2007년 7월 국어 어문 체계에 기반으로 한 「로마자 표기법」을 개정 공포하였다. 실로 엄청난 충격이었다. 상장회사나 국가기관의 명칭 표기가 바뀜으로써 대외 관계에 일대 충격을 주었을 뿐만 아니라 국내적으로 도로 안내간판, 유적지 안내 간판 등을 새로 바꿀 수밖에 없었다. 국외적으로도 국제 교류와 교역상 엄청난 혼란을 자초하였다.

「로마자 표기법」은 한국의 국가 행정 명칭의 표기에서 기업 명칭, 제품 명칭, 심지어 한국 전통 문화와 관련된 용어 표기와 개인의 성씨 및 이름 표기에 이르기까지 거미줄처럼 엉켜 있기 때문에 성급한 개정이었다는 비판이 이어졌다.

「로마자 표기법」은 우리말의 다양한 표기법으로 인해 외국 사람에게 혼란을 주지 않도록 만든 어문규정의 하나이다. 늘어나는 물류 교역, 대외 외교적 관계, 통상과 여행 등에서 우리말을 로마자로 1:1로 대응시켜줌으로써 외국인들에게 혼란을 최소화하는 것이 중요한 목표이다. 다시 말하자면 우리나라의 행정기관, 지명, 인명, 제품 등의 CI Corporate Identity를 외국인들에게 고정시킬 목적에서 제정된 어문 규범이다.

이처럼 대외 신인도와 관련된 국가 어문 규범의 제정이나 개정은 후속되는 여러 가지 충격 여파를 충분히 고려해야 함에도 이미 개정 규범은 발효된 지 다시 10여 년이 흘렀다. 그 사이에 일어났던 입법부의 판결과 독도지명 표기에 얽힌 두 가지 충격적인 이야기를 예로 들어 보자.

충주에 거주하는 문화 류씨 대종회에서 성명 표기를 「한글 맞춤법」에서 규정하고 있는 두음법칙 규정에 따라 '유'로 표기하도록 되어 있는 것을 '류'로 표기할 수 있도록 소청을 낸 것이다. 이와 함께 부자, 형제, 문중 사람들의 여권에 [Yu], [You], [Ryu], [Rou] 등 로마자 표기 혼란으로 인해 가족이 함께 해외여행을 가더라도 같은 가족이 아닌 다른 사람으로 만들어 놓은 것은 이해할 수 없는 일이라 호소하였다.

1992년 호적 성명란에 한자는 '柳○○'로, 한글은 '류○○'로 기재해 달라고 요청한 유 모 씨는 지난 2월 2일 호적 성명란의 한글 성명이 '유○○'로 한자 이름과 병기된 것을 발견하고 청주지법 충주지원에 호적 정정을 신청했으나 기각당하자 다시 항소한 것이다.

항소 결과, 2007년 3월 30일 청주지법 제11민사부(재판장 금덕희 부장판사)에 따르면 유 모 씨(65·충주시)가 '유씨'를 '류씨'로 표기하도록 해 달라며 낸 호적 정정 신청 항소심에서 "사건 당사자의 한글 표기를 '유'에서 '류'로 정정함을 허가했다"고 밝혔다.

또한 재판부는 결정문에서 "개인의 성(姓)은 오랜 기간 형성되고 유지돼 온 일정한 범위의 혈연집단을 상징하는 기호로서 이름과 함께 개인의 동질성을 표상하는 고유명사"라며 "국가가 개인의 성에 두음법칙을 적용해 '류'가 아닌 '유'로 표기할 것을 강제한다면 개인의 정체성에 혼란을 초래하고 국가가 개인의 생활양식의 변경을 강제하는 결과를 가져온다는 점에서 인격권을 침해하는 것"이라고 덧붙였다. 재판부는 "따라서 한자로 된 성을 한글로 기재할 때 두음법칙에 따라 성이 '리李씨, 류柳씨, 라羅씨'인 경우 '이씨, 유씨, 나씨'로 표기하도록 정한 1996년 10월 25일 대법원 「호적 예규」 제520호 제2항은 '인간의 존엄성'을 다룬 헌법 제10조의 이념과 가치에 반하여 위헌·무효"라고 판시했다. 이 재판의 주심을 맡은 김동건 판사는 "대법원 예규는 법률이 아니기 때문에 위헌 법률 심판을 제청하지는 않았다"며 "개인이 헌법 소원을 제기하는 방법으로 구제받을 수 있을 것"이라고 말했다.

결국 국어 어문규정의 표기 규정은 법원의 판결 결과 '리李씨, 류柳씨, 라羅씨'를 「한글 맞춤법」의 두음법칙에 따라 '이씨, 유씨, 나씨'로 표기하도록 한 대법원 호적 예규는 위헌이며, 무효라는 판결에 따라 존재 근거가 흔들리는 상황이 되었다.

두 번째 '독도獨島' 문제이다. 필자가 국립국어원장으로 재직할 당시인 2008년 7월 유엔 국제 지명 위원회 한국 대표로 국립국어원 김세중 부장과 외국어대학교 정국(당시 국어 심의회 위원장) 교수를 유엔 회의에 파견하였다. 동해 표기와 독도 표기에 대한 현안을 해결하기 위해 외교부의 관리와 함께 파견한 국제 지명 위원회 회의 결과는 아무 소득도 없이 끝났다. 현재 국제 지명

위원에서는 '일본해the Sea of Japan'로 표기하고 있는데 이를 '동해 the East Sea'로 표기할 것을 주장하면서 우리나라에서 파견한 관계자들은 웹사이트에서 한국과 일본 사이에 있는 바다를 한국에서 부르는 '동해' 대신에 '일본해'로 표기한 것이 잘못이라고 주장하였다.4) 북한(ROCK)의 대표부 파견 인사와 한국의 파견 인사들의 주장은 결코 본회의 의제로 상정되지 못하고 논의만 하는 것으로 종결되었다.

그런데 이 독도의 로마자 표기는 [Tok-do], [Tokdo], [Tok-to], [Tokto], [Dokdo], [Dok-do] 등 혼란스럽기 짝이 없다. 한일간에 독도 영유권 문제로 외교적 불씨가 지펴질 무렵이었다.

그런데 느닷없이 미 국립지리원 지명위원회(BGNBoard on Geographic Names)가 독도를 특정 국가의 주권이 미치지 않는 지역으로 구분하는 '주권 미지정 지역Undesignated Sovereignty'으로 분류하여 한국의 영토주권을 부정하고 나섰다. 2차 세계 대전 종전 이후 미일간에 체결된 제2의 「카쓰라-테프트 밀약」5) 그리고 「대일강화조약」에 근거하여 당시 일본 영유(식민영토)로 인정한 것이 독립 후에도 개정되지 않았기 때문에 한·일간 독도 영유권 분쟁 사태로 발전되었다. 이미 1977년 7월 14일부터 미국 정부는 '독도'라는 이름 대신에 '리앙쿠르 암Liancourt Rocks'이라는 명칭을 공식 사용키

---

4) "As a typical example of Web errors, KOIS officials cited references to the Sea of Japan for the body of water between Korea and Japan, instead of the name Korea uses, the East Sea."(*The Korea Herald*)

5) 1905년 7월 일본 수상 카쓰라와 미국 육군장관 테프트가 '미국의 필리핀 지배와 일본의 한국지배를 인정'하는 「카쓰라-테프트 밀약」이 체결되었고 일본의 강점이 시작되었다.

로 결정하였다. 그러나 우리 정부는 모르고 있었다. 우리 정부의 이처럼 안일한 대응은 어제 오늘의 일이 아니다.

일본에서는 독도 점유권 문제를 1951년 9월 8일 미국 샌프란시스코에서 체결되어 1952년 4월 28일에 발효된 대일강화조약[6]에 근거하여 독도 영유권 주장을 되풀이 하고 있다. 2004년부터 시마네현의 죽도의 날을 제정하였고 독도수호대는 2004년 12월에 독도의날을 국가기념일로 제정해야 한다며 국회청원을 하며 정부의 대응을 촉구했다. 그러나 우리 정부는 시마네현의회가 조례안을 상정한 2005년 2월까지 아무런 후속 조치도 취하지 않았다.

2007년 7월 30일 미국 정부는 세계지명위원회(BGN)에서 '독도'를 '미지정 주권 지역Nondesignated Sovereignty'으로 변경됐던 독도의 영유권 표기를 원래대로 한국령으로 되돌렸다고 백악관 고위 관리가 밝혔지만 외교적인 아무 근거도 남기지 못했다. 특히 '리앙쿠르암Liancourt Rocks'[7]을 '독도(Dok-do)'로의 표기 변경 요청을 받아드리지 않은 것은 한국민에게 미국 정책의 전환으로 비쳐진 것을 유감으로 생각한다며 미국은 한·일간 영토 분쟁과 관련해 어떤 입장을 갖고 있지 않다고 강조했다. 「로마자 표기법」이 단순한 어문 표기 규정이 아니라 이처럼 개인적으로나 국가 간에 미묘하고 복잡한 이해관계가 얽혀 있을 수도 있다.

---

6) 영국과 호주의 반대로 독도는 일본의 권리, 권원 및 청구권을 포기하는 지역에 독도가 포함되지 않았다(대일강화조약 2조 a항)

7) 'Liancourt Rocks'을 '독도'로 번역하고 있는데 이는 잘 못이다. '두(ling, 兩)개(court)의 바위(rock)'의 합성어로 한국 명칭인 '독도(獨島)'와 일본에서 주장하는 '다케시마(竹島)'라는 이름 대신 외교적 중립성을 띤 명칭이다.

인문학적 관점에서 「로마자 표기법」이 어떻게 작동되는지 살펴보자. 한국에 남아 있는 원전, 곧 한문으로 작성된 전적을 번역할 경우나 한국문학 작품을 영어로 번역할 경우 매우 큰 난관에 부닥친다. 제2차 토론회 발표자인 엄익상(한양대) 교수는 성씨 표기 기준이 없기 때문에 고전에 나타나는 '이사부'를 'Lee Sabu', 'Yi Sa-bu', 'I Sabu' 등 여러 가지로 표기하는 현실의 문제점을 지적하고 있다. 미국에서도 돌풍을 불러일으키고 있는 작가 신경숙의 소설 『엄마를 부탁해』를 미의회도서관 사이트에서 'Sin Gyungsuk' 이나 'Emmareul butakhe'로는 검색할 수 없다. 그 이유는 미국에서 외국의 인명이나 서명은 주로 매퀸라이샤워(MR) 표기법을 따르기 때문에 'Sin Kyŏng-suk'이나 'Ŏmma rŭl put'ak hae'으로 서명 목록을 작성했기 때문이다. 문제는 여기서 끝나는 것이 아니다. 외국인들이 국내에 와서 '경복궁'을 찾기 위해서 'Gyeong bok gung'이라는 전통 고유 명칭을 로마자로 표기했더라도 그 정확한 음을 발음할 수 있는지는 고사하고 '경복궁'이라는 이름만으로 어떤 역사 유적지인지 알 수 없다. 'Gyeong bok gung'(The palace of the Joseon Dynasty)와 같이 간략한 설명을 명기할 필요가 있다. 특히 관광안내를 위해서도 한국 전통적인 상품이나 음식, 고적 안내 입간판에 명기하는 고유명사는 '로마자 표기+간략한 설명' 으로 대치할 필요가 있다. 앞에서 이미 언급한 바와 같이 세계 인류 기록 유산으로 지정된 『훈민정음』 해례본에 나타나는 '아, 설, 순, 치, 후'를 로마자 표기를 적용하여 'a, seul, soon, chi, hoo'로 표기한다면 어느 외국인이 이것을 해독해 낼 수 있을까?

「로마자 표기법」에서 매퀸-라이샤워(MR) 방안이 타당한지 현행 표기법이 타당한지에 대한 양극적인 논의는 현재 상황에서는 무의미한 논쟁에 지나지 않는다. 이명박 정부의 핵심 인사 가운데 강만수 기획재정부장관 시절, 특히 현행 「로마자 표기법」이 많은 문제가 있음을 지적하면서 유인촌 문화체육관광부 장관에게 「로마자 표기법」 개정 일정을 강력하게 요구한 적도 있었다. 문화체육관광부에서는 2010년 698쪽에 달하는 「국어 로마자 표기법 영향 평가」 보고서를 제출하여 현행 「로마자 표기법」을 지속적으로 유지하고 정착될 수 있도록 지속적인 홍보를 강화하는 쪽으로 정책 방향을 결정하게 이르렀다.

동 발표회에서 이홍식(숙명여대) 교수의 논거는 정보화의 소통 문제와 발음의 유사성 문제를 근거로 하여 현행 「로마자 표기법」을 지속적으로 유지해야 한다는 주장이다. 정보화의 논거나 발음 유사성의 문제에 대한 논의도 전혀 근거가 없는 논점은 아니다. 특히 발음의 유사성 문제는 영향 평가 결과 양측 모두 일장일단이 있다. 다만 이중모음 표기의 경우 'ㅕ'를 [yeo], 'ㅒ'를 [yae], 'ㅙ'를 [wae]로 표기하는 문제나 자음에서 국어 음운체계를 지나치게 의식하므로 사용자인 외국인들의 음운체계를 고려하지 않은 점들은 충분히 비판의 여지가 있다. 또한 통상과 해외여행에서 느낄 수 있는 여권의 성명 표기의 규정 세안이 미비한 점은 보완해야 할 과제이다.

「로마자 표기법」은 이것은 옳고 저것은 틀렸다는 흑백 논리로 접근할 문제 아니다. 다양한 분야의 학자들이 모여 「로마자 표기법」을 단계적으로 보완해나가는 일이야말로 중요한 것이다.

'북엇국'만 되고 '북어국'은 안 되나

전 세계에서 보통 국가적으로 성문화된 어문 규범을 운용하고 있는 나라는 우리나라를 제외하고는 거의 찾기 힘들다. 대부분의 국가들은 관습이나 정치 경제의 중심 지역의 언론이나 사전 편찬자들이 제공하는 의사소통이 가능한 범위만 정하고 세부적인 표기나 발음은 전적으로 사전에 의존한다. 우리나라에서는 국가적인 『표준국어대사전』이 이루어지기 이전에 먼저 「한글 맞춤법」을 제정하고, 또 표준 표기나 발음 기준이 지나치게 까다롭기 때문에 한국어사용자들에게는 불편하게도 느껴질 수 있다.

어느 사회이고 간에 국어의 사용자들이 편리하게 소통하기 위해 표준 표기법과 발음법을 규정하는 일은 너무나 당연하다. 특히 공간적으로나 사회 계층적인 언어 분화로 인해 언어가 분열되는 것은 막을 수 있도록 적절한 선에서 조정하여 통일해야 하는 필요성에 대해 반대할 사람은 아무도 없을 것이다. 그러나 이러한 규범적인 언어를 어떻게 유지하고 보다 더 발전된 국어로 이끌어 나갈 것인지에 대한 방법론상에서는 여러 가지 의견이 있을 수 있다.

신지영(고려대) 교수의 발표문에서도 잘 설명하고 있듯이 영어에서 '빛, 광선'을 뜻하는 'light'만 올바른 표기이지 발음 나는 대로 쓴 'lite'는 당연히 틀린 표기이다. 그러나 영국에서는 '빛, 광선'을 뜻하는 낱말로 'light' 이외에는 상상할 수도 없거니와 이것을 맞춤법에 "~이렇게 써라"라는 규정은 어디에도 찾아 볼 수 없다고 주장하였다. 그들은 사전에 근거하여 철자법과 발음을 정밀하게 규정하고 있다.

이처럼 우리나라에서도 사전 표제어로 '북엇국'으로 올림말로 올리고 그 발음을 [pugəkʼuk]이라 규정해 두면 아무 문제도 없을 것이며, 여기에 무엇이 옳고 그르다는 논쟁을 벌일 아무런 이유가 없다. 국민들의 어문 생활에 기반이 될 표준국어사전이 잘 만들어지지 않았기 때문에 생겨나는 일이다.

"몇 월 며칠"을 왜 "몇 월 몇 일"로 쓰면 될 것인데 '몇 일'은 왜 '며칠'로 표기하도록 하여 복잡하도록 만드느냐는 질의를 하는 이가 많다. 몇 일의 '몇'을 관형어로 처리하여 모든 환경에서 '몇 월'처럼 쓰면 혼란이 적을 텐데, 그러나 '몇 일'은 '몇 월'처럼 "지정된 일자"를 나타내는 나타내기도 하지만 "몇 일 동안"이라고 할 때 '몇 일'은 이미 '며칠(몇 일 동안)'이라는 하나의 낱말로 굳어진 것이다. 따라서 '며칠'이라는 낱말을 하나의 올림말로 잡고 아래와 같이 뜻풀이를 하지 않을 수 없다.

며칠 톙「1」 그달의 몇째 되는 날. 「2」 몇 날. 【<며츨<번박>

'몇 일'을 올림말로 처리할 수 없기 때문에 한국어사용자 측면에서는 왜 이렇게 복잡하게 만드는가 하고 의구심을 가질 수 있다. 웹 기반『표준국어대사전』을 지원하기 위해 2006년부터 2009년 사이에 주요 올림말에 대한 표준 발음을 구사하는 아나운서의 발음을 음성 자료로 연계하여 지원할 수 있도록 웹사전의 구조를 새롭게 설계하여 지원하고 있다.

「한글 맞춤법」의 제정 목적은 국어대사전 표제어의 표기법을 만들기 위한 지침이었는데 이것이 모든 한국어사용자가 지켜야 할 규칙인 것 마냥 초중등학교의 국어과 수업 과정의 일부가 되면서 국민들의 언어생활을 목을 조이는 과잉 기능을 한 것도 사실이다. 규범이 아닌 사전을 중심으로 해결하려고 하지 않고 「한글 맞춤법」을 만능의 해결사로 여긴 것이 문제이다. 「한글 맞춤법」은 사전편찬전문가들만 숙지하고 있으면 된다. 그러나 시중 서점에는 『한글 맞춤법 해설서』가 수두룩하게 꽂혀 있다. 각종 공무원 시험에 자주 출제가 되기 때문이다.

'불어'는 붙여 쓰는데 '프랑스어'는 왜 띄어 써야 하는가? '도이취어', '키큐어', '바스크어'는 전부 '어'를 띄어 쓰도록 규정하고 있다. 한자어끼리 결합할 때는 붙여 쓰고 한자어와 외래어와 결합할 경우 띄어 쓰도록 하는 이유가 어디에 있는가? 아마 일반 독자들은 이해를 도무지 할 수 없을 것이다. 이와 유사한 사례로 '동해', '황해', '남해', '중국해'는 붙여 쓰고 '에게 해', '카스피 해'는 띄어 쓴다. 두 낱말을 붙여 쓴다는 말은, 곧 하나의 낱말로 인정한다는 말이다. '에게 해'는 영어로 표현하면 "the Aegean Sea"이다. 만일 한국어로 붙여 쓴 '에게해'와 영어 표현대로 띄어 쓴 '에게 해'는 대상이 다른 바다인가? 영어사전의 올림말 'Aegean[i(ː)ʤí ː ən]'도 역시 '에게 해'를 뜻한다.

그렇다면 한글끼리 결합되는 조어형으로 눈을 돌려 보자. '가슴속', '뱃속', '장사속', '콧속', '코안'은 붙여 쓴다. '가슴속', '뱃속', '장삿속'은 '속'이 도달할 수 있는 인지 거리, 곧 탄도 거리의 문제가 아니라 추상화되어 새로운 낱말이 만들어졌기 때문에 당연히 붙여 써야 한다. 그런데 '콧속'은 전문 용어로 처리하여 "코의 속", 곧 '속'의 인지적 탄도 거리a point-blank range가 도달하는 공간 의미로 사용되었다. 그렇다면 "바지 속, 바다 속, 눈 속, 침 속, 가래 속, 목구멍 속"도 당연하게 붙여 써야 할 것이지만『표준국어대사전』에 올림말로 모두 제외되었다.

가슴속[--쏙]〔가슴속만[--쏭-]〕명=마음속.

뱃속[배쏙/밷쏙]〔뱃속만[배쏭-/밷쏭-]〕명'마음01'을 속되게 이르는 말.【<빗속<빗솝<월석>←빅+-ㅅ+솝】

장삿-속[-사쏙/-삳쏙]〔장삿속만[-사쏭-/-삳쏭-]〕명이익을 꾀하는 장사치의 속마음.

콧속[코쏙/콛쏙]〔콧속만[코쏭-/콛쏭-]〕명『의학』=코안.

코-안 명『의학』콧구멍에서 목젖 윗부분에 이르는 빈 곳. 냄새를 맡고, 공기 속의 이물을 제거하며, 들이마시는 공기를 따뜻하게 하는 작용을 한다. 늑비강03·콧속.

바지 속, 바다 속, 눈 속, 침 속, 가래 속, 목구멍 속.

'속'의 인지적 탄도 거리가 내부 공간의 의미를 지니는 합성어는 인정하지 않게 된다. 결국 우리말로 구성되는 새로운 조어형의 양산을 막는 결과가 된다. 물론 사전 편찬에서 이러한 낱말을 모두 올림말로 올릴 경우 올림말이 지나치게 늘어나는 문제의 심각성은 매우 커진다. 그러나 대상과 낱말이 일대 일의 대응을 이루는 경우 합성어로 인정하지 않는 것은 모국어의 낱말 생산량이 떨어져 결국 국어의 생태 환경이 불안정하게 된다.

현행 「한글 맞춤법」은 개정 시기나 참여 인력이 들쭉날쭉했으며 또한 국어심의회 구성이나 운영 자체도 비효율적으로 운영되고 있다. 국어 규범이 갖는 체계적인 완결성이 대단히 뒤떨어진다. 필자가 국립국어원장 재직 시절 서울 남부법원지원장에게 어문 규범의 형식과 체계에 대한 자문을 받아 본 결과 법률적 관점에서 한글 맞춤법은 내용의 상충이나 형식적 균형이 잘 짜여 있지 않았다. 한글 맞춤법은 국어학자끼리 만든 규정이다. 지금이라도 전문가 집단이 모여 심도 깊게 내용의 체계나 균형 문제를 연구할 필요가 있다.

규정은 정부의 약속이니까 지켜야 한다는 논리로는 문제점을 해결할 수 있는 것이 아니다. 앞에서도 살펴보았듯이 류 씨의 성씨 표기를 규정한 맞춤법 규정이 잘못되었음은 국어학자들의 결정이 아니라 법관들의 결정이었다. 「로마자 표기법」에 따라 개인 기업의 명칭 표기까지 통제할 수 없듯이 어문 규정이 제한할 수 있는 범위가 한정되어야 하듯 맞춤법 규정의 오류나 미진한 부분은 적극적으로 수정이 불가피한 상황이다.

표준어만 되고 방언은 안 되나

제4차 토론은 "표준어만 되고 방언은 안 되나"라는 주제부터 해학적이라고 할 수 있다. 미국의 심리학자인 대니얼 카츠Daniel Katz가 무지한 다수의 힘으로 억지를 쓰는 집단 심리를 '다수자의 무지Pluralistic Ignorance'로 규정한 심리학 용어가 떠올랐다. 표준어는 되고 방언은 안 된다는 양단의 결정이 얼마나 큰 퇴행적 결정인지, 이러한 선동이 인터넷과 앱을 통해 얼마나 큰 무리와 파장을 몰고 올 수 있는지를 보다 이성적으로 접근해야 할 것이다.

방언학을 전공하는 필자가 국립국어원장 재직 시에 국어의 언어 지식의 총량을 늘여야 하겠다는 생각과 그 전략을 가지고 있었다. 이름 모를 외국어 음차 표기가 늘어나는 마당에 우리 고유의 지역어를 잘 선별하여 국가 공통어인 표준어로 확산시키는 일이야말로 국어의 생태 균형을 맞추는 적절한 국어정책이라고 판단하였기 때문에 10년간에 걸친 전국 지역어 및 자연 발화 조사 계획과 10년간 생활 용어 현장 조사 계획을 수립하여 추진하였다.

결코 표준어를 버리자는 결정이 아니다. 표준어의 개념을 보다 확장하기 위해서 서구에서 통용되는 공통어정책으로 그 방향을 선회하기 위한 준비 작업이었다. 인구 30만 시대의 서울에서 1천만 시대로, 도시의 규모 또한 20여 배로 확장된 수도 서울이다. 1933년 당시 일본 표준어는 동경 시내 야마노테 전철 내부 사람들의 말씨를 기준으로 하는 일본의 동경 중심의 표준어정책을 그대로 복사하여 왔다. 그러나 일본에서는 1946년 동경 표준어정책을 포기하고 공통어정책으로 바꾸었다. 그 형편은 우리나라와 동일하기 때문이었다. 그야말로 일본의 공통어정책의 기반이 된 동경 표준어의 교육 확산의 결과 우리나라보다 더 심각했던 일본의 방언 차이가 급속도로 동경 공통어를 중심으로 통일된 성과를 눈여겨 지켜보고 있다. 도리어 일본에서는 지역 문화 활성화를 위해 대놓고 지역 토착 방언으로 방송을 하고 있는 실정이다.

한글 공동체 구성원 가운데 구소련 지역인 카자흐스탄, 우즈베키스탄 지역의 고려인들이 사용하는 말과 글은 표준어와는 이미 많이 벗어나 있다. 중국 조선족 역시 마찬가지이다. 한글 공동체가 확산될 것을 고려하며 어문 규범 관리가 아닌 사전 중심으로 그리고 「한글 맞춤법」을 기계화하는 데 노력을 기울여야 할 것이다.

한국의 표준어 정책은 그동안 성공적으로 수행된 상황이기 때문에 눈을 돌려 아름다운 토속적인 방언을 표준화할 필요가 있으며 이를 효율적으로 수행하기 위해서는 분화형이 많은 방언을 수집한 다음 변이형들의 대표형을 잘 골라내어 우리말 조어력을 강화해야 한다는 믿음을 가지고 『방언의 미학』(살림, 2007)이라는 책을 쓴 적도 있다.

한 때 방언학 전공자인 국립국어원장이 표준어를 없애려고 획책하고 있다는 글을 인터넷에서 보고 참 곤혹스러운 때도 있었다. 깊이 있는 학문적 기반도 없이 공개적인 학문 토론의 장인 학회를 통해 얼마든지 논의가 가능했음에도 불구하고 인터넷을 통해 표준어를 없애려는 불순 세력으로 몰린 채 참 힘든 세월을 보냈다. 무지한 상대를 용서한다는 일이 처음에는 힘들었지만 그런 노력이 자신을 수련하는 길이라 생각하니 그 또한 틀리지 않은 판단이었다. 그러는 와중에 인천 지역 한국어과 교사 모임 단체에서 방언을 무시하는 표준어정책은 개인 언어 인권의 제약이라며 대법원에 위헌소송(사건번호: 2006 헌마 618)을 제기하였다.

당시 필자는 이 위헌 재판은 분명히 패소할 것이라는 예측을 하고 있었다. 위헌 소통이 패소로 결정 나면 다시는 표준어의 고정된 말뚝에서 벗어날 수 없는 상황이 될까 소송 제기 대표자를 만나 차근차근 설명을 해도 막무가네였다. 재판이 진행되는 과정을 중립적인 입장에서 지켜보고 있을 수밖에 없는 입장이었지만 대법원 판결은 정부 측 입장에 손을 들 수밖에 없는 현실임을 필자는 충분히 예측할 수 있었다. 왜 이렇게 유연성이 없을까? 미국산 소고기 파동으로 서울 거리가 촛불 시위로 흔들리고 있는 무렵인 2009년 5월 28일 무렵 예측대로 원고 측 패소 판결이 내려졌다.

2006년 봄날이었다. 정동채 문화체육부 장관과 오찬을 하는데 마침 부추 나물이 밑반찬으로 나왔다. 정 장관은 부추 나물을 맛있게 들면서 이 원장님, 내가 대학 다닐 무렵 경희대 네거리 부근 식당에서 밥을 먹다가 이 부추 나물 한 접시를 다 먹고 반찬을 좀 더 달라면서 "할머니 솔('부추'의 전라도 방언) 나물 좀 더 주세요"라고 했더니 식당 주인 할머니가 멍하게 쳐다보다가 "이거 서울 나물이 아니고 부추 나물인데…"라고 하더라는 것이다. 가난했던 대학 시절 전라도에서 유학 온 시골 출신 대학생에게는 시골 말버릇이 고스란히 남아 있어서 '부추'를 '솔/졸'나물로 불렀으니 핀잔을 들을 만도 했다.

이번 토론회에서 윤석민(전북대) 교수의 발표문 서론에 "서글픈 우리의 자화상"이라는 말 속에 이 어설프고 깊이 없는 국어 애호자들의 들썩거림과 이론 연구를 하면서 대학 강단에서 있는 숱한 군상들의 모습이 머리를 스쳐지나 갔다. 누가 표준어를 버리자고 했나? 국어의 낱말의 총량이 줄어드는데 그 총량을 외래어도 아닌 외국어 음차 표기로 채운 것은 아무 말 못하고 지역의 토착 언어를 정갈하게 다듬어 표준어의 텅 빈 곡창을 채우자는 의견을 가진 사람에게 서울을 중심으로 하는 언어의 표준화를 저지하는 불순 세력으로 몰아가는지 도무지 이해할 수 없었다.

필자는 1979년 가을 무렵 한국정신문화연구원에서 처음으로 전국 방언 조사 계획이 국가사업으로 시작되면서 경상북도 23개 군 지역을 눈비를 맞으면서 조사를 다녔던 내 젊은 시절을 회상해 본다. 시골의 어른 분들과 근 일주일 정도 매일 턱도 없이 다 알고 있는 이런 저런 이상한 질문을 하다보면 어느덧 정이 들어 신바람난 듯 시골의 일상생활을 이야기해주시던 그 어른 분들도 이미 다 세상을 떠셨을 것이다.

오랜 농경 생활의 경험에서 축적된 그들의 지혜와 지식의 체계를 중심이 아닌 변두리라는 이유로 너무 오랫동안 방관해 오지 않았는가. 최근 최불암 씨가 출연하는 '한국인의 밥상'이라는 프로그램을 꼭 챙겨 본다. 해안가와 농촌, 반가의 음식과 서민들의 음식이 다르고, 그 음식 재료 이름은 사전에도 실리지 않은 사투리가 대부분이다. 이런 것은 외면하면서 무슨 지역 문화와 축제를 한다고 엄청난 국민 세금을 쏟아 붓는가? 그들의 지식·정보가 고스란히 남아 있는 방언이 표준화가 불가능하다면 적어도 문화어 사전이란 이름으로 수집하고 갈무리할 필요가 있지 않은가? 국민 행복은 나라가 국민 개개인이 지니고 있는 언어를 옹호해 줄 때 진정 실현될 수 있을 것이다.

다양성이라는 말은 제국주의를 비판하는 키워드 가운데 하나이다. 아프리카, 남태평양의 많은 군도와 아메리카 반도의 원주민들의 언어는 20세기에 들면서 절멸되었다. 러시아 제국의 언어정책은 더욱 혹독하였다. 피지배 부족의 강제 이동이나 집단 학살을 통해 그들의 언어 유산은 종족의 절멸과 함께 증발해 버린 것이다. 팔레스타인 출신 재미 교수인 제레드 다이아몬드 교수는 『총, 균, 쇠GUN, GERMS and STEEL』를 통해 스페인의 침략을 통한 잉카 제국의 몰락 과정을 보여 주고 있다. 문화나 언어의 다양성이 무너지고 있는 현실에 대한 냉정한 고발서이다.

서구 제국주의는 대부분 지배자들이 피지배자들을 몰아내고 그들의 언어를 말살시켜 왔다. 동양에서 원나라와 금나라 그리고 후금에 이은 청나라는 몽고와 만주, 여진 세력이 지배자였지만 결국 중화 문화에 굴종되고 그들의 자국의 언어 문자를 포기하는 기이한 현상을 가볍게 생각할 수 없는 일이다. 우리와 가장 인접해 있었던 건주 여진인들에게 일찍 고구려 시대의 우리의 말과 글을 가르쳤더라면 어떠했을까?

문화의 힘, 문화의 변경을 개척하는 일은 언어의 전파라고 할 수 있다. 그러나 지난 시대처럼 지배적인 방식이 아닌 상호 이해 존중의 방식으로 우리의 말과 한글 공동체를 만드는 일이야말로 매우 중요한 국가적 아젠다가 되어야 할 것이다. 최근 알타이언어학회에서 만주 지역의 원주민을 대상으로 한 만어 현지 조사 계획을 더 튼실하게 진행될 수 있도록 정부적 지원이 이루어지길 기대해 본다.

나아가서 무문자 국가의 소수부족들의 언어 유산을 한글로 기록하여 증발 위기에 있는 인류의 다양한 언어 자산을 보호해주는 아량 깊은 국가정책들이 추진되어야 할 것이다. 이렇듯이 다양한 토착 언어인 방언에 대한 보다 개방적인 조사가 이루어질 수 있기를 기대해 본다. 웹이나 앱을 기반으로 한 다중들의 협업을 통한 지역 방언들에 대한 면밀한 조사는 학문 발전뿐만 아니라 국가적 사업에 직접 온 국민이 참여할 기회를 제공함으로써 다수의 국민들이 자긍심을 갖게 될 것이다.

'누리꾼'인가 '네티즌'인가

아시아경제 신문의 성정은 기자가 이젠 고민 없이 '짜장면'을 '짜장면'으로 부를 수 있게 됐다며 어문정책은 좀 더 개방적으로 펼쳐 줄 것을 당부했다. 그동안 '자장면'만을 표준어로 인정해 온 『표준국어대사전』에 '짜장면'이 이름을 함께 올리면서다. 국립국어원(원장 권재일)은 '짜장면', '복숭아뼈', '남사스럽다' 등과 같이 실생활에서 많이 쓰였으나 표준어로 인정되지 않았던 낱말 39개를 표준어로 인정하고, 이들 낱말을 인터넷으로 제공하는 『표준국어대사전』(stdweb2.korean.go.kr)에 올렸다고 밝혔다. '짜장면' 등을 표준어로 인정한 건 어문 규정이 정하는 표준어와 실제로 쓰이는 낱말이 서로 달라 생기는 불편함을 덜어주려는 취지에서다. 국립국어원은 1999년 『표준국어대사전』을 발간한 뒤 널리 쓰이지만 표준어로 인정을 못 받은 낱말들을 검토하는 데 힘써왔다. 이번에 표준어로 인정된 39개 낱말은 국어심의회 등의 논의를 거쳐 지난 22일 최종 확정됐다.

국립국어원이 새로 표준어로 인정한 낱말들은 크게 세 가지 부류로 나뉜다. 첫째는 현재 표준어인 말 외에 같은 뜻으로 쓰이는 말을 표준어로 인정한 경우로 '복숭아뼈', '남사스럽다', '맨날', '허접쓰레기' 등 11개 낱말이 그 예다. 그동안은 '복사뼈', '남우세스럽다', '만날', '허섭쓰레기' 등만이 표준어로 인정돼 왔다.

둘째는 현재 표준어로 규정된 말과는 뜻이나 어감에 차이가 있어 이를 별도의 표준어로 인정한 경우다. 현재 표준어인 '냄새'와 별도로 '내음'을, '날개'와 따로 '나래'를, '어수룩하다'와 또 달리 '어리숙하다'를 표준어로 인정한 것이 바로 그것이다. 이 같은 낱말들은 모두 25개다.

셋째는 '짜장면'처럼 표준어가 아닌 표기가 많이 쓰여 원래 표준어 표기와 함께 두 가지 모두를 표준어로 인정한 경우다. '자장면', '태견', '품세'만 표준어로 인정돼 오다가 '짜장면', '택견', '품새'도 표준어가 된 것이 예다.

이운영 국립국어원 어문연구팀 학예연구관은 "'짜장면' 등을 포함한 39개 낱말을 새로 표준어로 인정한 건 실제 언어생활에서의 불편함을 줄여주려는 의도"라며 "앞으로도 계속해 언어 사용 실태 조사를 벌여 그 결과를 규범에 반영할 계획"이라고 말했다.

국가 어문 규범 관리의 현주소

'조선어학회(한글학회)'에서 관리하던 어문 규범과 국어사전 편찬사업이 광복 이후 국가 중심으로 그 기능과 역할을 옮겼다. 그동안 많은 성과도 있었지만 크게 발전된 점이 눈에 잘 띄지 않는다. 학술 단체나 연구자들이 국가에 연구 부역을 들면서 철학과 일관성이 뒤떨어진 어문 규범을 운용하면서 방향성을 이미 상실했다고 해도 과언이 아니다. 통일부에서 주관하고 있는 남북 겨레말큰사전사업이 민간사업 단체에서 추진하듯이 국가 주도형 사전사업을 전면 이양하는 방향을 정책적으로 검토할 단계이다.

국가 주도형 국가 어문관리의 실태의 한 단면을 사잇소리 표기와 띄어쓰기의 사례예를 들어 간략하게 살펴보자. 그 결과가 과연 어떤가? 2008년 국립국어원에서 수학 용어의 사잇소리 표기 사용의 실태 조사 결과를 참고해 보면 다음과 같다.

사잇소리 미상용 표기	빈도수	사잇소리 사용 표기	빈도수
극대값	625	극댓값	334
극소값	970	극솟값	617
근사값	31,400	근삿값	1,880
기대값	24,400	기댓값	2,870
대표값	4,340	대푯값	1,110
절대값	49,600	절댓값	964
진리값	2,970	진릿값	138
최대값	107,000	최댓값	2,090
최소값	70,000	최솟값	982
함수값	10,300	함숫값	352
자리값	2,940	자릿값	4,930
꼭지점	215,000	꼭짓점	34,300
아래변	28	아랫변	1,510
위변	0	윗변	3,250

※ 2008년도 수학 용어의 사잇소리 표기 사용 실태 조사 결과 보고서, 국립국어원.

인터넷 온라인에서 수학 용어 14개의 사잇소리 표기 낱말의 사용 실태 조사 결과이다. 사잇소리 표기를 하지 않는 경향이 절대 우위에 있다. 그러나 이는 참 어처구니없는 어문 규범 가운데 하나이다. 된소리화를 막기 위해 외래어 표기법에 된소리 표기를 규제하면서 왜 사잇소리 규정을 강화시켜 '고유어＋한자어'의 경우 일괄해서 사잇소리를 표기하도록 규정을 하고 있는가? 이미 전국 수학자들의 학술 단체인 전국수학회에서는 수학 용어에 대한 표기법을 확정해 둔 상태에서 정부의 사잇소리 개정이 발표되자 엄청난 혼선이 일고 있다며 많은 비판을 하고 있다. 모든 전문 용어를 국립국어원에서 감당할 수 있는가? 원론적 규정 이외에는 정부 부처별 관련 학회와 민간단체가 협업으로 전문 용어를 통일할 기회와 명분을 더 이상 빼앗으면 안 된다. 띄어쓰기 또한 마찬가지이다. 동해, 남해, 북해는 한자어 구성이기 때문에 붙여 쓰고 카스피 해, 에게 해는 '외래어+한자'이기 때문에 띄어 써야 한다는 이해할 수 없는 규정이 있다. 이처럼 띄어쓰기를 강화할 경우 우리 고유어의 신조어 생산은 위기에 처하게 된다. 이와 같은 배타적 어문 규정이 늘어날수록 고유어의 조어력 기반이 붕괴된다는 언어 생태에 대한 성찰이 부족했던 결과이다.

중국어의 외래어 표기 규정은 이미 그 생명력을 잃어버린 사문화 규정 가운데 하나이다. 따라서 중국의 각종 사서에 기록된 중국어가 아닌 만주, 여진, 몽골, 투르크, 티베트, 위구르 말을 한자음대로 표기한 용례는 사용자 임의로 표기함으로써 더욱 혼란스럽다.

[奚灘何郎哈][hitanhara ŋ kai]: 奚灘何郎哈(히·탄하랑·캐) (용가)

[古倫孛里][korunbori]: 古倫孛里(고·론보리)

[古倫豆闌帖木兒][korudurantermər]: 古倫豆闌帖木兒(고·론두란터물)

'奚灘何郎哈'를 '해탄하랑합'으로 '古倫孛里'를 '고륜패리'로 '古倫豆闌帖木兒'를 '고륜두란첩목아'로 한자음대로 표기해야 하는가? 세종대왕 당시에 『용비어천가』에서 이미 '奚灘何郎哈'를 '히·탄하랑·캐'(용가)로 '古倫孛里'를 '고·론보리'로 '古倫豆闌帖木兒'를 '고·론두란터물'로 표기한 사례가 있다. 그럼에도 불구하고 최근 동북아 역사에 대한 관심이 고조되면서 한서에 기록된 만주,

여진, 몽골, 투르크, 티벳, 위굴의 한자 차자 표기를 한글로 표기함
으로써 극도로 혼란 상황에 처해 있다.

또한 어문 규범을 실행하는 『표준국어대사전』에 극명한 사례가
있다.

징기스＾칸(Jinghis Khan) → 칭기즈 칸.

칭기즈＾칸(Chingiz Khan) 몡 몽골 제국의 제1대 왕(?1167~1227). 본명
    은 테무친. 한자식 이름은 성길사한(成吉思汗). 몽골 족을 통일하
    고 이 칭호를 받아 몽골 제국의 칸이 되었다. 중앙아시아를 평정
    하는 한편, 서양 정벌로 동서양에 걸친 대제국을 건설하였다.
    재위 기간은 1206~1227년이다.

아골타(阿骨打) 몡 '아구다'의 음역어.

아구다(Aguda) 몡 중국 금나라의 제1대 황제(1068~1123). 묘호(廟號)
    는 태조. 1115년에 만주 지역의 여러 여진 부족을 통합하여 금나
    라를 건국하였으며, 요나라 세력을 몰아내고 랴오둥(遼東)에 진
    출하였다. 재위 기간은 1115~1123년이다.

'징기스 칸'을 '칭기즈 칸'으로 회전문식으로 돌려놓고는 '칭기
즈 칸'을 검색해야 뜻풀이를 찾아 볼 수 있다. '阿骨打' 역시 비슷한
방식으로 처리하고 있다. 칭키즈칸의 成吉思汗은 한자식 이름으
로, 아골타阿骨打는 '아구'의 음역이라는 식으로 뜻풀이를 하여 일
관성을 잃어버리고 있다. 이미 사어화된 만주 고족들의 언어뿐만
아니라 그리스, 로마, 비잔틴 제국의 언어들의 음차 표기를 위해

「외래어 표기법」 규정을 과연 더 늘여야 할까?

이처럼 『표준국어대사전』의 심각한 문제를 파악하고 필자는 2007~2009년 사이에 국립국어원의 편재를 개편하여 사전편찬실을 설치하고 예산을 재편성하여 3년 동안 무려 4만여 항목의 올림말과 풀이말의 오류를 보강한 다음 인터넷 사전으로 전환하였다. 여기서 문제가 끝나지 않았다. 사전의 올림말과 풀이말의 계열적·통합적 구조 결함과 모순은 거의 손을 댈 수 없는 상황임을 여러 차례 발표한 바가 있다. 가히 심각한 수준에 처해 있는 국가 어문 관리의 현주소이다. 근본적으로 잘못 만든 사전이기 때문에 수정과 보완을 하여도 그 끝이 보이지 않는다. 이처럼 국제간 교류가 확대됨에 따라 현실적인 방식으로 표기를 따른다면 표기 일람표와 표기 세칙은 끝없이 늘어나야 할 것이다.

정보화의 혁명 이후 언어 지식·정보의 생산과 관리의 방식은 기본적으로 변해야 한다. 언어 표기의 통일성이란 목표로 어문 규범을 제정하던 당대의 시대적 상황과 현재의 상황은 아주 다르다. 4대 어문 규범이 언어의 통일이라는 관점에서는 소기의 목표를 달성했으나 그만큼 잃어버린 것도 적지 않다. 언어가 단일하게 고정된 법전과 같은 것이 아니라 장소와 시간에 따라 다양하게 변화하는 인간 행위임을 인정하는 어문정책이 펼쳐져야 할 것이다.

닫힌 상자와 같은 어문 규범과 『표준국어대사전』을 그대로 방치할 것이 아니라 국가가 관리해 온 사전사업을 전면 민간사업으로 되돌려 주어야 한다. 이는 앞으로 다가올 한글의 산업화의 중요한 발전 축이 될 수 있기 때문이기도 하다. 언어 관리를 한글 문화 산업과 한글 정보화 산업으로 끌어올리기 위해, 그리고 국민들이 보다 편리하고 윤택한 어문 생활을 영위하기 위해 정부는 고급 언어 자료 생산에 주력하여야 한다. 이를 다시 국민에게 공급할 수 있는 언어 정보화 기술력을 향상시키기 위해서 어문 규범은 사전 편찬자들의 올림말 선정의 기준으로 이루어져야 한다. 그리고 최대한 다양한 언어 정보가 인터넷을 통해 활용될 수 있도록 정책 전환이 이루어져야 한다.

문제는 우리 고유어가 자리 잡아야 할 자리에 한자어나 외국어가 생뚱맞게 들어와 그 자리를 차지하도록 방치하고 있다는 사실이다. 한국어 어문 규범은 한국어의 생태 문제를 도외시하고 지나치게 구조적 기술주의에 기반을 둠으로써 규범이 간접적으로 모한국어의 기반을 무너뜨리는 역할을 하도록 해서는 안 된다.

쉬운 우리말 쓰기

한국어정책의 미래를 고민하면서 먼저 전제해야 할 세 가지를 이야기하겠다. 첫째, 우리말과 글의 주인이 누구인가? 다양한 일반 국민이다. 어문학자들이나 지식인을 위한 언어 기획이 아닌 한글을 읽을 수 있는 사람들이 그 중심에 서 있다. 둘째, 한국어 어문 규정에 능한 어문학자나 국어 교사들은 앞서 말한 국민이 편하고 쉽게 우리말과 글로 소통할 수 있도록 지원하는 역할을 맡아야 한다. 일반 국민은 규범을 전적으로 반영하고 있는 『표준국어대사전』을 참조하여 우리말과 글을 헷갈림 없이 소통할 수 있어야 한다. 셋째, 어문 환경은 시대와 사회 환경에 따라 능동적

---

* 이 글은 '국립국어원'과 '어문학회' 공동 영남권 학술발표(2013년 9월 7일)에서 발표한 내용을 수정한 것임을 밝혀 둔다.

으로 변화하기 때문에 국어정책은 변화하는 환경에 맞추어 온 국민이 품위 있는 언어생활을 누리며 창조적인 언어활동을 할 수 있도록 지원해야 한다. 이러한 전제 위에서 2006~2009년 사이 한국의 국어정책을 관리했던 경험을 바탕으로 그동안 한국의 어문정책과 규범에 어떤 문제가 있는지를 점검하고 쉬운 우리말 쓰기를 통한 국민들의 언어 소통의 질을 향상 시킬 수 있는 미래의 발전 방안을 논의하고자 한다.

1) 다양한 언어의 공존

한 국가의 국어정책의 기본 목표는 공동체의 언어 분열을 막는 동시에 의사소통의 수월성을 지원하는 데 있다. 최근 한국어를 포함한 세계의 많은 언어들이 언어 소통 환경의 많은 변화에 직면해 있다. 세계화의 그늘 아래에서 인류 지식 자원의 일부인 소수 언어가 사라지고 있으며, 나라 안으로는 수도와 변두리의 지배와 피지배의 관계로 인식하여 변두리의 방언이 몰락하고 있다. 전 세계 언어학계가 언어 간의 이런 심각한 불균형을 조정하는 일에 주목하고 있다. 1996년 '세계 언어 권리 선언', 2001년 '문화 다양성 선언', 2007년 '세계 언어 문화센터 설립' 등 언어 다양성의 중요성에 대한 인식이 점차 확산되고 있다. 한국에서도 2003년 한국알타이학회의 설립과 함께 알타이, 만주 지역의 소멸 언어 보존을 위한 지원에 참여하고 있는 것은 바로 이러한 상황을 잘 보여준다.

우리나라 내부의 사정을 뒤돌아보자. 일본 제국주의 강점기 동안 일본의 언어 침탈에서 벗어나고자 1933년부터 조선어학회에서 '한글 맞춤법 통일안'을 만들었다. 이를 중심으로 우리말과 글을 통일하는 동시에 1945년 해방 뒤로 초·중·고 교육의 확대 노력에 힘입어 이젠 표준어가 거의 정착되어 국가 내부적인 언어의 지역적 이질화 문제는 우려할 단계를 벗어나 있다. 서울말을 중심으로 한 민족 언어의 대통합을 지향했던 지난 국어정책은 한편으로는 성공적이었다고 평가할 수 있다. 다른 한편으로 표준어정책은 언어 기능의 일부를 축소시킨 결과를 가져 왔으며, 남북 분단과 언어정책의 차이 때문에 한국어는 두 개로 분열된 상황에 놓여 있다. 앞으로 남북 분단 언어의 통합을 위해서는 서울 표준어를 다수자들이 사용하는 공통어 정책으로 그 외연을 넓혀나가야 할 것이다. 또한 사회 계층적 차이(한자, 영어 등의 지식)가 점점 심화되고 있어 국어의 질적 소통의 차이라는 문제를 극복해야 하는 상황이다.

국어정책이란 단순히 언어의 기능적 조절이 아니라 민족의 삶에 실질적으로 영향력을 미치는 국가적 행위라고 할 수 있다. 여기서 조절 대상은 공식적인 의사소통의 영역에 한정된다. 곧 개인의 즉흥적인 의사소통이나 가족 및 집단 사이의 의사소통 방식과 같은 비공식적인 영역은 조절 대상에서 벗어나 있음에도 불구하고, 그동안 공적 언어정책의 우월성이 지나치게 지배함으로써 비공식 영역에 이르기까지 상당한 제약을 주고 있다. 그리고 변두리의 언어에 대한 공식적인 기록화가 이루어지지 않아 제주도를 비롯한 지역의 방언이 급격하게 소멸함으로써 나라 안의 언어 다양성이 급격하게 줄어들었다. 그뿐만 아니라 외래어 유입에 대한 조절 기능이 느슨한 틈을 타서 외국어 한글 표기가 급격하게 늘어난 결과, 국어사용자의 지식수준에 따른 우리말 소통의 사회적 양극화가 급속히 진행되고 있다.

그 결과 국어사용자들 스스로 새로운 대상물을 고유어로 이름 붙이는 능력을 잃어버렸다. 이처럼 국어의 생존 기력 자체가 심각한 위기에 처해 있기 때문에 국어정책의 기조를 과연 현재 상태 그대로 유지해야 할 것인지 아니면 좀 더 국어의 생존 기반을 강화하기 위해 국어의 다양성을 보장하는 쪽으로 변화를 물색해야 할지 본격적으로 논의해야 할 단계에 이르렀다. 곧 민족의 언어와 문화를 통합하는 고집스러운 방식이 아니라 언어 화자들이 무엇에 가치를 두고 있는지, 그들이 선호하고 있는 것이 무엇인지에 대해 주목하여 국어정책의 방향성을 좀 더 다양한 방식으로 발전시키려고 노력하는 일은 너무나 정당하다. 물론 국가 언어정책이 반드시 합리적 방식으로 현실 상황에 대처하기란 실로 쉬운 일이 아니다. 그러나 몇몇 언어를 제외하고는 전 세계의 언어가 매우 열악한 환경에 처해 있다는 사실은 매우 심각한 문제가 아닐 수 없다. 변두리 언어가 급격하게 소멸되는 징후가 뚜렷하고, 언어 사용 인구의 감소와 함께 그 언어를 사용하고 있는 사람들의 문화층이 사라지고 있다. 이것은 인류가 생산해 온 지식·정보의 일부가 소멸하고 있다는 것을 의미한다.

지금 한국어의 상황은 어떠한가? 전 세계에서 한글로 소통할 수 있는 이들은 남한의 약 4,500만, 북한의 약 2,500만, 해외 교민 700만과 200만 남짓되는 국내 다문화 가족, 국내 거주하는 외국인 근로자와 해외 한국어 학습자를 포함하면 7,800만 정도 된다. 거대하고 다양한 한글 공동체. 한글 공동체는 『에스노로지Ethnology』

2010년판의 통계를 보면 전 세계 13위권에 육박하고 있는 프랑스어와 어깨를 나란히 하는 주요 언어Major language군이다. 그러나 한국어는 세계 주요 언어에 속하지만 그 언어 내부에는 '병든 언어'로 규정할 수 있는 여러 가지 사회언어학적 증거들이 나타나고 있다.

소수 언어나 절멸 위기의 언어를 분류하는 방법은 여러 가지 방식이 있다. 프란츠부로스키 위머(2006)의 『문명과 대량 멸종의 역사』에서는 인위적으로 언어가 살해되는 '대량 멸종'과 생태적 순환 고리에 의한 자연 멸종인 '배경 멸종'으로 구분하기도 하고, 키비릭(Kibrik A., 1992: 67~69)은 ① '건강한 언어', ② '병든 언어', ③ '절멸위기의 언어', ④ '사어(절멸언어)'로 구분하기도 한다. 건강한 언어란 언어 사용자가 자생적인 조어 능력을 갖고 있는 언어로, 모든 국가 제도상 활발하게 사용되는 언어를 말한다. '병든 언어'는 자국어의 조어 능력이 바닥나 다른 나라의 언어를 대량으로 끌어들임으로써 언어 사용자 간의 소통 능력이 사회 계층적 차등을 보이는 언어를 말한다. '사어'는 그 언어가 소멸된 상황, 정확하게 말하면 언어 사용자가 이 지구상에서 사라진 상황의 언어를 말한다.

국립국어원을 통해 건강한 조어력의 기반이 될 수 있는 방언을 비표준어로 구획하고 억제하는 정책을 펼쳐오는 동안 한국어의 어휘력의 생존 기반이 대단히 약해졌다. 그리고 외국어의 한글 표기를 무제한 허용함으로써 60% 가까운 한자어와, 30%에 가까운 외국어 한글 표기가 현재 한국어 낱말의 기반이 되어 있어 자국 고유어의 기반은 거의 붕괴된 상태나 다름없다. 이러한 결과는 그동안 지극히 모순된 국어정책에서 비롯하였을 가능성을 충분히 예측할 수 있다. 언어정책 수립자들이나 국어사용자 모두 이런 문제 제기를 사려 깊게 받아드리지 못하는 점이 무엇보다도 더 위험한 일이다. 한국어라는 언어는 살아 있지만, 그 말 속에 담긴 낱말은 한자어, 영어, 약어, 신조어, 난해한 한자어, 폭력적 언어 등으로 구성된 혼종의 상황이다. 이러한 상황을 더욱 부추기는 또 다른 요인은 바로 정보통신의 발달이다. 정보통신의 발달과 함께 인터넷과 엡, SNS 소통을 통한 언어 파괴가 늘어나고, 전문 용어를 비롯한 외국어가 엄청나게 흘러들어오고 있다. 이런 상황이 지속된다면 국어사용자들의 언어 소통 능력이 현격한 사회 계층적 차이로 이어질 것이다. 이미 한국 사회는 지식·정보의 양극화 측면에서 임계점에 도달해 있다. 마치 세종대왕이 조선말과 한문이라는 이중 언어 소통 상황에서 말과 글을 일치시키려고 필사적으로 노력하던 상황과 다를 바가 없다. 한국어가 현재 '병든 언어'의 수준이라는 사실은 그 언어의 소멸을 예고한다는 의미를 담고 있다.

저수지에 모은 혼탁한 물을 정수 여과 단계를 거쳐서 식수로 공급하듯이, 국어정책은 오늘날 우리 국민들이 사용하고 있는 다양한 말들을 모아 의사소통의 능률을 높일 수 있도록 정수 처리하는 장치와 원리가 같다. 그동안 정수 처리 과정을 소홀히 해온 국어정책이 당면하고 있는 거시적인 문제점들을 짚어보고, 그 문제점을 극복할 수 있는 미래 발전 방안을 제시하고자 하는 것이 본고의 목적이다. 국어사용자들이 지향하고자 하는 바에 부합하면서 동시에 문명화의 방향으로 나갈 수 있도록 국어정책을 통해 실현 가능한 대책을 모색하는 일은 매우 뜻 깊은 일이다.

2) 다양한 생태와 언어의 멸종 시대

언어는 허공에 존재하는 것이 아니라 사람이 살고 있는 생태 환경의 일부이기 때문에 생태학Ecology과 연결짓기에 안성맞춤이다. 생태학의 어원은 '집'을 뜻하는 그리스어 'oikos'이다. 언어라는 말 역시 로고스logos에서 유래된 말인데, 하이데거는 인간 존재의 집이, 곧 언어라고 말했다. 언어가 형이상학적인 존재의 집이라면 생태계는 물질적 존재의 집인 셈이다. 언어는 복잡한 생태계의 일부이다. 따라서 생물 다양성과 언어의 다양성은 함수 관계를 유지하고 있으므로, 기획되지 않은 엄청난 인류의 토착 언어의 지적 자원을 내버려두어서는 안 된다. 이것은 자연 생태 보전의 안정성을 기하려는 노력과 동일하다.

세상에는 우리가 상상하는 것보다 훨씬 더 다양한 종족과 언어가 존재한다. 그 가운데 생물 다양성이 보장되는 열대 우림이나 저개발 지역이 언어의 다양성을 보이는 지역과 놀랍게도 그 분포가 일치하고 있다. 세계의 많은 언어학자들은 21세기에 세계 6,000여 종의 언어와 생물 종의 절반 이상이 절멸될 것으로 예측하고 있다. 언어나 생태가 복잡성을 띠고 있는 지역은 대체로 문화가 뒤떨어진 토착민 거주지라는 공통성을 가지고 있다. 대륙 간의 언어 사용자 실태를 보면 오스트레일리아와 태평양, 아메리카 대륙에서는 150명 미만의 사용자를 가진 언어가 20% 이상이고 거의 대부분의 언어가 사용자 10만 명 미만이다. 아프리카와 아시아, 유럽은 사용자가 10만에서 100만에 이르는 중간 내지는 거대

규모의 언어를 사용하는 곳이 많다.

현재 오스트레일리아와 태평양 지역의 언어 상황은 매우 위험한 수준이다. 이들 언어 지역은 모두 발생적, 유형적 다양성을 띠는 언어의 온상임에도 불구하고 거의 절멸 위기에 처해 있다. 세계 인구의 4%가 살고 있는 적도 부근의 열대 지역에는 전 인류가 사용하고 있는 언어의 약 60%가 존재한다. 하와이 제도의 면적은 미국 전체의 1%지만 토종 식물의 다양한 변종들은 미국 내에 자생하는 식물의 다양성을 훨씬 능가한다. 그런데 토착민들이 명명하던 그 다양한 식물 변종의 명칭은 식물과 함께 멸종되고 있다. 토착민들의 언어의 절멸과 함께 멸종 위기에 처해 있는 1,104종의 생물 가운데 363종(30%)이 이미 멸종되었으며 나머지도 멸종이 임박해 있다.

대규모 언어라도 외부 압력이 크면 급격하게 절멸될 수도 있고 규모가 작더라도 사회가 안정되면 언어가 절멸될 위험성이 반드시 크다고 말할 수는 없지만, 일반적으로 규모가 작은 언어가 절멸될 가능성은 그만큼 더 높다. 그렇다면 이처럼 생태 다양성과 언어 다양성이 공존하는 지역에서 생태와 언어가 동반 절멸의 상황에 내몰린 까닭은 무엇일까? 지난 세기 말까지 유럽의 몇몇 제국들이 펼쳐온 식민 지배에 의한 침탈의 결과이거나 혹심한 전쟁과 자본 경쟁에 밀려나서 소수 언어가 언어적 자립의 기반을 잃게 된 결과였다. 아프리카나 호주, 남태평양의 여러 군도, 중남미 대륙에서 서방 제국의 식민 지배와 전쟁, 살상, 강제 이주, 벌목 등으로 원주민들이 추방되면서 그들의 언어도 절멸의 길을 걷게 된 것이다. 중심과 변두리의 대응을 우월과 열등, 문명과 비문명이라는 배타적 문명관으로 규정한 탓이다.

모든 인류가 축적해 놓은 풍요로운 지혜의 원천이 바로 언어이다. 과학 기술은 다른 기술로 대체될 가능성이 있지만 자연생태나그 생태의 종과 속을 명명하는 언어는 그렇지 않다. 변두리 국가나 종족 혹은 부족들의 언어에는 그들의 생활 체험에 기반을 둔 지식·정보가 녹아 있지만 그들의 문화와 언어를 타자적 시각에서 열등하고 덜 세련된 문명화의 결과로 평가함으로써 변두리 토착 인들의 언어는 급격한 몰락으로 이어진 것이다. 개별 언어마다 세상을 바라보는 독특한 그들만의 창이 있다. 모든 언어는 살아 있는 인류의 박물관이며, 인류의 언어가 스스로 일구어낸 모든 문화유산의 기념비와도 같다. 언어 다양성의 일부라도 잃는다는 것은, 곧 인류의 지식·정보의 손실을 의미한다. 따라서 모든 사람은 자신의 언어를 가질 권리가 있고 또 그 언어를 문화 자원으로 보존하고 자손들에게 물려줄 권리를 갖고 있다. 영어를 비롯한 스페인어, 포르투갈어, 프랑스어, 러시아어, 중국어 등 몇몇 지배적 언어가 아메리카 원주민, 오스트레일리아, 켈트인, 만주인 등의 언어를 몰아낸 빈자리를 당당하게 차지하고 있을 어떤 권리도 없다.

언어는 생물 종과 마찬가지로 환경에 적응하는 고도의 능력을 갖고 있으며, 생태계의 변화와 마찬가지로 언어도 변화한다. 생태의 다양성을 갖춘다면 종의 풍부함과 생존의 안정성이라는 구도속에서 고도의 환경 적응력을 가질 수 있듯이, 언어 또한 같은 원리로 설명될 수 있다. 생태계나 언어 절멸의 원인이 환경 변화에 있다면 이 환경 변화는 다시 인위적인지 자연적인지 구분해서 논의해야 한다. 다른 문화나 언어가 잠식해 들어오는 상황에 노출되면 언어가 해체되고 붕괴되며 산산이 부서지는 과정을 겪게 마련이다. 그리고 언어의 절멸은 언어의 우열성과 관계없이 인류가 축적해 온 토착 자산의 몰락으로 이어지게 된다. 질리언 비어는 『다윈의 플롯Darwin's Plots』(휴머니스트, 2008)에서 "진화하는 인간이 사는 세계는 언어가 정치, 경제, 테크놀로지, 가족, 성, 우정 등 개별적으로 재생산의 성공에 핵심적인 역할을 하는 요소들의 복합체로 직조되는 세계"라며 인류 언어의 중요성을 강조하고 있다. 어떤 발전이든 그 발전은 다양성이 전제되어야 하며, 오직 언어의 우열을 초월한 다양성이 보장될 때만 진보적 발전이 가능하다.

세계 문명 질서에 대한 반성과 새로운 화해의 길을 모색하려는 국제적인 노력이 「유네스코 세계 문화 다양성 선언」을 하였듯이 세계의 여러 생태학자들과 언어학자들이 생태와 언어를 포함하는 문화 단일화에 대한 우려를 표시하기 시작하였다. 세계 언어학자들은 언어 침탈에 문제를 제기하면서 소수 언어 보존을 위한 논의를 시작하였다.[1] 이러한 흐름은 미국 등 여러 나라에서 구체적으로 언어 다양성 보장을 위한 법률 제정으로 이어지기도 하였

---

1) 1981년 유럽 의회에서 가에타노 아르페(Gaetano Arfé)가 「지역 언어, 문화 및 소수 민족의 권리를 다루기 위한 공동체 헌장」을 채택하였고, 1992년 캐나다 퀘벡에서 개최된 국제언어학회(International Linguistic Congress)에 참여한 세계 언어학자들은 「소수언어 보호를 위한 헌장」을 채택하였다. 1992년 유럽 의회에서 「지역 또는 소규모 언어들을 위한 유럽 헌장(European Charter for Regional or Minority Languages)」을 국제 협약으로 채택하였으며, 1992년 유네스코와 국제연합에서는 「민족적, 인종적, 종교적, 언어적 소수자들의 권리 선언(Declaration on the Rights of Persons belonging to National of Ethnic, Religious and Linguistic Minorities)」을 채택하였다.

다.2) 이와 함께 세계 언어학자들은 언어 다양성을 보장하기 위한 학술 활동을 활발하게 전개하고 있고, 이러한 활동과 연구를 지원하는 기금 모금과 재단 설립 등 각종 움직임도 나타났다.3)

21세기에 들어서 다문화·다인종 사회에 직면한 세계 많은 국가들에서 지난 세기동안 진행되어 온 문화의 침식에 따른 소수 언어의 붕괴와 생태 환경의 파괴를 어떻게 조정하고 발전시킬 것인지

---

2) 1990년 미국에서는 「아메리카 토착 언어를 쓰고 익히고 발전시킬 아메리카 원주민들의 자유권을 보존, 보호, 증진하기 위한 법」을 통과시켰으며, 1992년 「아메리카 원주민들을 도와 그들이 자기 언어들의 생존과 지속적인 생명력을 확보하도록 돕기 위한 법안」을 통과시켰다.

3) 1993년 11월 유네스코에서는 「위기 언어 레드북(Red Book of Endangered Languages)」을 작성하여 보존되어야 할 인류의 소수 절멸 언어 리스트를 작성하였으며, 1995년 동경대학교에서 「위기의 언어들에 대한 국제 정보 센터(International Clearing House for Endangered Languages)」를 개설하여 운영하고 있다. 2003년부터 서울대학교 알타이어학회에서도 만주 퉁구스 지역의 절멸 위기의 언어 구제를 위한 현장 조사를 펼치고 있다.

1995년 미국에서 「위기 언어 기금(Endangered Languages Fund)」을 설치하였으며, 1995년 영국에서는 「위기 언어들을 위한 재단(Foundation for Endangered Languages)」 설립과 함께 절멸 위기의 소수 언어 보존을 위한 각종 지원을 하고 있다. 1995~2004년 일본 오사카 가쿠인대학교에서는 「절멸 위기의 환태평양 언어 보존」 연구소를 설립하였고 1996~1998년 헬싱키대학교에서는 「핀우그리어 자료뱅크」를 구축하여 핀우그리아 언어의 생존과 생태에 대한 연구를 펼치고 있다. 1998년 동경외국어대학교에서는 「구어 카라임어(튀르크어족) CD프로젝트」를 통해 튀르크 부족 언어의 채록과 자료베이스를 구축하고 있으며, 2000년 미국 오스틴대학교에서는 「라틴아메리카의 토착어 아카이브」를 구축하고 있다. 2007년 일본의 아이누 문화 연구 재단에서는 「아이누어 보존」을 위한 국제학술 활동을 펼치고 있다. 엘리 코헨(Elie Cohen)은 「세계화와 문화 다양성(Globalization and Cultural Diversity Conflict and Pluralism)」에서 생태와 언어 문화 다양성의 관련성에 대한 내용을 유네스코 보고서로 제출하였다. 또한 유네스코 한국위원회에서도 「지구의 언어, 문화, 생물 다양성이해하기(Sharing a World of Difference the Earth linguistic, cultural and the Earth linguistic, cultural and biological)」라는 보고서를 간행하여 다양성에 대한 문제를 언어와 문화 그리고 생물 다양성과 연계하여 기술하고 있다.

에 대한 문제가 매우 중대한 관심사로 떠오르게 되었다. 언어의 다양성 문제가 문화 다양성의 기본 요소임을 확인하는 계기가 되었던 것이다.

3) 낙인찍힌 변두리 언어

지난 15세기 이후 문명과 야만이라는 이원적 사유가 지리 경계를 침탈하며 언어를 멸종으로 몰아넣는 핵심적 계기가 되어 왔다. 이러한 문명관은 나라 안으로도 서울과 지방(변두리)이라는 이분법적 구도를 굳혀 서울의 바깥을 단순한 변두리로 타자화함으로써 서울 중심의 표준화정책으로 일관하게 했다. 이러한 점은 평양의 말을 문화어로 옹립하여 민족적 대표성을 부여하고 있는 북한도 마찬가지이다. 그리고 일제 식민 기간 동안인 1933년 「조선어학회」(한글학회 전신)라는 민간 학술 단체가 제정한 '한글 맞춤법 통일안'은 국어사전 편찬을 위한 기획이었음에도 불구하고 국어의 지배적 규칙 혹은 틀로 고착됨으로써 국어 규범이 오히려 소통에 불편한 존재가 되었다. 또한 표준어와 방언의 관계가 좋고 나쁨의 잘못된 고정 관념으로 굳어지게 되었다. '한글 맞춤법 통일안'과 우리말 '큰사전'의 기초를 닦은 당시 환산 이윤재 선생이나 외솔 최현배 선생은 가능한 지역 방언을 최대한 조사하여 살려내려고 노력하였다. 환산은 지역 방언을 '전등어'(어원적 분화형)와 '각립어'(음운 분화형)로 구분하여 어원이 다른 전등어는 비록 서울의 말이 아니더라도 표준어로 살려 쓰기 위해 노력하였다. 그리고 최현배 선생은 『시골말 캐기 잡책』을 만들어 전국적인 규모의 조사를 시행하였다. 그러나 식민 상황에서 충분한 인력이나 조사

비용이 마련되지 않았기 때문에 완전한 성과를 거두지는 못했다.

1946년 이후 어문 규정을 국가가 관리하기 시작하였고 또 민간 출판사들이 만들었던 국어사전을 1999년 국가 사전인 『표준국어 대사전』으로 전환하면서 규범을 마치 국민들이 모두 이해해야 하는 전범으로 여기게 되었으며, 방언은 표준어에 비해 열등한 존재로 인식하도록 강요되었다. 국가 중심의 언어 관리는 철저하게 "오늘날 서울을 중심으로 한 교양인들의 말"을 근간으로 하고 있어 '표준어'의 권위는 더욱 견고해졌다. 다수의 규범주의자와 그들에게 매료된 학자들이 서울 언어는 '옳고', 지방의 언어는 '그름'으로 확연하게 편을 갈라놓았다.

결과적으로 지난 광복 이후 국어 어문정책은 민간과 정부의 협력 체계로부터 차츰 멀어지게 되었다. 전 세계적으로 한국의 '표준어'처럼 융통성 없는 국가 언어정책을 펼치는 나라는 어디에 서도 찾아 볼 수 없다. 우리나라의 '표준어' 개념 자체는 메이지 유신 이후 "일본 동경의 야마노테센(NR전철선) 내의 교양인의 말을 일본 표준어로 한다"는 근거 위에서 만들어졌다. 일본 동경 시의 규모가 확대되고 인구도 급격하게 증가함에 따라 1946년부터 일본의 표준어정책은 '동경 표준어'정책에서 '동경 공통어ª common language'로 급선회하였다. 그런데 한국은 1960년대 이후 산업화와 도시화의 과정에서 급팽창한 '서울' 지역의 외연과 그 속에 유동하며 살아가고 있는 '교양인'의 정체를 규정하기 어렵게 되었음에도 불구하고 우리 어문정책의 틀은 결국 한정된 '서울' 지역과 '교양인'으로 묶여 버린 것이다.

상대적으로, 풍부하고 다양한 방언은 열등한 것으로 비하되고 공익성이 없는 것으로 여기면서 「외래어 표기법」에 근거한 다량의 외국어 음차 표기를 대량으로 수용함으로써 한국어의 어휘 기반은 매우 혼란스러운 상황에 직면해 있다. 그러나 북한은 이러한 점에서는 비교적 자유롭다. 주체사상에 근거하여 방언이나 고유어 말 만들기에 정성과 공을 들였기 때문에 언어적 순결성은 남한을 능가한다. 나라 안의 구성원들이 사용하는 지역말을 내팽개치고 외국말을 대량으로 수용함으로써 자국 언어의 생성 능력이 급격하게 저하되는 결과를 낳은 것이다. 그 결과 우리 글자는 읽을 수 있지만 그 내용의 뜻을 파악하지 못하는 난독 현상이 확산되고 있다. 언어에 대한 왜곡 현상은 학습자 개인의 언어 습관의 문제에 국한되지 않고, 그들이 살아온 지역 문화에 대한 정체성 내지는 자긍심에도 영향을 미친다. 가공적으로 만들어진 표준어와 방언을 대립적인 관계로 고정시켜 온 우리 정부의 언어 기획, 이것이야말로 문화적 폭력이라고 하지 않을 수 없다.

언어에 담겨 있는 누적되어 온 체험적 언어 지식·정보가 얼마나 소중한지를 깨달아야 한다. 다양한 언어 자원의 붕괴는 언어의 우열성과 관계없이 인류가 축적해 온 인류의 지적 자산의 몰락으로 이어지게 된다. 문명과 야만, 지배와 피지배, 다수와 소수라는 대립의 문제가 결코 아니다. 변두리 사람이나 비록 소수인들이 나름대로 조화롭게 쌓아온 언어 지식·정보를 포기하거나 잃어버리는 일은 결국 인류 지식·정보의 부분적인 손실이라고 할 수 있다.

이리하여 한국어는 고유어를 기반으로 새말을 만들지 못하고 있다. 언중들이 스스로 다양한 말을 만들어 내는 신조어의 생산성이 증대될 때, 그 언어는 생존성이 보장된다고 할 수 있다. 최근 외국어와 전문 용어가 대량으로 밀려들어 오면서 일반 국민이 고유어로 된 새로운 말을 만드는 자생력이 떨어지고 있을 뿐만 아니라 지나친 규범의 통제 때문에 새로운 말을 만들어내는 기력이 쇠잔해진 감이 없지 않다. 리처드 엘리스가 쓰고 안소연이 옮긴 『멸종의 역사no turning back』(AGORA, 2006: 55)에서 "생태와 진화에 관한 다른 대부분의 문제들과 마찬가지로 멸종도 한 가지 원인만으로 일어나는 경우는 거의 없다. 멸종은 여러 가지 원인들, 그 원인들 간의 상호작용, 그리고 그로 인한 증가 효과 때문에 일어난다."라는 말처럼 우리말을 사용하고 있는 사람들이 생산해 내는 신조어의 기반이 고유어의 복합이나 합성 형식이 아니라 한자어와 외국어의 뒤섞임blending 방식으로 대량의 새로운 말을 만들어내고 있기 때문에 어느 시점에 가서는 고유어는 우리말 낱말 기반에서 영원히 도태되고 말 것이다. 문제는 우리 고유어가 자리 잡아야 할 자리에 한자어나 외국어가 생뚱맞게 들어와 그 둥지를 차지하도록 국어 어문 규범이 이를 부추기고 있다는 것이다.

쉬운 우리말을 버린 댓가: 언어 뒤섞임 현상과 난독증의 증가

제국주의-식민 시대의 언어정책은 억압과 굴종, 일방적 지배의 방식으로 진행되었다. 그 결과는 타자화한 피지배족의 언어나 변두리 언어의 몰락으로 이어졌다. 그런데 금세기 이후에는 언어 사용자 스스로 자본 중심의 우월한 언어에 자발적으로 가담하고 있다는 측면에서 차이를 보인다. 이와 함께 획기적인 정보통신

기술의 발달이 가져온 의사소통 방식의 변화가 이를 더욱 부추기고 있다. 지식·정보 생산성의 증가와 함께 유통 방식이 발달하면서 언어가 대량으로 뒤섞여 자본 중심의 언어로 집중되는 현상이 매우 뚜렷하게 나타나고 있다. 강압적 변화가 아닌 자발적 변화라는 점이 더욱 의미심장하다.

국가 간의 언어와 문자가 뒤섞이면서 개인의 지식·정보의 수준 차이에 따라 동일한 정보를 서로 다르게 해석하거나 그 내용을 파악하는 개별적인 능력 차이가 사회 계층적 차이로 양극화되고 있다. 글을 읽을 줄은 알지만 글에 실린 낱말이나 문맥의 의미를 파악하지 못하는 증상을 난독증이라 부른다. 의학적인 원인으로 난독증을 갖게 된 사람도 있지만 최근에는 복잡한 언어 환경과 개인 사이의 지식과 정보 격차 때문에 난독자가 늘어나고 있다. 난해한 한자어, 인터넷상의 외계 언어, 신조어, 외래어, 외국어 한글 표기, 약어, 전문 용어의 확대와 확산 때문에 개인적 소통 능력이 양극화되는 것은 분명 문제가 있다. 이 문제를 영어와 한자 중심으로 살펴보자.

1) 외국어의 한글 표기 문제

국제화와 서구를 기반으로 한 신지식의 팽창으로 인해 한국어는 외국어 한글표기와 약어, 신어, 콩글리쉬 등 외래적 요소와 심각하게 뒤섞이고 있다. 온라인 『표준국어대사전』에는 23,571개의 소위 표준어라고 말하는 외래어가 실려 있다. '아미돌amidol' (사진현상액), '가제(「독」Gaze)', '거즈gauze', '롱·홀long hole'(골프에서, 기준 타수打數가 5타인 홀), '루니크Lunik'(소련의 달 무인 탐사기), '서티thirty'(테니스에서, 그 게임의 두 번째 얻은 포인트. 30점을 이른다), '스토크스Stokes, Stokes'와 같은 외국어 한글 표기가 국어심의회의 외래어 심의 과정이라는 공적인 인증절차를 거치지 않고 『표준국어대사전』에 편찬자 임의로 올라 있다. 『표준국어대사전』에 23,571개의 어휘 가운데 50개 어휘를 임의 표본 추출 방식으로 선정하여 대학생 200명을 대상으로 인지율, 이해율, 사용율을 조사해 본 결과 1%에도 못 미치는 인지율 0.05%, 이해율 0.06%, 사용율 0.03%로 나타났다. '부추'의 방언형인 '솔', '정구지'는 없애야 할 한국어이면서 '아미돌', '가제', '거즈', '롱홀', '루니크', '서티', '스토크스'는 표준어라는 말이다. 국어정책의 내면에 깔려 있는 모순의 한 장면이다. 이러한 국어정책이 직접적으로 우리말의 생태 환경을 위협할 뿐만 아니라 국민들의 소통 능력을 현저하게 떨어뜨리는 요인으로 작용하고 있다.

현재 국어정책의 가장 핵심적인 문제 거리가 바로 「외래어 표기법」을 포함한 전문 용어에 관한 정책 대안을 제대로 제시하지 못하고 있다는 점이다. 그러는 사이에 한국어는 사용자의 지적 능력에 따라 소통의 차등성이 급격하게 벌어지고 있다. 이러한 문제를 해결하기 위해 2005년에 「국어기본법」과 「국어기본법시행령」에 정부 부처별로 전문 용어를 관리하도록 법률적으로 규정하였지만 현재 정부 부처 가운데 문화체육관광부와 몇몇 부처를 제외한 대부분의 부처가 이를 정부 과제로 채택하지 않고 있다. 법률이 규정한 것을 제대로 이행하지 않는 것은 분명히 국가의 신뢰 문제와 관계가 된다.

최근 우리나라는 신지식을 생산하는 데 몰두한 결과 지식·정보의 생산 기반은 비교적 튼튼해진 편이다. 대학 교수를 비롯해서 언론, 정부 관료, 연구기관을 통해 경쟁력 있는 지식·정보의 생산은 눈부시게 발전하고 있다. 그리고 외국의 논문이나 저술들을 대량 국내에 번역하여 소개하고 있으며, 아시아 문명권에서 생산된 한문 전적들의 번역사업으로 다량의 지식·정보가 물밀듯이 밀려들고 있다. 이처럼 생산된 지식들은 여기저기 논문이나 책갈피 속에 흩어져 있다. 쏟아지는 다량의 지식·정보를 일일이 제때에 다 수용하여 이해하기란 참 힘든 일이다.

요즘 등장하는 신조어나 SNS를 통해 생겨나는 신조어 가운데 우리말을 기반으로 한 어휘는 거의 없다고 해도 과언이 아니다. 외국 두문자 혹은 외국어의 일부와 한자어와의 조어력만 생존하고 있기 때문에 한국 고유어의 조어 능력은 이미 고갈된 상태나 다름이 없다. 그리하여 이른바 식자층과 무식층의 지식·정보의 양극화는 매우 **빠르게** 확산되고 있다. 지식·정보의 격차는 빈부의 양극화보다 더욱 심각한 문제이다.

2) 한자 교육과 한자 공용화의 문제

한동안 한글·한자 논쟁이 잠잠하다 싶더니, 최근 다시 한자 교육을 주장하는 관련 단체들이 연합하여 「국어기본법」이 위헌임을 주장하고 나섰다. 2012년 10월 23일 '어문정책정상화추진회'(회장 이한동 전 국무총리)가 주도하여 「국어기본법」이 위헌 소지가 있다며 위헌 소송을 제기하면서 다시 한자 한글 논쟁의 불을 붙인 것이다. '어문정책정상화추진회'라는 명칭에는 지금까지 국가 어문정책이 비정상적이었다는 전제가 깔려 있다. 곧 박정희 대통령의 한글 전용화 정책이 부당했으며, 2005년 노무현 대통령의 참여정부가 발의한 「국어기본법」이 전면 부당했다는 의미를 담고 있다.

이들이 낸 소원의 핵심 내용은 공문서 작성에서 한글을 전용토록 한 국어기본법이 한자 문화를 누릴 수 있는 행복 추구권을 침해하고 있으며, 교과용 도서에 한자를 싣지 못하게 함으로써 초·중등학교 학생들의 학습권과 부모의 자녀교육권을 제한하고 있다는 것이다. 소원 청구인들 가운데 시장에서 배추를 팔고 어물전에 생선을 파는 이웃 사람이나 시골 농촌에서 열심히 일하는 평범한 분들의 이름은 눈에 띄지 않는다. 다들 이름 깨나 알려진 인사들이다. 소송 제기를 한 분들은 모두 자기의 눈높이만으로 세상을 바라보는 분들이 아닐까? 아직 입시 지옥에서 벗어나지 못한 초중고 학교 아이들이 영어, 수학 등 과도한 학습 분량에 시달리고 있는 이 시점에서 다시 한자 교육을 부활함으로써 부과될 학습량은 얼마나 늘어날까? 학생들을 희생시킬 만한 가치가 있는가? 지난 조선조 선비들은 평생을 한문 공부를 해도 해결하지 못했는데, 한문 원전을 조금이라도 읽어 본 이라면 한자 몇 자 가르친다고 세상 달라지지 않는다는 것을 다 알 수 있는데 말이다.

한자 중심의 문자 생활은 문맹율을 높일 뿐이다. 1920~30년대에 조선일보와 동아일보는 대학생들을 모아 문맹퇴치운동을 펼쳤다.[4] 이 무렵 조선 사람의 90%가 한글을 읽지 못했다. 1945년

---

4) 1929년 7월 조선일보에서는 "아는 것이 힘, 배워야 산다"는 표어를 내걸고 '귀향 남녀 대학생 문자보급운동'을 시작했다. 방학을 맞아 귀향하는 학생들이 고향 사람들에게 한글을 가르치게 하자는 계몽운동이었다. 1929~

광복 당시 문맹률도 77.8%였다. 선거 때 후보자의 기호를 한글이
나 숫자가 아니라 작대기 수로 구분해야 할 정도였다. 1954~58년
정부에서도 대대적인 '전국문맹퇴치운동'을 벌였고 그 후 한글
전용화 정책과 초등학교 교육이 의무화되면서 문맹률은 1966년
80%, 1970년 70%, 1980년 5%, 2008년 1.7%로 급격히 떨어졌다.
그런 운동을 주도하던 우리나라 주요 언론사인 조선일보가 최근
「국어기본법」의 정신에 정면으로 맞서서 한자를 버젓이 쓰고 있
으나 어느 누구도 이의를 제기하지 못하고 있다.

국제적으로 문해력 증진은 사회 계층의 양극화를 막고 소통
능력을 증대시키는 기초적인 문화 복지 가운데 하나이다. 유엔개
발계획(UNDP) 조사에서 비문해자 평균 비율은 선진국 1.4%, 중
진국 9.9%, 후진국 39.2%였다. 우리도 선진국 수준에 거의 도달한
셈이다.[5] 그러나 낱글자는 읽을 수 있지만 문장 이해 능력이 거의
불가능한 난독율이 64.9%라는 것은 놀라운 사실이다. 비문해자
가 적은 나라가 반드시 선진국은 아니다. 미국은 영어 비문해자가
5%, 반문해자가 8%나 되지만 세계 최강국이다. 비문해자가 0.2%
인 쿠바가 5.6%인 싱가포르보다 선진국이라고 생각하는 사람은

1932년 3109명, 1934년에는 5078명의 학생이 참가했다. 조선일보는 『문자
보급반 한글원본』이라는 교재를 수백만 부 만들어 그들의 손에 쥐어 주었다.
동아일보도 1931년 '브나로드 운동'을 시작하며 문맹퇴치운동에 나섰다.
5) 국립국어원에서는 2008년 9~11월 사이에 임의 표본조사 방식으로 문해율
조사를 실시한 결과 우리나라 성인 기초 문해력(한글 해독 능력) 조사에서
1.7%가 글을 읽고 쓰지 못하는 비문해자로 나타났다. 이 조사는 신문기사,
공익광고, TV 프로그램 편성표 등을 놓고 선택형 25문항을 물었다. 비문해
자 비율은 70대 20.2%, 60대 4.6%, 50대 0.7%였지만 40대 이하는 거의
없었다.

없다. 한 나라가 후진국에서 벗어나려면 문맹율도 줄여야 하지만 선진국이 되려면 국민의 지적 수준을 높여야 한다. 국민들 간의 지식·정보의 소통력을 강화하는 일은 국민적 난독률을 줄이는 일에서부터 시작되어야 한다.

한자 해독 능력은 사용자의 지적 능력 차이에 따라 천차만별이다. 그렇지만 지금은 아무리 어려운 한자어라도 대부분 『표준국어대사전』에 그 표준 발음과 뜻풀이까지 다 실어놓았을 뿐만 아니라 주요 포털 사이트와 앱에서도 한자어 검색이 가능하다. 따라서 이젠 일반 국민에게 한자 학습과 한자 사용을 강요할 이유가 없다. 한자와 한문은 전문가에 의해서 연구될 수 있는 영역임을 잘 이해하고, 한문 번역 전문가를 집중 양성하고 우리의 전통 고전을 번역하도록 정부가 지원하는 계획을 수립하여 이를 실천하도록 지원해야 한다. 이미 사어가 된 한자어 교육을 부활하는 것은 퇴행적 방식인 동시에 비효율적이라는 점을 충분히 이해해야 한다. 세상을 이끌어 가는 지식인의 눈으로 보면 참 답답할 것이다. 그러나 이 세상은 지식인들만 사는 세상이 아닌 더불어 살아가는 사람들의 공동체가 아닌가.

국민들의 언어 소통 환경

수천 년 동안 한문과 한자를 차용한 문자생활, 곧 어문불일치라는 긴 시대를 거쳐 세종대왕이 창제한 '한글'이 전 국민의 소통 문자로 제자리를 잡기까지 국가 어문정책의 중요한 4대 내적 변화가 있었다.

첫째, 세종 25(1443)년 12월에 계층을 뛰어넘는 소통문자인 한글을 창제하였으나 사대주의에 빠져 있던 조선조 주류 계층의 사대부들에게는 철저하게 외면을 당하고 외연으로 밀려나 있었다.

둘째, 여성과 일반 백성들에 의해 그 명맥을 유지해 왔던 한글이 대한제국기, 갑오개혁(1894~1896)과 함께 고종 31(1894)년 11월 21일 공문서 관련 「칙령 1호 제14조」에 "법률 칙령, 국문으로써 본을 삼고 한문을 부차로 번역하여 국한문으로 혼용한다法律勅令, 總以國文爲本, 漢文附譯 或混用國漢文."라고 규정하였고, 이어 「칙령 86호」(고종 32＝1895)에는 "法律命令은 다 國文으로써 본을 삼고 漢譯을 附ᄒ며 或 國漢文을 混用홈(법률 명령은 다 국문으로서 기본을 삼고 한역을 붙이며 혹 국한문을 혼용함)"이라고 밝힘으로써 한글을 위주로 한 한글·한자공용화를 선언하였다. 말과 글이 달랐던 시대를 청산하고 소위 언문일치의 시대로 접어들게 된 것이다. 세종이 한글을 창제한 이후 450여 년이 지나서야 겨우 한자와 섞어 쓰기를 한 국한문혼용 시대를 열면서 한글이 공식적인 나라 글자로 인정을 받게 되었다.

셋째, 1933년 조선어학회에서 「한글맞춤법통일안」을 발표함으로써 한국인의 글쓰기의 규범이 [큰사전] 편찬을 통해 이루어졌다. 오늘날 4대 어문 규범의 기초인 「한글맞춤법통일안」은 민간단체의 힘으로 이룩한 성과였다. 그러나 식자들은 여전히 한자 사용을 고집하였다. 국한문혼용체는 1960년대까지 유지됨으로써 계층 간의 소통 문자는 한글, 한자, 영어 등 여러 나라 문자가 신문과 교과서 등에서 뒤섞여 있었다. 당시 우리의 글에 나타난 한자의 비율은 글쓴이의 한문과 한자의 지식수준에 따라 천차만별이어서 해방 직후인 1945년의 문맹율은 80%, 1961년에는 70%

에 달하였다. 한글을 읽을 수 있는 사람이 전 국민의 15~20% 정도밖에 되지 않았으니 한자가 섞인 국한문혼용체를 온전히 읽을 수 있는 국민은 10%에도 미치지 못하였다는 말이다. 물론 그 10%에 속하는 한자와 한문 해독자라 하더라도 그들의 한자와 한문 독해 능력의 차등은 엄청나게 컸던 것으로 보인다.

넷째, 1968년 10월 9일 한글날 기념식전에서 박정희 대통령이 1970년 1월 1일부터 전면 한글 전용화를 실시한다는 친필 담화문을 발표함으로써 교과서 및 공문서 한글 전용화가 전면 선포되었다. 한글 전용화를 법적으로 보장한 것은 한글 전용화 선언을 기조로 한 노무현 정부의 2005년 「국어기본법」(「법률 제11690호」) 및 「국어기본법시행령」이 발효되면서다. 이 법을 통해 비로소 '한글'이 나라 글자로 보장되었다.

우리나라에서 규범정책은 매우 복잡한 과정을 거쳐 정착했다. 1946년 이후 어문 규정의 관리권이 민간단체에서 정부로 이양된 뒤 문교부에서 문화부로, 다시 국립국어원에서 문화체육관광부로 옮겨짐으로써 규범의 시행과 관리에서 일관성을 잃어버렸을 뿐만 아니라 규범 내부의 문제점을 보완할 시점을 여러 차례 놓쳤다. 그리고 4대 규범의 개정과 재정의 시기 또한 달랐기 때문에 규범 내부의 모순점 또한 없지 않으며, 그 이후 제정된 「국어기본법」과 연계한 어문정책의 관리도 역시 부실하였다고 할 수 있다.

오늘날 마치 일반 국민이 국어 규범을 익혀야 하는 것으로 인식하게 한 사회 교육의 분위기는 분명 잘못된 것이다. 사전 중심의 교육과 학습 방법이 아니라 규범 중심의 초·중등 교육 방식에서 생겨난 기현상이다. 이와 같은 기이한 정책 수행 방식은 전 세계 어느 나라에서도 그 사례를 찾아 볼 수 없다. 국민들은 규범이 철저하게 반영된 사전을 통해 글쓰기와 의사소통에 어려움을 느끼지 않아야 하는데, 복잡한 규범을 학습하도록 관리한 것이 큰 문제였다. 결국 규범이 완전히 반영된 신뢰할 만한 사전이 없기 때문이라고 탓할 수도 있다. 하지만 영어사전은 소사전에서 대사전에 이르기까지 닳도록 드려다 보면서 정작 우리말의 표기법, 발음, 용례, 뜻풀이 등이 고스란히 담겨 있는 사전은 뒷전으로 밀려난 것이다. 자연히 사전에 실린 우리 고유어 낱말의 학습 기회가 그만큼 멀어짐으로써 우리말의 새로운 조어능력 또한 떨어질 수밖에 없는 결과를 낳았다. 어문 규범은 사전 편찬자들이나 어문 관계자들에게 매우 중요한 것임에 틀림없지만 이러한 규범을 국어사용자인 국민 전체에게 배워서 익히도록 함으로써 규범을 반영하고 있는 사전 학습과 멀어지게 되는 결과를 낳게 되었다. 지금이라도 교육부와 문화체육관광부가 협력하여 국가 규범사전인 『표준국어대사전』의 보완과 증보를 추진해 주기를 간곡히 희망한다.

1) 왜 쉬운 우리말 규범정책을 이행하지 못하나

한국의 '국어 규범정책'이란 국민들이 사용하는 말과 글의 통일과 발전을 위한 제반의 '언어 기획Language planning', '언어정책Language policy', '언어 사용 실태의 평가와 분석language use on the actual condition, research, analysis, evaluation'의 제 단계를 포괄하는 개념이다. 거시적으로 말하자면 첫째, 언어정책의 기획 단계, 둘째, 언어정책의 시행 운용의 단계, 셋째, 언어 사용 실태 조사와 평가 분석이라는 일련의 순환적 국어정책을 포괄한다. 협의의 개념으로는 국어정책의 시행 운용의 둘째 단계에 속하는 4대 어문 규정인 「맞춤법 통일안」, 「외래어 표기법」, 「표준어 규정」, 「로마자 표기법」과 이를 구현하고 있는 『표준국어대사전』의 관리와 운용 전반을 포함한다.

현재 국어 어문정책 관리의 모델은 2005년 이후 「국어기본법」과 「국어기본법시행령」이 제정된 이후 2009년부터 문화체육관광부가 주무 관리기관으로서 언어정책 기획 단계에서 정책의 시행과 운용 그리고 실태조사와 평가 분석의 전반적인 책임을 맡게 되었다. 그리고 국립국어원을 중심으로 4대 어문 규범 관리와 이를 구체적으로 구현하는 『표준국어대사전』의 관리 및 일부 언어정책 지원과 실태조사·평가·분석도 아울러 지원하는 방식이다.

언어정책 기획language planing은 정책 시행과 운용에서 나타나는 제반 문제에 대해 실태조사·평가·분석을 통해 능동적으로 대응해야 한다. 무엇보다 언어정책 기획은 국어의 소비자인 국민들을 기반으로 해야 하지만, 국민들의 성층은 매우 다양함으로 어떤 층위를 기준으로 할지 사려 깊은 언어철학적인 사유가 필요하다. 특히 규범정책의 시행 운용을 전담하고 있는 국립국어원은 그 책무가 매우 크며, 동시에 그 책임에 대한 비판을 피할 수 없는 기관이라고 할 수 있다. 거시적인 국어 규범정책 수립에서 실태조사와 평가 분석에 이르기까지 대학의 전문가들과 협력하는 관계도 매우 중요한 하나의 축을 이루고 있다.

국민들의 안정된 의사소통을 위해서는 어문정책 관리의 순환적 모델(〈그림 1〉)에 입각하여 연속적인 안정성과 발전을 향한 노력을 이어가야 한다. 정책 기획의 단계에서는 반드시 실태조사의 결과를 토대로 하여 한 단계 발전적인 방향으로 순환하는 정책 설계가 이루어져야 한다. 현재 「국어기본법」과 「국어기본법시행령」의 법령에 따라 국어의 규범 관리 체계는 비교적 안정된 상태이다.

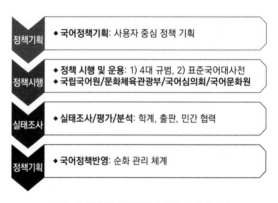

정책기획 ◆ 국어정책기획: 사용자 중심 정책 기획

정책시행 ◆ 정책 시행 및 운용: 1) 4대 규범, 2) 표준국어대사전
◆ 국립국어원/문화체육관광부/국어심의회/국어문화원

실태조사 ◆ 실태조사/평가/분석: 학계, 출판, 민간 협력

정책기획 ◆ 국어정책반영: 순환 관리 체계

〈그림 1〉 한국의 어문정책의 순환적 관리 체계

　결국 언어정책의 기획과 언어정책의 관리라는 문제가 무엇보다도 중요한 몫을 차지하고 있는데 정책과 관리의 연속성, 안정성, 책임성의 소재가 불분명해지면 정책의 효용성이 떨어질 수밖에 없다. 앞에서 살펴본 한글 기반 언어 소통의 변화에 따른 효율적 정책 수행이 날로 더 중요해짐에도 불구하고 정책 결정자나 학계, 그리고 일반 국민들은 그 문제의 중요성을 외면하고 있다. 국어정책을 관장하고 있는 문화체육관광부의 행정 담당자들이 과연 어문정책에 전문가인가? 관련 위원회 구성이라는 방식으로 어문정책을 통괄하는 방식은 비효율적이며, 지속성도 약하고 책임 소재

역시 대단히 불분명하다. 「국어기본법」에 따라 2년마다 국회 문광위원회에 국어정책과 시행 전반에 대한 보고를 하도록 규정하고 있지만 국회의 전문성이 떨어지기 때문에 실질적인 관리나 감시 기능이 현저하게 약할 수밖에 없다. 따라서 법률적 근거가 비록 없다고 하더라도 학회나 학자들의 외연적 평가를 정례화하여 정부기관에 실질적인 정책 보완과 평가를 지원해야 할 것이다.

국어정책은 이러한 체계 모델 및 운용의 결과와는 별개로 어문환경 변화, 어문 규범의 역사적 변화, 국정 기조와의 관련성 등의 외연적 요인에 따라 변화할 개연성이 매우 높다고 할 수 있다. 현재 구축되어 있는 국어정책의 순환적 모델을 활용한 국어정책이 입안되었는지, 잘 진행되고 있는지에 대한 평가는 유보하더라도 몇 가지 문제점이 없지 않다. 이 문제점에 대한 것은 3~4에서 논의할 것이다.

결국 아무리 훌륭한 어문정책 관리 체계를 갖추고 있다고 하더라도 끊임없이 변화하는 어문 환경에 능동적으로 대처할 준비가 되어 있지 않으면 무용지물이 된다. 정부와 학계가 긴밀하게 정책 운용을 정밀히 진단하고, 좀 더 쉽고 편리하게 국민들의 어문 환경을 운용할 수 있는 전략적인 방안을 끊임없이 연구하고 지원해야 한다. 그와 아울러 정책의 입안자나 수행자, 평가자 모두 국어의 생존과 생태 환경을 고려한 언어철학적 성찰을 해야 한다.

결론적으로 국어정책의 안정성과 지속성을 유지하기 위해서는 프랑스의 언어총국(DGLFLF)과 같은 범정부 부처를 통괄할 수 있는 대통령 직속 「한국어위원회」를 설치할 필요가 있다. 이 위원회를 통해 국가 어문정책을 포함한 한국어 해외 보급사업 등 포괄적인 어문정책을 통괄하고 조정하는 기능을 갖추어야 할 것이다.

규범과 사전의 뒤집힌 관계

국어 관리를 위한 4대 어문 규정에는 「한글 맞춤법」, 「외래어 표기법」, 「표준어 규정」, 「로마자 표기법」이 있다. 이들 4대 어문 규범의 내부적인 문제는 국민들과 외국인 한국어 학습자들의 언어생활과 매우 밀접한 관계를 갖고 있다. 따라서 규범 내용은 매우 정교하면서도 배우기 쉽고 사용하기에 편해야 하는 동시에 말과 글의 생태적 기반을 튼튼하게 하는 근거가 되어야 할 것이다. 그러나 이 4대 규범은 제정 시기와 개정을 여러 차례 거듭하면서 생긴 내용의 모순이 있고, 지나치게 어렵다는 비판도 받아왔다. 이 규범은 반듯한 사전(온라인 사전 포함)을 통해 구현됨으로써 국민 들은 규범의 내용을 모르더라도 사전을 통해 규범을 체현할 수 있도록 해야 하는데, 지금까지는 사전보다 난해한 규범 학습이 우선되어 왔다. 규범을 반영하는 국가 사전인 『표준국어대사전』이 부실했기 때문에 사전과 규범이 따로 따로 구분되어 국어사전은 외면당하고 전문가용인 규범을 학습하는 비정상적인 어문 환경이 정착된 것이다. 이러한 기이한 어문 환경은 국가의 언어정책(『표준국어대사전』)의 불완전성과 초·중등학교 국어과 교육에서 생겨난 결과라고 할 수 있다.

이처럼 국가의 어문정책은 모든 국어사용자에게 직접적인 영향을 미친다는 면에서 그 중요함에 대해 아무리 강조를 해도 지나침이 없다. 한국어사용자뿐만 아니라 국가 언어로 표현되는 다양한 지식 관리 영역과 긴밀한 연관성을 맺고 있기 때문에 국어

정책의 방향 설정과 그 운용 과정은 매우 신중하게 하지 않을 수 없다. 최근 밖으로는 한국어를 배우고자 하는 외국인들의 숫자가 급격하게 늘어나고 있으며, 안으로는 다문화 사회로 진입하면서 한국어정책의 중요성은 더욱 가중되고 있음에도 불구하고 그런 현실에 대한 인식과 대처하는 능력은 매우 뒤떨어져 있다.

언어는 단일하게 고정된 성전과 같은 것이 아니라 장소나 상황에 따라 다양하게 달라지는 인간 행위의 일부임을 인정하는 것, 이게 바로 언어 다양성을 유지하려는 진정한 태도이다. 국어의 기반에는 한자어가 약 60%를 차지하고 있으며, 1960년대 이후 물밀 듯이 밀려들고 있는 외국어 한글 표기, 외래어, 외래어의 혼효된 낱말 등의 영향으로 한국어는 이미 자메이카의 크레올과 유사한 혼종 언어heterogeneity language로 변할 수 있는 상황이다. 우리말이 순수하다고 고집하면서 순혈주의 방식으로 유지하기란 거의 불가능하다. 우리말의 고유어를 유지하고 발전시키려는 노력의 일환으로 한 때 국어순화운동이라는 이름으로 혹은 국립국어원에서 외래어 순화를 위한 노력을 하였지만 이미 언중들은 외면하고 있는 것이 우리의 현실이다. 그런데 우리말의 육성과 발전이 어문정책의 기조에서 매우 중요함에도 이에 대한 성찰과 실천을 제대로 하지 못했다. 그리하여 표준어를 규정하는 국어규범이 도리어 우리말 다양성을 훼손하는 결과를 낳게 되었다. 4대 어문 규정의 내부적 문제에 대해서는 별도로 하고 쉬운 우리말 소통 환경 개선이라는 차원에서, 그리고 우리말의 생태적 유지라는 측면에서 몇 가지 핵심적인 논점인 띄어쓰기와 사잇소리와 같은 규범의 문제점을 검토해 보기로 한다.

띄어쓰기 규정의 문제점

「한글 맞춤법」 제1장 총칙 제3항에는 "문장의 각 낱말은 띄어 씀을 원칙으로 한다."라고 규정해 놓고는 세부 규정 제5장에는 '띄어쓰기' 규정을 제1절 조사, 제2절 의존명사, 단위를 나타내는 명사 및 열거하는 말 등, 제3절 보조용언, 제4절 고유명사 및 전문 용어의 띄어쓰기 세부 규정을 제시하고 있다. 이 띄어쓰기 규정이 우리말의 조어력을 간접적으로 약화시키는 매우 중요한 요인으로 작용하고 있다.

첫째, 현행 띄어쓰기 규정에는 복합어나 합성어의 낱말 붙여 쓰기에 대한 명확한 세부규정이 없기 때문에 새로운 조어 생성에 장애가 된다. 예를 들면 "순색의 빛깔 이름은 주로 붙여 쓰고, 외래어나 순색이 아닌 것은 띄어 쓰는 것을 기본으로 한다."는 규정은 '치자색, 바다색, 복숭앗빛'은 붙여 쓰지만 '치자 빛, 바다 빛, 복숭아 색, 살구 색, 살구 빛'은 띄어 쓰도록 하고 있다. 물론 의미 단위로 붙여 쓰기를 하면 사전의 복합어나 합성어 올림말이 넘쳐난다는 문제점이 없지 않지만 이를 어문 규범으로 해설을 하자니 밑도 끝도 없이 복잡한 설명이 필요한 것이다. 이처럼 국 어 규범이 우리말 생산력을 억제하는 역기능으로 작용함으로써 고유어를 활용하는 조어력이 급격하게 떨어지고 있다. 현재 띄어 쓰도록 규정하고 있는 '치자 빛, 바다 빛, 복숭아 색, 살구 색, 살구 빛'은 관형어의 수식어가 '치자'와 '빛', '복숭아'와 '색'에 분리되 지 않는다. 곧 '붉은+복숭아 색'의 구성에서 '붉은'이 '복숭아'에 만 수식하는 것이 아니라 '복숭아색' 전체이기 때문에 한 단어로 인정되어야 할 것이다. 대상이 있는 합성어와 복합어는 가급적

붙여 쓰기를 함으로써 우리 고유어의 조어능력이 강화될 수 있다.

둘째, 제50항 "전문 용어는 낱말별로 띄어 씀을 원칙으로 하되, 붙여 쓸 수 있다."라는 규정은 모순이 있다. 간단명료해야 할 어문규정이 있으나마나한 꼴이 된 것이다. '한국어', '중국어', '일본어', '영어'와 같이 한자어로 복합된 말은 붙여 쓰지만 '아랍어', '히브리어', '키큐어', '뱅갈어', '바스크어', '유키어', '와포어', 엘살바도르에서 사어로 알려졌던 '카코페라라어'와 같이 원어와 한자어로 복합된 낱말은 띄어 쓰도록 되어 있다. '동해', '남해', '서해', '지중해', '북해', '남중국해', '흑해', '홍해'와 같이 '해海'와 결합하는 복합어도 마찬가지로 붙여 쓰지만 '에게 해', '발트 해', '카스피 해', '오만 해', '카리브 해'와 같이 외국어와 한자가 복합된 낱말은 전부 별개의 낱말로 인정하여 띄어 쓰도록 한 규정을 확대 해석한 결과, 사전 편찬자가 임의로 띄어쓰기를 사전에 그대로 반영하고 있다.6) 새롭게 생산되는 조어 양식을 국어 전문가의 안목으로 고유어와 한자의 복합, 고유어와 외국어의 복합, 한자어와 외국어의 복합 양식으로 구분하여 새로운 낱말임에도 불구하고 별개의 낱말로 분리시킴으로써 새롭게 늘어나야 할 고유한 낱말을 인위적으로 억제하고 있다. 규범이 자국어의 생태 조절의 균형적 역할을 할 수 있도록 바꿔야 할 대목이다.

셋째, 한자어와 외국어 우위의 표준화정책이 문제다. 1988년 개정된 표준어 규정(제22항)은 "고유어 계열의 낱말이 생명력을 잃고 그에 대응되는 한자어 계열의 낱말이 널리 쓰이면 한자어

---

6) 문화체육관광부 고시 제2017-14호 「외래어 표기법」에 전면 수정되었다.

계열의 낱말로 표준을 삼는다."라고 규정하고 있다. 어문정책을 어떻게 규범 사전에서 구현하는가에 따라 고유어를 대량 학살할 위험성이 있음을 알려주는 사례 중에는 식물 이름들이 많이 있다. '노야기'를 '향유鄕薷'에, '함박꽃'을 '모란牧丹'에, '뱀풀'을 '금불초'에, '암눈비앗'을 '익모초益母草'에 뜻풀이를 함으로써 고유 낱말의 자리에 한자어가 들어오도록 만든 결과 고유 낱말은 자꾸 사라지고 있다. 상사화의 다른 이름인 '부활꽃'이라는 낱말은 사전에서 찾아 볼 수 없으며, 이것을 지방에 따라 '개난초'라고 부르는데 이 '개난초'의 뜻풀이를 '상사화의 잘못'으로 기술하는 오류를 범하기도 한다. 한자어 대신에 영어가 그 자리를 차지할 날이 멀지 않을 것이다.

국어 관리를 위한 4대 어문 규정에 대해 전면 재검토를 할 시기이다. 규범이 안고 있는 내부적 모순점이나 규범과 『표준국어대사전』을 연계하여 국민들로부터 신뢰를 받을 수 있는 기반을 점검해 주기를 바란다.[7]

---

7) 이윤옥(2013: 97)의 「오염된 국어사전: 표준국어대사전을 비판한다」에서 국가 사전으로 편찬된 사전 내용에 혹독한 비판과 함께 그 사전을 관리하는 국가기관인 국립국어원의 직원들의 안일하고도 무책임한 대응에 대해 냉정하게 꼬집고 있다. 그 내용 가운데 우리나라 토착 고유종인 '금강초롱'을 일제강점기에 일본 식물분류학자인 나카이 다케노신(中井猛之進, 1882~1952)이 당시 조선총독부 초대 공사 데라우찌 마사타케(寺內正毅, 1852~1919)의 이름 글자를 따서 '사내초(寺內草)'라 명명하여 헌사하였다. 그 '금강초롱'의 뜻풀이를 보면 더욱 가관이다. 일본의 『광사전』의 뜻풀이를 그대로 옮겨 놓았다. 『표준국어대사전』을 만들 당시 기존의 사전류를 모아 낱말 카드로 만들어 이리저리 짜깁기를 하는 과정에서 일본 사전을 그대로 베낀 것을 삭제하지 않은 채 방치해온 결과이다. 만일 일본에서 지적저작권 문제로 제소를 한다면 국제적 망신을 당할 수 있다. 개인 출판사가 아닌 정부 주도로 만든 대표적 사전이 이런 모습이다.

너무 어려운 외래어 표기법

4대 어문 규정 가운데 「외래어 표기법」이 가장 문제가 많다. 「외래어 표기법」에 따른 '외래어'의 규정이 안고 있는 내부의 문제점과 이를 관리하는 데 거의 손을 놓고 있기 때문이다.

첫째, '외래어'와 '외국어 한글표기'의 경계가 무너져 있다. 외래어는 "「외래어 표기법」에 따라 적은 것"으로 규정하고 있으나 그럼으로써 외국어를 한글로 적은 것도 모두 외래어가 된다는 말이다. "아이 엠어 보이(I am a boy)"의 '아이'가 외래어인가? 현행 「외래어 표기법」이 「외래어 표기법」인지 '외국어 한글 표기법'인지 구분할 수 없을 뿐만 아니라 규범의 내용이 너무 어렵고 복잡하여 사용자층에서는 많은 혼란과 불편을 느끼고 있다.

둘째, '외국어 한글표기' 가운데 표준어로서의 외래어는 "외래어는 따로 사정한다"고 규정하고 있으나 지금까지 사정 원칙이 없을 뿐만 아니라 합법적인 사정 절차를 거친 경우가 없었다. 『표준국어대사전』에 실려 있는 2만여 개의 소위 말하는 외래어는 편찬자들이 임의로 수용한 것이다. 이것이 외국어 한글 표기나 외국어 혼종어가 대량으로 늘어나게 되는 결정적인 요인이 되었다. 국어 어문 규범이 정해 놓은 절차를 제대로 관리하지 않은 점도 문제이지만 외래어를 관리하는 사정 원칙이나 지침이 없는 상황이다. 엄밀한 의미로 말하자면 현행의 「외래어 표기법」은 '외국어 한글 표기법'이라고 말해야 옳은 것이다.

셋째, 「외래어 표기법」은 표기 기준인 음성 전사phonetic transcription만 있어도 가능한데, 18개 국가별 철자 전사spelling transcription와 23개 국가별 철자 전사 세칙이 마련되어 전문가조차도 이 23개 국가의 「외래어 표기법」을 숙지하고 있는 사람이 거의 없다. 「외래어 표기법」은 총칙 제1조에서 밝혀 두었듯이 원음에 충실하게 표기하되 제한된 한글 자모에 따라 적기 위해서는 국제음성부호(IPA)와 대응 한글 문자표만 있으면 충분하다. 이것을 국가별 철자 전사로 하니까 난해하기도 하지만 원음에서 멀어지는 사례가 나타나고 있다.[8] 최근에 자주 사용되고 있는 '콘텐츠contents'는 자모 전사 방식이라면 음성 전사 방식으로는 '컨텐츠'에 가깝다. 『표준국어대사전』에서의 올림말은 '콘텐츠'로 고정해 두었으나 일반 대중들은 '컨텐츠'를 선호하고 있다.

넷째, 「외래어 표기법」의 용례로 실려 있는 18개국 국가별 표기에 실린 1,432개의 용례 가운데 『표준국어대사전』에 실려 있는 어휘는 단지 154개에 불과하다. 규범과 국가 규범 사전과의 관계의 모순성을 단적으로 말해주는 사례이다. 규범의 용례로 실린, 곧 표준어로 인정한다는 외래 낱말이 『표준국어대사전』에는 실려 있지 않다.

다섯째, 현재 『표준국어대사전』에서는 약 2만 5천여 개의 외래어가 실려 있으나 이 외래어를 사정절차 없이 사전 편찬자 임의로 등재함으로써 일반 국민들이 이 외국어음차 표기가 외래어인지

---

8) 「외래어 표기법」 제3장 표기 세칙은 현재 21개 국가별로 구분하여 밝혀두고 있다. 제1절 영어, 제2절 독일어, 제3절 프랑스어의 표기는 제2장의 표기 일람표에는 제외되어 있다. 종래의 국제 음성 기호와 한글 대조표에 따라 표기하도록 했지만 다시 철자 전사에 필요한 세부적인 세칙을 마련한 셈이다. 그러나 이 부분이 바로 문제가 된다. 국제 음성 기호와 한글 대조는 IPA음성부호를 한글 자모로 전환하는 것이기 때문에 음성 전사(Phonetic transcription) 방식이다. 그런데 표기 세칙은 다시 자모 전사법이므로 일관성의 문제가 제기될 수 있는 것이다.

또 그 뜻이 무엇인지 제대로 이해하는 사람이 매우 적다.

여섯째, 「외래어 표기법」의 내부 규정이 한글 24자모로만 표기하도록 규정하고 있으나 실제로는 붙임에 있는 16자가지 포함되어 있어 내부 모순을 안고 있다. 그리고 파열음 표기를 동남아 3개 국어 표기에만 인정함으로써 원칙과 세칙 간의 모순이 노정되어 있다. 그 외에도 중국어 표기법(병음표기, 웨이드식표음 표기)이나 세르보크로아트어(국가 분리) 표기법은 현실 변화를 반영하지 못한 사문화된 규정에 다름 아니다.

일곱째, 「외래어 표기법」의 용례 가운데 'september'를 국가별 표기 용례로 넣어 '셉템베르', '셉템버' 등을 표준어로 인정하고 있는 모순을 아직 개정하지 못하고 있다. 이 규정대로 한다면 12달의 명칭만 해도 전 세계 외래어 표기법 사전 한권이 만들어져야 할 것 아닌가?

여덟째, 인명 지명 표기법을 별도로 만들어 중국을 포함한 외래어의 표기에 심각한 문제점이 노출되었다. 우리나라나 중국 사서에 기록된 만주, 여진, 몽골, 투르크, 티베트, 위굴 등의 동아시아 제국의 말을 중국식 한자어로 표기한 예가 매우 많이 있다.9) 신해혁명 이전의 인명이나 지명은 한국 한자음으로 읽도록 규정함으로써 한자어로 표기되어 있으나 몽고, 만주, 여진 인명이나 지명

---

9) '奚灘何郞哈'를 '해탄하랑합'으로 '古倫孛里'를 '고륜패리'로 '古倫豆闌帖木兒'를 '고륜두란첩목아'처럼 한자음 그대로 읽으면 되는가? 『용비어천가』에서 이미 '奚灘何郞哈'를 '히·탄하랑·캐'로 '古倫孛里'를 '고·론보리'로 '古倫豆闌帖木兒'를 '고·론두란터물'로 표기한 사례가 있다. 한글의 위대한 표음 기능의 힘을 말해 주고 있다. 당시 동아시아 주변 국가들의 외래어를 한글로 표음할 수 있는 탁월함을 보여준 사례이다.

표기가 얼마나 혼란스러운지 모른다. 『표준국어대사전』에 '징기스 칸'의 내용이 "① '징기스 칸(Jinghis Khan)' 「인명」 → 칭기즈 칸. ② 성길사-한(成吉思汗) (명) 「인명」 '칭기즈 칸'의 음역어."로 되어 있으나 ① '징기스 칸(Jinghis Khan)'의 뜻풀이로 되어 있는 '칭기즈 칸'은 올림말에 누락되어 있다. 이러한 인명이나 지명 표기의 표준화가 제대로 되지 않는 분명한 모순을 쉽게 찾아 볼 수 있다.

아홉째, 「외래어 표기법」의 국가별 표기 원칙은 앞으로 무한히 늘어나야 할 상황에 놓여 있다. 국가별 역사적 변천 과정을 고려한다면 중국어 표기법 안에 몽고 표기법, 여진어 표기법, 거란 표기법 원대 표기법, 청대 표기법 등이 무수히 늘어나야 할 것이다. 가까운 일본에서는 '금사', '원사', '청사'에 나타나는 인명 지명 표기 통일안을 만들어 언어 사용에 혼란을 막고 있다. 우리나라 사서에 나타나는 몽고나 만주 여진의 지명이나 인명은 「외래어 표기법」과는 별도로 정제화해 나가야 할 것이며 나아가서는 유럽 지역 또한 마찬가지이다.

이상에서 살펴본 바와 같이 「외래어 표기법」이 안고 있는 근본적인 문제를 근거로 하여 「외래어 표기법」의 미래 발전 방안을 요약하면 다음과 같다.

첫째, 「외래어 표기법」은 한국어를 사용하는 사람들을 위한 규범이다. 최근 국제화 시대를 맞이하여 더욱 개방적인 규범으로 변모시킬 필요가 있다. 곧 한국인뿐만 아니라 한국어를 사용하는 모든 사람들에게 좀 더 정확한 소통이 이루어질 수 있도록 표준화해야 한다. 그러나 「외래어 표기법」은 국가별로 너무 미시적으로 만들었기 때문에 국내인은 물론 한국어를 배우는 초보자에게는 너무나 어렵다. 실제로 국가별 철자 대응 표기법은 전혀 필요 없는 규정이다. 음성 표기 규정만으로 가능함에도 불구하고 외래어 표기법의 기능 분담량이 너무나 비대해져 있다.

둘째, 국어 규범이 그러하듯이 「외래어 표기법」도 실용주의적인 바탕에서 짜야 한다. 사용자가 좀 더 알기 쉽고 사용하기에 편리하도록 통일적으로 구성되어야 한다. 현행 「외래어 표기법」은 19가지의 국가별 표기 일람표와 21개국의 표기 세칙으로 구성되어 있기 때문에 일반 국민들이 이해하고 사용하기에는 너무나 난해하고 부담이 크다. 국제 교류가 확대됨에 따라 표기 일람표와 표기 세칙은 끝없이 늘어나게 될 것이다. 이 「외래어 표기법」은 전문가용으로만 운용하도록 하고, 별도의 외래어 및 외국어 한글 표기를 관리해야 하며 동시에 이들을 모아 별도의 사전을 만들어 지원해야 할 것이다.

셋째, 한국어의 생태 환경을 전제로 하여야 한다. 물밀듯이 밀려드는 외래어나 외국어가 우리말의 실질형태소 부분을 다 차지하는 경우 한국어는 다시 이두어로 전락하게 될 것이다. 외국어를 국어로 표기할 때 사용자들이 좀 더 알기 쉽게 하기 위해 「외래어 표기법」의 규범에 따라 표기한다고 하지만, 현행 규범을 수용하면 결국 모어의 기반은 외래어나 외국어로 가득 차게 될 것이다. 이러한 상황을 극복하기 위해 국립국어원에서는 국어 순화운동의 차원에서 「외래어 다듬기」를 지속적으로 하고 있지만 별 효과를 얻지 못하고 있는 실정이다. 외국어 한글 표기 가운데 사용도가 높은 것을 선별하여 표준어로 인정하는 절차적 과정을 엄격하게 거쳐야 할 것이다. 그리고 다양한 외국어 한글 표기는 별도의 기반 사전base dictionary을 만들어 관리할 대상이다.

넷째, 「외래어 표기법」에 적용된 외래어를 어디까지 허용하는가는 매우 난해한 문제이다. 국어심의회에서 사정한 것만을 외래어로 인정한다고 하더라도 그 사정 기준이나 절차가 명확하지 않다. 또한 『표준국어대사전』에 올림말로 실린 것을 준거로 하려 해도 외래어와 외국어 음차 표기가 뒤섞여 있고 심지어는 규범집인 「외래어 표기법」에 예시한 예들조차도 외래어와 외국어 음차 표기를 구분할 수 없다. 정부에서 발표한 [외래어표기 용례집]의 예들도 정부언론외래어공동심의회를 거친 자료일 뿐 국어심의회에서 일일이 사정한 자료가 아니다. 일본 국립국어연구소에서는 「외래어 위원회」를 구성하여 외국어를 음차 표기한 외래어에 대한 사용자 연령별로 '인지율', '이해율', '사용률'을 조사하여 발표하거나 신문 등 공공매체에서의 외래어 사용 실태를 지속적으로 조사하여 외래어를 순화하는 노력을 하고 있다. 따라서 끊임없이 '인지율', '이해율', '사용률'을 근거로 외국어 한글 표기의 실태를 조사하여 그 결과를 가지고 사용율이 현저한 것만 선택, 외래어로 인정해야 할 것이다.

다섯째, 외래어 표기는 현행 한글 문자의 범위 내에서 이루어져야 한다. 외래어 표기에서는 원음에 가깝게 표기하는 것이 기본 원칙이지만 나라마다 음소체계가 다르기 때문에 이를 완벽하게 표기하는 일은 거의 불가능하다. 새로운 제한적 음성 전사restrictively phonetic transcription를 할 수 있는 새로운 문자를 만들거나 고어를 사용하여 원음에 가깝게 표기하자고 주장하는 이들이 있으나 이 문제는 신중하게 대처해야 한다.

　여섯째, 외래어의 범위가 대폭 확충되고 있다. 일상생활에서 사용되는 외래어, 전문 용어(학술 용어), 약어, 외래어나 외국어의 요소와 결합한 신조어 등 우리말과 외국어의 혼종화 현상은 날이 갈수록 매우 복잡한 양상을 띠고 있다. 안정효는『가짜 영어사전』(현암사, 2006)에서 국적 불명의 한국식 영어 조어형에 의해 유통되는 영어 음차 표기의 심각한 문제점을 제기하고 있다. 「외래어 표기법」을 현실에 맞게 전환하고 그 가운데 이미 우리말의 일부가 된 '외래어'만 엄선하여 표준어의 일부로 삼는 좀 더 정밀한 한국어 어문관리정책이 필요하다.

　일곱째, 이미 「외래어 표기법」에 예시하고 있는 많은 사례들 중 외래어로 굳어지지 않은 외국어 '캣cat, 셋백setback, 메르트mert' 등의 사례들은 아직 동화되지 않은 외국어 한글표기인 것이다. '외래어'와 '외국어'는 표기문자에 따라 구분되지만 외국어를 한글로 전사한 경우 어디까지 우리말로 동화된 외래어인지 구분하지 않고 있다. 다만 국어심의회에서 심의를 거쳐 사정한 것만 외래어로 인정하도록 규정하고 있다. 그러나 "어떤 외국어 낱말을 우리말의 문맥 속에서 우리가 말을 하거나 일단 우리 글자로 적으면 이미 동화의 단계는 시작된 것이라 할 수 있다."는 관점에서는 외국어를 외래어 표기법에 따라 표기하기만 하면 모두 외래어로 받아들이는 데에 더욱 더 큰 문제가 있다. 언론이나 정부에서도 거침없이 외국어 음차 표기를 대량으로 사용함으로써 한국어 생태의 기반을 흔들고 있다. 이를 규제해야 한다.

　「외래어 표기법」은 기본적으로 외국의 생활 및 지식·정보를 이해하는 데 더욱 쉽게 다가갈 수 있도록 외국어를 한글로 표음하거나 우리말로 순화하는 원리를 규정하는 내용이라고 할 수 있다. 외래어를 관리하는 어문 규범인 「외래어 표기법」 제정의 기본 정신을 명확하게 해야 할 것이다.

전문 용어의 국민 지식의 양극화

1960~1970년대를 경계로 하여 외래어 정책 환경이 크게 변화되었다. 국제적인 인적, 물적, 학술적 교류의 증가에 따라 '생활(일반)외래어'에 대한 정책에서 '전문외래어'의 정책으로 국가정책 기반이 바뀌어야 한다는 관점이 나타났다. 그러므로 「국어기본법」과 「국어기본법 시행령」에서 전문 용어의 표준화와 관리체계로 그 기본 시각을 옮긴 것은 매우 적절했다고 판단된다. '생활(일반)외래어'의 관리정책이 위세적인 동기로 사용하는 '잉여 외래어'를 최소화하여 한국어의 혼종화 현상을 막는데 초점이 놓였다면 '필요 외래어'가 급증하는 시대에 학술 전문 용어나 외국 상품, 약어 외래어 등의 관리를 효율적으로 하는 방안으로 외래어 관리정책의 큰 틀을 바꾸어야 한다. 그런데 현행 「외래어 표기법」으로만 엄청나게 늘어나는 외래어 및 전문 용어, 신조어 등의 관리를 수행하기에는 매우 부족하다.

『표준국어대사전』에서는 전문어(전문 용어)를 59개 영역으로 구분하고 있다. 외국 문물을 수용하지 않을 수 없는 상황에서 늘어나는 전문 용어를 외국어 원어 그대로 수용하고 있기 때문에 국민 소통의 원활함을 지원하기 위해서는 이에 대한 관리가 매우 중요하다. 「국어기본법」 제17조 (전문 용어의 표준화 등)에는 "국가는 국민이 각 분야의 전문 용어를 쉽고 편리하게 사용할 수 있도록 표준화하고 체계화하여 보급하여야 한다."라고 규정하고 있으며, 동 규범에 따라 「국어기본법 시행령」 제12조 (전문 용어의 표준화 등)에는 매우 분명한 관리 체계에 대한 내용을 규정하고 있다. 곧 전문 용어의 표준화와 체계화를 위해 중앙행정기관에는 5인 이상 20인 이하의 위원으로 구성되는 "전문용어표준화협의회"를 두도록 명시하고 있다. 「국어기본법 시행령」 제12조 제3항의 ⑤에 따라 문화체육관광부장관은 학술단체 및 사회단체 등 민간부문에서 심의 요청한 관련 분야의 전문 용어 표준안에 대하여 국어심의회의 심의를 거쳐 확정하고 확정안을 고시할 수 있다. 그러나 「국어기본법 시행령」이 발효된 지 상당한 기간이 지났지만 아직 정부 부처가운데 "전문용어표준화협의회"를 운영하는 부처는 문화체육관광부 이외에는 없는 것으로 알고 있다. 정부 부처 간 "전문용어표준화협의회"를 두도록 하고 있음에도 불구하고 이를 시행하지 않고 있다.

여러 학문 분야별로 밀려들어 오는 외국어로 된 전문 용어(학술 용어, 상품명, 약어 등)를 우리말로 번역하거나 원어 그대로 음차표기를 하여 사용함으로써 맞춤법, 띄어쓰기, 표기법 규범에 어긋날 뿐더러 표기법이 통일이 되지 않아 매우 혼란스럽다. 전문 용어의 관리시스템은 국립국어원이 담당하더라도 이를 생산할 수 있는 능력은 없는 상황이다. 국어 전문가가 60여 영역의 전문 용어를 생산할 수 있겠는가? 정부 부처 간 긴밀하게 협력하여 전문 용어를 생산하고 전문 용어 관리시스템은 국립국어원이 맡아 전 국민의 소통 지원을 만들어 주는 것이 진정한 국민행복의 시대로 가는 문을 여는 길이라고 생각한다. 여기서 전문 용어의 관리가 왜 필요한지, 그 문제점에 어떤 것이 있는지 살펴보자.

최근 세계의 언어가 마구 뒤섞이고 있다. 특히 국가 간의 외국어가 차용되어 자국의 발음대로 읽혀지고 있기 때문에 현행 표기법에 따른 표기를 한다면 동의 외래어형이 엄청나게 늘어나게 될 것이다. 독일식 외래어 '루터'를 스웨덴어 자모와 한글 대조 용례에 '루테르'로 표기하여 실어두고 있다. 러시아의 '도스토옙스키'가 미국에서는 '다스터옙스키'가 된다. '블라디보스토크'와 '마키아벨리'처럼 전 세계 인명과 지명이 차용국마다 철자가 달라지거나 발음이 달라지면 동일한 인명이나 지명이 수십 가지 이상으로 동의어형으로 표기될 수 있다는 말이다. 서양 고대사를 연구할 경우 국경이나 국가가 달라진 고대지명을 어떻게 표기할 것인지 문제가 된다.

전문 용어를 「외래어 표기법」에 따라 한글로 표기할 때 언어 간의 음운체계의 차이 때문에 원음에 충실하게 표기한다는 것은 거의 불가능하다. 예를 들어 'Jacobsen, Jens Peter'를 '에이콥센'(덴마크)과 '야콥센'(영어) 식으로 표기하는 국가별 간접 차용어를 외래어 표기법으로 각기 다르게 표기함으로써 우리 국어를 사용하는 일반인들에게 엄청난 혼란을 부추기고 있다.

「외래어 표기법」 제4장 인명, 지명 표기의 원칙은 제1절 표기원칙, 제2절 동양의 인명, 지명 표기, 제3절 바다, 섬, 강, 산 등의 표기 세칙으로 구성되어 있다. 국제적 교류가 늘어나고 또 각종 세계 대회나 회의 등이 열리기 때문에 외국의 인명이나 지명을 한글로 어떻게 표기하느냐의 문제는 시각을 다툴 만큼 긴급한 경우가 있다. 따라서 외래어 표기법 가운데 현실적으로 가장 많이 활용하는 부분이 바로 인명이나 지명 표기인 것만은 틀림이 없다.

제1절 표기 원칙에는 「외래어 표기법」 제1장~제3장에 제시된 국가의 인명, 지명표기는 표기 일람표와 표기 세칙에 따르지만 그 외의 국가는 원음주의를 원칙으로 하고 있다. 그러나 제4항은 "고유명사의 번역명이 통용되는 경우 관용에 따른다."라고 규정해 놓고 제2절에서 동양의 인명, 지명 표기는 예외 규정으로 설정하여 혼란을 불러온다. 제2절 제1항은 중국의 경우 신해혁명을 전후하여 그 이전에는 한자음 명칭을 통용하도록 해놓았지만 그 이후의 경우 원음주의로 처리하여 제1절 표기 원칙의 제4항과 충돌된다. 제2항에는 중국의 역사 지명으로 현재 쓰이지 않는 경우만 한자음대로 하고 현재 지명의 경우 중국어 표기법에 따르도록 하되 필요한 경우 한자를 병기한다고 규정하고 있다.

중국 동북 3성의 소수 민족정책의 원칙에 따라 우리 한자음을 그대로 인정하고 지명 표지판에 한글과 중국 한자를 병행 표기하도록 하고 있건만, 우리나라에서는 중국보다 앞질러서 중국 원음 중심으로 표기하도록 정해 놓고 『표준국어대사전』에 '발해만渤海灣'은 '보하이만의 잘못'으로 '도문'은 '투먼의 잘못'으로 '연길'은 '옌지의 잘못'으로 처리하고 있다. '북경北京'은 '북경'과 '베이징'으로 표기하도록 하면서 동북 3성의 지명을 중국 원음표기를 고수하는 일은 우리 스스로 고대사와 현대사의 일부를 허무는 일이라고 할 수 있다.[10]

---

10) 이는 앞서 언급한 바와 같이 현재는 수정이 되어 있음을 밝힌다.

이렇듯 우리말로 만들어낼 수 있는 조어의 기반을 규범이 가로막고 있다. 이러한 어문정책의 기반은 우리의 국어의 기반을 절멸위기의 언어로 내 몰아내는 꼴이 되게 한다.

『표준국어대사전』의 문제

이상에서 살펴 본 외래어와 전문 용어의 규범 및 정책 관리에 대안을 『표준국어대사전』의 관리 방안과 연계시켜야 한다. 곧 『표준국어대사전』을 기준으로 '표준어'와 '사정한 외래어'를 제외한 '신조어'나 '개인어', '방언', '순화어', '전문 용어'를 비롯한 새로 생겨나는 많은 언어 자료를 사전 표제어로 올릴 수 있는 어떤 규범상의 근거를 제시해야 할 것이다. 논리적으로는 새로운 말이 널리 쓰이게 되면 우리말의 일부로 인정되고 또 『표준국어대사전』에 올라갈 수 있지만 사전에 올라가 있다고 해서 반드시 '표준어'로 인정되는 것은 아니다.

국가가 만든 『표준국어대사전』은 어문 규범을 충실하게 반영한 사전이어야 함에도 불구하고 규범과의 괴리 문제를 극복하려는 노력을 중단하고 있다. 『표준국어대사전』은 규범을 바탕으로 하여 우리말을 집대성한 사전이다. 국가사업으로 8년에 걸친 공정을 거쳐 1999년에 발간한 사전이지만 적잖은 문제점을 드러내 부실 편찬이라는 질타를 받는 등 말도 많았고 탈도 많았다. 국립국어원에서는 여러 차례 보완과 개정을 거쳐 2008년도부터 웹 기반 사전으로 온라인으로 공개하기에 이르렀다.

국가사업으로 만든 『표준국어대사전』이 담당할 수 있는 지식 지원은 이미 포화상태에 도달했다. 각종 중·고등학교 교과서에 실린 낱말에 대한 정보도 제대로 제공하지 못할 정도로 정밀한 지적 통제 없이 관리되고 있다. 또 선택의 협소함으로 이루어진 낡은 언어로는 진화하는 언어 지식을 온전히 담아낼 수 없다. 따라서 새로이 생산되는 지식 영역의 대중화를 위해서는 가장 먼저 사전 지식의 기준을 새로 설정하고 또 그 자료의 생산과 관리를 강화해야 한다. 이러한 일은 어느 개인이 주도할 수 없다. 따라서 향후 이 사전은 규범사전으로써 온전한 기능을 할 수 있도록 발전시켜나가야 할 것이다. 국가가 참여하고 다중이 협업하는 방식으로 지식 능력을 고도화하는 일이야말로 비물질적 생산성이 국가 경쟁력을 좌우하는 21세기에 적응할 기반을 마련하는 지름길이다. 『표준국어대사전』이 안고 있는 여러 가지 문제들을 집중적으로 제기하고 불균형을 극복할 수 있는 체계적인 대안을 제시하여 더욱 순도 높은 국가 사전으로 발전시켜 나갈 길을 찾아보자.

첫째, 『표준국어대사전』은 매우 조급하게 만드는 과정에서 기존에 나온 많은 사전들의 올림말과 뜻풀이를 수작업으로 조합한 사전이다. 따라서 기존의 개인이나 출판사에서 만든 사전 대부분이 일본 사전을 대거로 베껴온 것이 그대로 『표준국어대사전』으로 이어진 악순환을 극복하지 못했다. 특히 전문 용어는 일본의 『광사전廣辭典』을 아무런 여과 없이 그대로 베껴온 부분이 한두 곳이 아니다. 혹평을 하자면 "표절의 상징물"이라고 할 수 있다. 국가적인 사전인 『표준국어대사전』이 일본 사전을 베껴온 문화적 후진성을 하루 빨리 벗어나기 위해서도 이 사전의 전면적인 보완을 하루 빨리 서둘러야 한다. 원래 사전은 1회적 완성물이 아니라 지속적으로 개정과 보완을 거치면서 그 완성도를 높여가기 때문에 완성물이라고 방치해 두어서는 안 된다.

둘째, 국어사전은 거시구조로 올림말과 미시적 구조로 풀이말과 문법, 의미 등의 정보와 예문으로 구성되어 있는데 이들 구조의 계열적 관계와 통합적 관계에 적합성이 매우 뒤떨어져 있다. 올림말이 체계적 공백이 너무 많고, 풀이말에서도 어휘망을 전제로 하지 않았기 때문에 곳곳에 허점들이 노출되어 있다.

셋째, 『표준국어대사전』은 규범을 철저하게 반영하는 규범사전임을 천명하고 있음에도 불구하고 이와는 너무나 거리가 멀다. 저인망그물로 기존의 사전을 긁어모았기 때문에 표준어가 아닌 올림말이 너무나 많이 들어가 있다. 예를 들어 중국 금나라 황제인 '아골타阿骨打'를 '아골타'와 '아구다'로 두 개의 올림말로 올려놓고는 회전문식 풀이를 하여 수록 항목만 늘인 경우가 한두 곳이 아니다. 규정대로 한다면 '아골타'여야 하지만, 한자로 표기되었어도 이것은 한자어가 아닌 여진어이다. 원음에 충실하게 표기하면 '아구다'가 되어야 한다. 규범과 사전의 부조화의 한 단면이다.

넷째, 복합어나 합성어의 인정 범위의 문제는 심각하다. '국민의례'는 한 낱말로 인정하고 '국위 선양'은 두 낱말로 인정하는 식의 복합어나 합성어의 선정 기준이 일관성을 잃음으로 인해 혼란을 자초하고 있다. 우리말을 기반으로 한 많은 합성어와 복합어를 내버려 두고 오히려 일회용 외국어 한글 표기를 표준어로 인정하는 내부적 모순을 극복할 가능성이 거의 보이지 않고 있다.

다섯째, 규범 사전이라고 하지만 올림말로 등재되지 않은 낱말의 띄어쓰기나 사잇소리의 유무를 판정할 기준이 없기 때문에 사용자들은 매우 혼란스러워하고 있다. '바닷속', '콧속', '귓속'은 단일 낱말로 인정하면서 '주머니 속', '동굴 속'은 두 단어로 처리하여 사전에 실려 있지 않다. '속'이 '안', '내부'라는 의미를 갖는 경우 '귓속'과 '동굴 속'이 달라져야 할 아무런 이유가 없음에도 불구하고 뚜렷한 판별 기준도 제시하지 않고 있다.

여섯째, 사전은 한 국가 지식, 정보의 심장과 같다. 단순히 낱말의 뜻을 찾거나 표기법을 확인하는 정도로 활용되는 것이 아니라 자연 언어 처리를 위한 의미적 마이닝Meaning mining의 기초 정보를 확대하기 위한 노력을 해야 한다. 곧 올림말의 확보와 뜻풀이의 기존 구조에서 확장하는 두 가지의 문제를 해결하기 위해 국어 기반 사전의 편찬과 더불어 국어 정보처리 기술력을 발전시켜나가야 한다. 올림말의 낱말수의 확보와 더불어 풀이말에서 관용구조나 연어를 비롯한 인지 의미론적 뜻풀이, 은유적 의미의 뜻풀이까지 확대함으로써 언어 정보처리에 유용성을 더해 줄 수 있다.

일곱째, 언어는 끊임없이 변화한다. 폭발적으로 늘어나고 있는 각종 전문 용어와 외국어의 유입을 조절하는 기능이 멈추어져 있다. 옥스퍼드 사전도 매년 증보하여 사전의 질적 발전을 꾀하고 있다. 그러나 정부 사전으로 만든 『표준국어대사전』은 미시적인 내용적 문제점보다도 관리가 방치되어 있다는 근본적이고 심각한 문제를 안고 있다. 적어도 정부가 이 『표준국어대사전』을 지속적으로 발전시키려면 우선 고정적인 전문 인력과 소요 예산을 확보해 주어야 한다. 그렇지 않다면 정부가 『표준국어대사전』의 관리를 사전 편찬의 경험이 있는 대학연구소나 출판 업계에 넘기는 방법이 한가지일 수 있다. 사전 편찬 기술은 언어 처리 정보화 기술력과 맞물려 있기 때문에 민간 사전 사업자를 육성할 수 있는 발판이 될 수 있는 유리한 점이 없지 않다. 이것도 저것도 아닌 엉거주춤한 상태로 계속 끌고 나갈 문제가 아니다. 그리고 『표준국어대사전』의 질적 향상을 위해서는 이 사전으로 끌어 올 원천을 마련해야 한다. 정부부처별 전문 용어 정비, 한문 원전 해독을 통한 새로운 낱말 발굴, 방언, 신조어, 외래어, 외국어 한글 표기들을 모두 모으는 한국어 기반 사전을 기획하여 여기서 모아지는 것들 가운데 규범으로 가다듬은 낱말을 『표준국어대사전』에 공급하는 순환적 시스템을 구축할 때 규범 사전은 한 단계 더 발전을 기약할 수 있다.

증가하는 난독자 비율

한글 전용화 이후 2008년도 비문해율 조사에 따르면 우리나라 성인 40대 이하는 100% 한글 해독 능력을 가지고 있다. 국민 전체 98.3%라는 놀라운 문해율을 기록한 국가는 전 세계 어디에서도 찾아 볼 수 없는 경이적인 기록이다. 그러나 최근 외래어와 전문 용어가 급증함에 따라 한글은 읽을 줄 알아도 글의 내용을 이해하지 못하는 국민이 급증하고 있다. 흔히 조선조 후기에서 1960년대 까지는 한문이나 한자의 해독이 가능한가의 여부에 따라 식자층과 비문해층으로 구분하였지만 오늘날에는 외국어나 한자어로 된 말을 이해할 수 있는지 여부에 따라 식자층과 비문해층으로 구분된다.

의학적으로 "지능에는 이상이 없지만, 읽는 능력에 장애가 있어 글을 이해하는 데에 어려움이 있는 증세"를 난독증이라고 한다. 정신적 장애나 심리적인 이유로 글을 건성으로 읽거나 글을 읽기

싫어하는 사람을 포함하여 글을 읽기는 해도 그 내용을 제대로 파악하지 못하는 사람을 포괄적으로 난독증이 있는 사람이라고 할 수 있다. 의학적 요인에 의한 것이 아닌 소통 언어 환경이나 개인적인 지식·정보의 차등 때문에 글을 읽고 그 내용을 파악할 수 없는 난독증의 현상이 확산되고 있는 것은 분명 문제다. 동일한 정보를 서로 다르게 해석하거나 그 내용을 파악하는 능력의 차이는 개인의 지적 능력이나 집중력이 부족해서 생겨날 수도 있지만 소통 언어의 환경으로 인해 생겨난 문제는 어느 개인이 해소할 수 있는 문제가 아니다. 난해한 한자어, 인터넷상의 언어, 신조어, 외래어, 외국어 음차 표기, 약어, 전문 용어의 확대와 확산 때문에 소통 장벽이 높아지고 지식·정보의 개인적 소통 능력이 양극화되는 데 문제가 있다. 난독율에 대한 과학적 분석 잣대에 대해서는 현재 연구가 진행되고 있다. 말과 글이 통하지 않아 새로운 지식·정보를 용이하게 습득할 수 없는 사회적 환경 문제는 국가가 관심을 가져야 한다.

난독률이 높아가는 가장 큰 요인은 국가가 지식·정보의 생산에만 투자한 데에서 찾을 수 있다. 한국학술재단, 정부 부처를 통해 연구개발비에는 많은 투자를 해 왔으나 쏟아져 나오는 각종 신지식의 연구 성과에 대한 유통과 보급에는 손을 놓고 있기 때문이다. 난독률이 증가하면서 한국 사회에서는 식자층과 난독증을 가진 사람들 사이에 지식·정보의 양극화가 매우 빠르게 확대되고 있다. 이와 같은 지식·정보의 격차는 빈부의 양극화보다 더욱 심각한 문제이다. 지식·정보의 양극화에 따라 사회 계층이 변화하지 못하고 고정되면 빈부의 양극화로 연결될 수 있다. 따라서 쉬운 말을 사용할 수 있는 국어 환경을 만들어내 는 일은 매우 중요한 국가적 과제라고 할 수 있다. 지식 생산에만 투자하지 말고 이젠 생산된 지식·정보의 관리를 강화하여 국민들의 언어 능력을 지원하도록 정부정책의 시각을 조정해야 한다.

지성적 언어의 소중함을 배척하는 SNS 언어 환경

SNS의 발전으로 개인의 다양한 의견 개진이 가능해지고 지도층의 인사들의 비리나 잘못뿐만 아니라 시시콜콜한 개인사에 대한 이야기도 곧바로 공개가 가능해졌다. 이처럼 국민적 감시 감독의 기능이 확대되었으나 SNS를 통한 거친 표현, 신상 털기, 이념적 대립 몰이로 이끌어가는 소수나 집단의 피 묻은 언어의 돌팔매질은 심각한 수준이다. 소름 돋는 황폐한 언어, 피를 흘리는 말, 눈물을 짓는 언어의 풍경이다. 익명성의 언어, 가면을 쓴 화자의 당당함, 일고의 지성이나 사람의 가치를 느낄 수 없는 폐한 언어의 현장이다. 이는 불특정 타인이나 무관심한 주제에 대해 격렬하고 무례한 언어를 사용하는 반사회적인 행동이라고 할 수 있다.

사이버상에서 통상적으로 벌어지는 언어 소통 상황은 이미 심각한 수준에 와 있다. 사회에 어떤 쟁점이 생기면 이에 대한 찬반 의견은 절제되지 않은 언어로 전달되고, 심지어 입에 담지 못할 상스러운 말로 인신공격을 예사로 하는 실정이다. 이는 오프라인의 폭력으로 이어지는 문제도 일으키며, 피해자에게는 정신적, 육체적 고통을 주게 된다. 오프라인에서 해소할 수 없는 스트레스를 온라인을 통해 여과 없이 쏟아내고 있다.

글은 풍화하지 않는 주술이다. 말은 순간 바람처럼 흩어지지만 글자는 지식과 정보를 고정하는 창고이며, 반면에 개인과 세상을 어두운 감옥으로 유폐시킬 수도 있다. SNS가 활성화되면서 개인 정보 노출 때문에 피해를 입는 경우도 빈번해졌다. SNS에서 인터넷 경매나 개인의 신용 정보가 나도 모르는 사이에 유통됨으로써 엄청난 피해를 입는 경우가 빈번하다.

공공의 이해관계가 배제된 사적인 이기주의는 국가나 사회 기반 그 자체를 허물 수 있다. 그러나 인간의 가치를, 인간의 언어나 행동 규범을 가르치는 이는 아무도 없다. 있다고 하더라도 외면만 당할 뿐이다. 언론의 연예 프로그램이 세태를 흥미 중심으로 끌어가면서 털끝처럼 가벼운 언어 유희가 세상을 지배하고 있다. 학교 역시 명문대학 입시지옥일 뿐, 참된 인간이 가야 할 인간의 가치를 이야기하고 삶의 도덕성과 목표를 가르칠 겨를이 없다.

외국어 홍수가 된 공공언어

「국어기본법」 제4조에 명시하고 있는 정부와 지방자치단체의 책무 가운데 언어 사용 환경에 능동적인 대처를 하도록 하는 규정이 있다. 과연 정부와 지자체는 무슨 일을 해 왔는가? 국민의 국어 능력 향상과 지역어 보전 등 국어의 발전과 보전을 위해 노력한 근거를 쉽게 찾아 볼 수 없다. 「국어기본법」 제14조에서는 "공공기관 등의 공문서는 어문 규범에 맞추어 한글로 작성하여야 한다. 다만, 대통령령으로 정하는 경우에는 괄호 안에 한자 또는 다른 외국 글자를 쓸 수 있다."라고 규정하고 있다. 그러나 정부 부처를 포함하여 지방자치단체에서도 이 규정을 거의 지키지 않고 있다.

최근 몇 년간 각 지방자치단체에서는 도시를 하나의 상품으로 만들고 있다. 이른바 도시 브랜드brand라는 것인데, 도시의 경제적인 성장이 어느 정도 궤도상에 오른 상태에서 그 도시를 문화나 공공예술로 잘 꾸며 도시간의 경쟁력을 강화하는 전략이다. 각 도시마다 가지고 있는 고유한 특색을 잘 살려 누구나 한 번쯤은 꼭 가보고 싶은, 또는 꼭 가봐야 하는 장소로 만들어 내는 것이 장소의 상품화Place marketing의 최종 목적이라고 할 수 있다. 이러한 도시 상품화의 움직임은 도로 및 간판, 건물의 미화 등 도시 경관을 한 단계 끌어올리는 계기가 될 수 있다. 하지만 '도시건축환경법', '건축물관리법', '도로교통법', '시설물안전관리법' 등 거미줄처럼 엉켜 있는 법안 때문에 전봇대 하나 옮기려고 해도 쉽지 않다. 우리나라 도시도 이젠 서구의 도시처럼 도심 경관을 한 단계 끌어올리려는 관계 법안을 마련해야 되지 않을까?

이미 선진 국가에서는 「도시 경관법」을 제정하여 법률에 근거해 도시의 미관을 관리하고 있지만 우리나라에서는 이와 관련해 「국어기본법」 제10조 (한국어책임관의 지정)에 ①항에 "국가기관 및 지방자치단체의 장은 한국어의 발전 및 보전을 위한 업무를 총괄하는 국어책임관을 그 소속공무원 중에서 지정할 수 있다."고 규정하고 국어책임관의 임무에 대해서는 「국어기본법시행령」 제3조 (한국어책임관의 지정 및 임무) ①항에 1. "해당 기관이 수행하는 정책의 효과적인 대국민 홍보를 위한 알기 쉬운 용어의 개발과 보급 및 정확한 문장의 사용 장려", 2. "해당 기관의 정책 대상이 되는 사람들의 한국어 사용 환경 개선 시책의 수립과 추진"으로 규정하고 있을 뿐이다. 도시 경관의 핵심 요소인 경관 언어 관리 내용은 단 한마디도 담지 않고 있다. 그 결과가 어떤지 살펴보자.

지방자치 도시의 홍보를 위해 만든 표어slogan를 살펴보면 국가 법령에서 정해놓은 것과는 전혀 상반된 방식으로 진행되고 있다. 「국어기본법시행령」 제3조 ③항에는 "중앙행정기관 및 그 소속기관의 장과 특별시장·광역시장·도지사(이하 '시·도지사'라 한다)는 문화체육관광부장관에게, 시장·군수·구청장(자치구의 구청장을 말한다. 이하 같다)은 시·도지사에게 소속 국어책임관이 추진한 국어의 발전 및 보전을 위한 업무의 실적과 이에 대한 자체평가 결과를 매년 1회 보고하여야 한다."라는 규정이 있으나 현재까지 지방자치 정부에서 자체적인 국어환경 개선에 대한 노력과 또 그 결과에 대한 보고는 거의 없는 것으로 알고 있다. 지방자치 정부에서 국가 법령을 솔선해서 지켜야함에도 불구하고 정부가 앞장서서 법령을 지키지 않는다.

회사 명칭이나 상점의 이름은 말할 것도 없고 아파트의 이름도 거의 알아 볼 수 없는 외국어나 외국어 약자를 조합하여 만들고 있다. 그뿐만 아니라 각 지자체에서는 자신의 도시를 알릴 수 있는 표어를 한 가지씩 만들어 내기 시작했는데, 'Hi Seoul, Dynamic Busan, A+Anyang' 등이 그 대표적인 사례라고 할 수 있다. 최근 아파트의 이름을 알아 볼 수 없는 외국어로 짓는 세태를 비꼬아 시골에서 부모님이 찾을 수 없도록 짓는다는 말이 나올 정도이다.

정부나 지방 자치 단체가 사용하는 공공언어나 기업 명칭에서 우리말이 크게 훼손되고 있다. 한글과 영어가 혼합되어 있어서 우리말의 조어능력이 갈수록 약해지고 있는 것은 심히 걱정스러운 일이다. 물론 최첨단 이미지를 위한 기업의 노력도 중요하지만

'도요타, 니싼' 등 일본어를 그대로 사용한 일본 기업, 프랑스 기업 등 자국어를 아껴 그대로 사용하는 나라들을 볼 때 영어에 대한 지나친 배려는 우리 정체성을 깨뜨린다는 사실을 깨달아야 한다.

세계적으로 신뢰성을 인증받고 있는 옥스퍼드 영어사전에 '김치, 태권도' 등 우리나라 낱말이 10여 개 정도가 실려 있다. 외국어 가운데 전문 용어를 아무 거리낌 없이 받아들이면서 우리나라만이 보유하고 있는 신물질이나 전통적인 전문 용어의 국제화를 위해 유명 사전출판사에 우리말 낱말의 등재를 요청하거나 필요하다면 국제회의를 통해 홍보하는 일은 드물다. 무엇보다 중요한 것은 공공기관이나 국제적 영향력이 큰 대기업에서 우리말을 사랑하고 아끼려는 경영 자세가 필요하다. 국가나 기업도 경영 구조가 더욱 미세해지고 복잡해짐에 따라 우리말에 관심을 가질 겨를이 없을지 모른다. 그러나 중요하지 않은 듯하면서 중요한 것이 바로 우리가 소통하고 있는 우리의 말과 글이다. 그 속에 국가적 정체성이, 기업의 경영 철학이 녹아들어 있다.

국어 어문정책을 위한 미래 대안

1) 언어 정보처리 기술력의 개발 지원

최근 눈부시게 발전하고 있는 언어 정보화 처리 기술력을 국어 정책 구현에 활용하는 전략이 필요하다. 맞춤법 자동 시스템 개발, 자동 띄어쓰기 검색 시스템 개발에 지원하여 온 국민이 어문 규정 때문에 힘들어 하지 않도록 하는 장기적인 국어 정보화 계획을 수립하고 실행해야 할 것이다. 국어 정보화 사업은 국민들의 소통 방식의 변화와 양질의 지식·정보의 공급을 통해 국민 전체의 어문 환경 개선을 유도할 수 도 있는 간접적인 효과를 낼 수 있다. 언어 정보화 기술력의 증진은 사전 편찬, 기계 번역, 음성과 문자의 호완, 음성 언어와 문자 인식, 언어 추론, 로봇 언어 등 국가 지식정보의 체계적 관리와 운용 등 다방면에 걸쳐 경쟁력을 이끌어내는데 엄청난 역할을 할 것이다. 여기서는 사전사업과 관련하여 그 유용성에 대해 살펴보자.

현재 언어 정보처리 기술력은 검색 기술 엔진 개발과 어휘망 구축, 의미 온톨로지semantic ontology, 어휘지능말 등 다양한 분야에서 발전하고 있다. 기술 개발이 모든 것을 해결해 주는 것은 아니지만 국어 자료를 정밀하게 분석하여 축적하는 일은 정보화 기술력의 발전과 더불어 매우 중요한 핵심 과제이다. 이제는 대량의 문자 정보인 코퍼스corpus를 형태소 분석처리로 가공한 구조적 데이터를 이미 활용할 수 있는 단계에 이르렀다. 따라서 텍스트 검색 기술의 발전과 함께 언어 형태소 분석처리 방식이 발전함으로써 동의어, 유의어, 반의어, 상관어, 상하위어 등의 어휘망의 구축이 쉬워졌기 때문에 사전편찬 기술에 충분하게 응용하여 활용할 수 있게 되었다.

『표준국어대사전』에 없는 대량의 올림말을 보강하는 일과 함께 사전의 뜻풀이를 확대시키기 위해서는 의미정보를 어떻게 확충하는가의 문제가 관건이다. 하지만 기계 정보처리 기술력이 활용할 수 있는 의미적 정보처리 문제나 음성 분석처리 기술력은 아직 현저하게 뒤처져 있다. 언어 정보를 처리하는 수준에 따라 단계를 나눠보면 다음과 같다.

1. LSP(Lexico-Syntactic Pattern): 어휘 형태소, 품사 정보의 구문구조 규칙

2. LSP(Lexico-Syntactic(Semantic) Pattern): 어휘 형태소, 의미정보 구 문구조 규칙

3. ELSP(Extension Lexico-Semantic Pattern): 확대 어휘 형태소, 의미 정보 구문구조 규칙

1.~2.단계에서 사전이 어휘 사전에서 연어사전으로 발전되면 문맥적 의미까지 사전에 반영함으로써 언어 자료의 기계처리에 한 걸음 다가선다. 그러나 인지적 의미나 은유적 의미처리를 위해 서 3.단계의 처리로 가려는 노력이 필요하다. 예컨대 "꽃을 꺾었 다."라는 시적 언어를 처리하려면 '꽃'이나 '꺾–'의 사전 의미로는 해결이 불가능하다. 따라서 기존 사전의 풀이말의 구조를 대폭 확장할 필요가 있다. "꽃을 꺾었다."라는 문장은 대단히 중의적인 문장이다. '꽃'과 '꺾다'라는 낱말의 사전적 의미로는 "여성에게 상처를 주었다"라는 문맥적 의미를 도저히 해석할 수 없게 된다. 이처럼 낱말의 은유적 의미를 현재의 사전으로는 방치할 수밖에 없다. 다시 말하자면 사전의 마이크로 구조에 은유적 의미를 색인 해 줌으로써 언어 기계화를 한 발자국 더 앞당겨야 한다.

단순한 사전으로서가 아닌 자연 언어 처리와 검색이라는 관점 에서 보면 국어사전은 치명적인 약점을 가지고 있다. 대규모의 언어 자료 코퍼스에 저장된 언어 데이터에서 체계적이고 자동적 으로 통계 규칙이나 패턴을 찾아내는 일종의 데이터베이스 속의 지식(KDD)을 체계화한 데이터 마이닝Data Mining으로서의 가치는

매우 뒤떨어질 수밖에 없다. 따라서 사전 편찬에서 동의어나 반의어, 유의어, 관계어, 상하위어 등 어휘 관계망을 체계화하기 위해 시소러스thesaurus나 온톨로지ontology의 기술을 응용하면 종래 수작업으로 진행되던 사전 편찬의 기술을 더욱 고도화할 수 있다. 곧 올림말이나 풀이말의 체계적 균형을 보장할 수 있다. 이처럼 진화되어 가는 IT기술과 접목함으로써 발전될 수 있는 부분을 국어학자들은 거의 받아들이지 않고 있다.11)

텍스트만이 아니라 음성 데이터도 마찬가지이다. 물론 아직 음성 자료처리는 의미 자료처리의 가능성보다 더 난해한 일이긴 하지만, 개인적 차이를 통합하는 음성의 분절 단위, 형태 분절 방식과 같은 자동 분절이 가능한 기술 개발에 관심을 기울여야 할 것이다. 메타 언어로 기술되는 각종 지식과 정보를 구조화하고 언어 정보처리 기술로 통합하기 위해서는 사전 기술 언어에 대한 새로운 발상이 필요하다.

이러한 미래 과제는 언어학과 산업공학의 학제적 연구를 시도함으로써 한글 공학 연구의 지평을 넓힐 수 있을 것이다. 언어와

---

11) 대량 코퍼스로 구축된 데이터 마이닝(Data Mining)을 지원하는 구조적 데이터 관리는 주로 형태소 분석처리를 함으로써 유사 낱말이나 관계망 속에서의 낱말의 검색 속도는 무척 빨라졌다. 그러나 문맥 속에서 같은 은유적 의미나 인지적 의미의 형식화가 어렵다는 이유로 이 부분을 방치함으로써 언어의 기계처리의 정확도와 속도는 늦어질 수밖에 없다. 사전을 통한 문법만으로는 시적 의미(은유적 의미) 처리가 불가능한 벽에 처해져 있지만 형태소 분석 방식과 마찬가지로 다량의 의미정보를 삽입해준다면 이 또한 기계처리가 가능할 것이다. 다시 말하자면 국어사전 이외에 문학작품에 나타나는 시어의 은유적 의미 사전이나 관용화된 문맥적 의미를 대량으로 구축해나갈 필요가 있음에도 불구하고 이러한 발전 가능성에 대해서는 거의 방기하고 있는 실정이다.

문자의 흐름은 국력 및 자본의 흐름과 매우 밀접한 관계를 맺고 있을 뿐만 아니라 최근에는 인터넷 소통의 힘과 매우 밀접한 관계를 맺기 때문에 정보화 환경에 더욱 긴밀하게 다가설 수 있는 끊임없는 연구와 국가 전략이 필요하다. 최근 동아시아에서는 한글이 중국어나 일본어를 능가하는 초고속 정보 입력 능력을 갖고 있음이 인정되었다. 물론 한글의 우수성을 주장하는 것만으로는 안 된다. 앞으로 영어를 비롯한 서구어와의 기계 번역과 자료 공유를 위한 광역 워드넷 구축사업이 추진되어야 할 것이다. 또한 한글 자형의 디지털화 및 각종 규격 통일을 통해 한글 문서 인식률을 높여야 한다는 과제도 있다. 한글은 정보화 사업의 주요 영역으로 떠오르기 시작했다. 정보화 시대에 최적의 환경을 제공하는 문자 체계인 한글의 미래는 대단히 밝다. 한글을 아끼고 발전시키자는 국민 한 사람, 한 사람의 마음이 모아진다면 한글은 세계적인 문자로 발전해 갈 가능성이 무궁무진하다.

이러한 작업을 하려면 '표준어'라고 하는 매우 제한된 대상 언어로서는 불가능하다. 언어 통일성을 유지하기 위한 전략으로 '표준어'라는 범주는 유용하지만 국가 지식 체계를 통합 관리하기 위해서는 '표준어'의 둥지 밖에 방치되어 있는 한국 전통문화 용어, 전문 용어, 신어, 한자어, 민속생활 낱말, 지역어, 인문사회과학의 서적 속에 있는 신개념의 전문학술 용어 등을 대량으로 수집하고, 그 가운데 사용도가 높은 낱말들은 추출하여 『표준국어대사전』에 포함시켜 표준어 대상의 외연을 넓혀나가야 한다. 지속적으로 민·관·학이 협동하여 국가 지식·정보의 관리를 위한 체계를 구축해야 한다. 한국어의 낱말을 확대하는 일은 매우 중요한 과제이다. 규범이 한국어의 낱말을 늘이는 것을 억제하는 역기능으로 작용해서는 안 된다. 21세기 들어 지식의 소통과 표현 방식에서 인터넷을 활용함으로써 엄청난 변화의 시대를 맞고 있다. 따라서 지난 시대의 지식 관리 생산 방식에서 탈피하여 새로운 변화에 적응할 수 있는 모형 개발을 서둘러야 할 시점이다.

2) 언어 정보처리 기술의 발전을 위한 협업

어문정책은 소비자인 국민이 좀 더 쉽게 쓰고 말할 수 있는 기반을 조성하고 토착 지식과 정보를 온전하게 보전할 수 있는 방향, 곧 한국어의 생태 기반이 탄탄하게 유지될 수 있도록 발전시키는 철학적 성찰이 필요하다. 지난 2009년에 국가적인 프로젝트인 '세종계획'사업이 완료된 이후 후속적인 한글 정보화 사업 계획은 매우 불투명하다. 국가지식 경쟁력을 강화하기 위해서 언어 지식, 정보의 관리라는 측면에서 한글 정보화를 위한 제2차 국가적인 프로젝트를 정부 차원에서 조속히 마련해야 한다. 똑똑한 국민, 세계적인 지성 국민으로 이끌기 위해서는 그들에게 충분한 지식, 정보를 제공해주는 지식, 정보 지원 복지정책을 수립해야 한다.

무수히 생산되는 도서 속에 틀어 앉은 사전 지식·정보를 마냥 내버려 둘 일인가? 새로운 지식의 튼튼한 사다리를 만들어야 한다. 각종 도서에 실린 새로운 지식을 가장 기초적인 사전 작업으로 전환하기 위해서는 도서의 텍스트를 대량 말뭉치로 구축하고 올림말 검색 시스템을 활용하여 사전에 실리지 않은 올림말을 대량으로 추출한 뒤 국가 지식 기반으로 활용하도록 제공해야 한다. 또한 한국어종합기반사전뿐만 아니라 한국문화사전, 외국인명지명사전, 전문 용어사전, 반의어사전, 유의어사전, 상하위어사전 및 각종 주제별 사전을 다양하게 개발하여 다시 이를 통합하는 방식으로 종합대사전이 만들어질 수 있도록 국가나 출판사 그리고 대학 연구기관에서 지속적인 투자와 함께 이를 통합 관리하는 체계를 구축해야 한다.

언어 정보처리 기술력은 미래 창조 사회의 핵심 기술이라고 할 수 있다. 따라서 국가적으로 국어 정보화 사업에 대한을 강화할 필요가 있다. 그 방식으로 정부와 민간 기업, 대학과의 협력 체계로 발전시킬 필요가 있다. 민간 정보 사업자들도 디지털 검색 기능을 강화하기 위해 가담하고 있다. 그러나 그들 역시 정부의 지원 없이는 경영상 어려움에 부딪칠 수밖에 없다. 민간 정보화 사업자를 육성하는 일이 국가 전체의 정보화 역량 기반을 강화하는 데 얼마나 중요한 일인지 헤아릴 필요가 있다.

3) 남북 국어 공동체의 미래

남북 언어의 이질화를 막고 언어 통일을 대비한 노력은 많으면 많을수록 좋다. 그러나 남북 언어 통일을 추진하는 주체들이 중구난방이 되어서는 오히려 우리가 바라는 순수성을 훼손할 위험 또한 피할 길이 없다. 현재까지 노정된 남북 학술·전문 용어 통일 사업과 관련한 문제를 들어 보면 다음과 같다.

첫째, 남북 학술·전문 용어 통일을 준비하는 주체가 난립되어 있다. 먼저 겨레말큰사전편찬위원회의 2005년 1월 「남북 겨레말 큰사전 공동편찬요강 합의서」에 의하면 사전올림말에 "좁은 범위에서만 쓰이는 전문 용어는 올리지 않는다", "현대 과학기술 발전의 요구에 따라 쓰이는 학술 용어와 국제 공통적으로 쓰이는 외래어들은 선별하여 올린다"라고 합의함으로써 전면적인 남북 학술·전문 용어 통일사업은 유보된 상황이다.

둘째, 한국과학기술단체총연합회에서는 『남북과학기술용어집』을 간행하고 북의 국가과학원 또는 조선과학자총연맹과 협력사업으로 추진하고 있으며, 정보통신기술협회(TTA)에서는 남북 정보산업 국가규격 표준화를 목적으로 남북 용어 비교를 시도하여 그 일부를 누리집에서 제공하고 있다. 그러나 남북 학술·전문 용어의 올림말 통일 방안과 뜻풀이 통일 방안 및 표기법 통일 방안에 대한 진전은 없었다.

셋째, 국립국어원과 한국어단체연합에서 2007년 중국의 최윤갑 교수, 북의 심병호(한국어사정위원회) 등 7명과 남쪽의 최기호 등 7명 공동으로 '남북 체육 용어 통일을 위한 국제학술회의'를 개최하여 그 성과를 보고한 바가 있으며 국립국어원과 중국 연변대학교 한국학학원 공동 주체로 국제학술회의('민족어 발전의 현실태와 전망')에서 남북 학술·전문 용어 통일을 전망하는 학술회의를 개최하였으나 그 성과가 구체화된 단계는 아니다.

이뿐만 아니라 최근 한국학술진흥재단을 통해 남북 역사 관련 전문 용어 통일을 위한 학술연구가 북의 민화협을 통해 추진되고 있으나 이 역시 연구를 위한 연구에 멈출 가능성이 매우 높다. 그 외에 한국 표준협회의 ISO 기술 용어 비교나 남북 규격(KS/KPS) 상의 용어 비교 작업이라든지 2002년 한국통신문화재단의 「ISO 2382 기준 한-영-조-중-일 정보기술 표준용어사전」과 통일문제연구협의회의 성과들이 있다. 이렇게 남북 학술·전문 용어 통일사업이 뚜렷한 방향을 갖지 못하고 추진되는 데에는 이유가 있다.

첫째, 남과 북의 현실적 여건을 전혀 고려하고 있지 않다는 점이다. 먼저 남의 사정을 되돌아보자. 전문 용어를 관리하는 주체가 정부 각 부처와 학술단체총연합회를 비롯하여 한국어공학센터, 기술표준원, 한국과학기술원의 전문용어언어공학연구센터(KORTERM), 겨레말큰사전 남북공동편찬위원회, 국립국어원(국어심의위원회) 등이 있다. 북에서도 국어사정위원회, 사회과학원 언어학연구소, 조선과학기술총연맹 등이 있다.

둘째, 남북 학술·전문 용어 통일사업이 산발적으로 진행될 뿐만 아니라 그 내용에 있어서도 올림말과 뜻풀이를 단순 대응시키는 정도이며 양적인 면에서도 전면적인 접근이 아닌 부분적 접근을 하고 있어 오히려 혼란만 가중시키는 느낌이다.

셋째, 법률적 근거를 바탕으로 하지 않을 경우 그 사업성과의 시행이 어려울 뿐만 아니라 남북통일이라는 명목만 활용하면 국비 남용의 결과를 초래할 뿐이다.

넷째, 남북 학술·전문 용어 관리를 위한 협력 시스템을 강화할 필요가 있다. 북의 한국어 사정위원회와 남쪽의 어떤 기관이 협력하여 책임성 있게 일을 추진할 수 있을 것인가? 국어기본법을 바탕으로 했을 경우 국립국어원이 그 중심기관이지만 실효성 있게 내외의 업무를 추동하기에는 역부족이라고 판단된다. 특히 북의 한국어사정위원회는 내각 직속기관인 반면 국립국어원은 문화관광부 소속기관이어서 쌍방 결정된 사항의 추진 능력에서 차이를 보인다.

남북 간의 언어 이질화가 장기화된다면 남북통일을 전망하는 데 있어서 가장 큰 걸림돌이 될 것이다. 남북 언어의 이질화를 유발하는 몇 가지 요인을 중심으로 살펴보자.

첫째, 표준어와 문화어의 언어 기반의 차이가 가장 큰 문제이다. 예를 들면 '소금꽃'이라는 낱말이 『표준국어대사전』에서는 북한어로 등재되어 있다. '소금꽃'이라는 낱말이 서울 지역의 교양인이 사용하지 않는 말이고, 염전鹽田의 염부鹽父가 사용하는 것이기 때문이다. 그러나 북의 문화어에서는 생활 현장어이기 때문에 「조선어대사전」에 올림말로 실려 있다. 이처럼 남북 간의 단어 단위의 기준이 다르기 때문에 남북 간의 낱말의 차이가 날이 갈수록 누적될 수 있다.

둘째, 고유어와 외래어에 대한 남북 간의 인식 차이 때문에 조어 형식(페달/디디개)에서 엄청난 차이가 발견된다. 이러한 측면을 극복하기 위해 한때 남쪽에서도 '코너킥'을 '모서리차기', '포볼'을 '볼넷'으로 대대적인 국어순화운동을 전개한 적도 있었다.

셋째, 낱말 기본형에 대한 인식 차이를 들 수 있다. '연기煙氣'의 고유 어형의 기본형을 남에서는 '내'로 북에서는 '내굴'로 잡고 있어 차이를 보여준다. '내그랑내, 내금'과 같은 방언형의 기원형을 밝히기 위해서는 '내굴'을 올림말의 기본형으로 잡을 수도 있다.

넷째, 한국어 규범의 차이를 들 수 있다. '띄어쓰기', '두음법칙', '사잇소리', '자모의 순서' 등의 남북 간의 규범차이에 의한 남북 이질화가 가속되고 있으나 이 문제는 언어 정보처리 기술로 단시일 내에 해결할 수 있다. 남북 겨레말큰사전사업은 2009년 이후 완전 동결된 상황에 처해져 있다.

다섯째, 남북 이념의 차이에서 비롯된 낱말의 차이나 뜻풀이의 차이는 남북 언어 통일 추진에 가장 큰 걸림돌 가운데 하나이다. 남북 겨레말큰사전사업도 이 문제를 어떻게 극복하는가가 사전 편찬의 주요한 관건이 될 것이다.

여섯째, 최근 산업발전에 따른 학술·전문 용어가 급격하게 늘어나는데, 특히 이들 학술·전문 용어 또한 남북 언어 이질화에 가장 큰 요인이 되고 있다. 특히 초·중·고등학교의 교과서에 실린 학술 용어의 이질화는 심각한 문제이다. 이외에도 남북 언어의 이질화의 요인은 여러 가지가 있을 수 있지만 학술·전문 용어의 통일을 위한 노력을 늦추면 늦출수록 남북통일 언어 추진이나 남북 산업 표준화 등을 위한 비용이 증가할 것으로 보인다.

4) 남북한 교과서 문제

한국역사에 대한 교과서의 제목을 보면 '국사'와 '조선력사'로 차이를 보인다. '국사'는 세계 모든 나라의 자국의 역사를 '국사', 곧 국가의 역사라고 할 수 있다. 미국 역사에서는 원주민의 역사를 제외하는 것과 상반되게 중국의 국사에서는 청조 이전의 북방사나 서북 지역의 위굴 지역의 역사를 자국의 역사로 편속시키고 있다. 북의 '조선역사'도 조선의 뿌리를 이루는 북방사의 고구려사나 발해사를 포함한 삼한사를 국가사로 편입하고 있다. 이러한 측면에서 남쪽의 역사도 '한국사'라는 명칭으로 바꿀 필요가 있다. 구체적으로 초중등 한국사의 기술 문제는 시각의 차이가 엄청나다.

남과 북의 교육용 교과서의 제작은 판이하게 차이를 보인다. 남쪽에서는 소위 국정교과서라는 국가 주도의 교과서가 거의 사라지고 대부분 대학 및 현장 교사들이 중심이 된 검인정 교과서를 다양하게 만들고 있다. 그러나 아직 북쪽에서는 철저히 국가 중심의 이데올로기를 기반으로 하여 교과서가 만들어지고 있다. 북한의 모든 교과서는 국정 교과서이다. 곧 나라에서 편찬하는 단일종이며 학령 제도는 중·고교를 통합한 고등중학교 4학년은 남한으로 치면 고등학교 1학년이다.

몇 차례 북을 방문하면서 북의 어문정책을 총괄하는 문영호 사회과학원 언어연구소장에게 여러 차례 남북의 초중등학교의 교과서의 용어 통일과 교과서의 발전적 방향에 대해 여러 차례 논의하였다. 자라나는 아이들에게 교과서가 미치는 영향력은 매우 크다. 교과서는 사람의 인식의 체계를 결정하는데 절대적인 영향을 미치는 동시에 언어의 차이를 만들어내는 핵심적 역할을 하기 때문이다. 진정으로 한글 공동체의 미래를 생각한다면 남북 교과서의 학술 전문 용어 통일과 교과서 형식을 일치시키는 일은 남북통일을 대비한 중요한 과제임을 북한 당국자들도 잘 이해하고 있었다. 하지만 교과서에 구현된 어문 규범이나 교육 목표의 차이는 매우 커지고 있다.[12] 구체적으로 지리 교과서 내부의 용어

---

12) [한국사/조선력사]: 3·1운동 ↔ 3·1인민봉기, 6·10만세운동 ↔ 6·10만세시위투쟁, 강서고분 ↔ 강서세무덤, 군장국가 ↔ 노예소유자국가, 귀주대첩 ↔ 구주대첩/구주대승리, 간석기 ↔ 마제석기/간석기, 뗀석기 ↔ 타제석기, 만적의 난 ↔ 개경 노비들의 투쟁, 망이·망소이의 난 ↔ 망이농민폭동/망이농민군의 투쟁, 보부상 ↔ 보짐장사꾼, 붕당정치 ↔ 당파싸움, 상정고금예문 ↔ 상정고금례, 세형동검 ↔ 좁은놋단검, 운요호 사건 ↔ 운양호사건, 위만조선 ↔ 만조선, 이시애의 난 ↔ 1467년 함경도 농민전쟁, 임진왜란 ↔ 임진조국전쟁, 제정러시아/차르러시아 ↔ 짜리로써야, 조위총의 난 ↔ 평양 농민군의 투쟁, 팔조법금 ↔ 범금8조, 헤이그특사사건 ↔ 헤그밀사사건, 홍경래의 난 ↔ 홍경래농민전쟁/1811~1812년 평안도 농민전쟁, 환곡(제도) ↔

문제는 한두 가지 차이가 아니다. 예를 들면 "스웨덴-스웨리에, 아이슬란드-이슬란드, 덴마크-단마르크" 등 외래어 표기법의 차이로 국가명, 수도 명칭 등 상당한 차이를 보여주고 있다. 과목별로 보자면 주요 사건이나 개념, 외국어 표기 등에서도 상당한 차이를 보이고 있다.

남북 교과서에 나타나는 학술 용어 통일을 위해 관련 학자나 교사들의 교류는 매우 필요하다고 생각된다. 여기서 한 걸음 더 나아가 이념화와 정치화의 도구로 물든 교과서의 점진적 질적 향상을 위해 상호 협력할 수 있는 기반을 만들 준비를 해야 할 것이다. 가능하다면 남북이 수용할 수 있는 수학·생물·물리 등 남북 공동교재 개발을 통해 체제의 벽을 허물고 이념을 뛰어넘는

환정

[세계사/세계력사]: 6·25 전쟁/한국전쟁 ↔ 조선전쟁/조선침략전쟁, 개발도 상국 ↔ 발전도상나라, 걸프전 ↔ 만전쟁/페르샤만전쟁, 그라나다 ↔ 그레 네이더, 기니 ↔ 기네, 나일강 ↔ 닐강, 다이카 개신 ↔ 대화개혁, 덴마크 ↔ 단마르크, 러시아 ↔ 로써야, 루마니아 ↔ 로므니아, 리투아니아 ↔ 리뜨바, 마르크스 ↔ 맑스, 멕시코 ↔ 메히꼬, 모로코 ↔ 마로끄, 무굴제국 ↔ 모골제 국, 미얀마 ↔ 먄마, 바르샤바 ↔ 와르샤와, 바이마르공화국 ↔ 와이마르공 화국, 바이샤 ↔ 와이샤, 베트남전쟁 ↔ 월남전쟁, 벨기에 ↔ 벨지끄, 볼셰비 키 ↔ 볼쉐비크, 세포이의 항쟁 ↔ 시파이폭동, 시리아 ↔ 수리아, 시베리아 ↔ 씨비리, 쑨원 ↔ 손문/손중산, 에스파냐 내란 ↔ 에스빠냐공민전쟁, 오 스만 제국 ↔ 오스만 뛰르끼예제국, 유럽 연합 ↔ 유럽통합, 응우옌딘 ↔ 느 구엔딘, 의화단운동 ↔ 의화단폭동, 이자성의 난 ↔ 리자성농민봉기, 인더 스 문명 ↔ 인두스문화, 일리아드 ↔ 일리아스, 일한국 ↔ 이르한국, 잉카 제 국 ↔ 인까 제국, 저우언라이 ↔ 주은래, 차르러시아/제정러시아 ↔ 짜리로 써야, 체코슬로바키아 ↔ 체스꼬슬로벤스꼬, 칭기즈칸 ↔ 칭기스한, 카프카 즈 ↔ 깝까즈, 캄보디아 ↔ 캄보쟈, 캘커타 ↔ 콜카타, 코르시카섬 ↔ 꼬르스 섬, 키예프 ↔ 끼예브, 터키 ↔ 뛰르끼예, 파리 코뮌 ↔ 빠리꼼뮨, 팔레비 ↔ 파흐라비, 폴란드 ↔ 뽈스까, 할하 ↔ 깔까, 헝가리 ↔ 웽그리아/마쟈르, 호 메이니 ↔ 코메이니, 황건적의 난 ↔ 황건농민폭동, 황소의 난 ↔ 황소농민 봉기, 흐루쇼프 ↔ 흐루쑈브

학술의 장을 만들어야 할 것이다. 얼마 전 김일성종합대학교의 김영황 교수가 쓴 『조선어방언학』이라는 책에 필자를 포함한 남쪽 학자들의 저술을 인용하고 있는 것을 확인하였다. 지난날이면 감히 상상도 하지 못할 일이었으나 학문 교류의 창은 완전히 차단된 것만은 아니라는 희망이 있다.

소수 언어 사용자들 지원과 국제 연대

국어정책은 한글과 우리말을 사용하는 모든 이들이 공유해야 한다. 현재 정부에서는 소수자들을 위한 「점자 표준화」, 「문자의 음성 자동 전환 시스템」 등 소수자 언어 소통 기반을 위해 지속적인 지원과 배려를 하고 있다. 그러나 이들의 의사소통을 위해 더 적극적인 지원 계획과 더불어 국가 간 협력 기구를 통해 발전된 우리나라 「점자 표준화」, 「문자의 음성 자동 전환 시스템」 등의 기술력을 함께 나누고 배려하는 기획이 필요하다.

한글은 세계 최고의 문자이다. 인류의 문자 발달사적인 측면에서 한글은 과학적이면서 창의적인 문자이다. 문자 분류적인 측면에서 한글 28자는 제한적 음소문자인 동시에 다양한 외국어를 표기할 수 있는 음성 문자phonetic writing적 성격을 동시에 지닌 자모 문자alphabetic writing이다. 한글은 이렇게 문자 구성 자체가 과학적이기 때문에 누구나 손쉽게 배워서 익힐 수 있다. "슬기로운 사람이면 하루아침이 다 못하여 이것을 깨달을 수 있고 어리석은 사람이라 해도 열흘이 다 못되어 능히 다 배울 수 있는 것이니(以二十八字而轉換無窮。簡而要。精而通。故智者。不終朝而會。愚者可浹旬而學。)"라고 하였다. 한글의 우수성에 대해 Sampson(2000) 교수는 한글을 자질문자Feature writing라고 규정하며 한글의 과학성을 예찬하고 있다.

우수한 표음문자인 한글의 장점을 살려 문자가 없는 국가나 부족들의 언어 유산 기록화를 지원하는 사업들도 그 범위를 넓혀 나가야 할 것이다. 지리적 국경이 문화적 국경Cultural border으로 확장되는 시대를 맞이하여 우리나라 어문정책의 중요성이 점점 높아지고 있다. 이러한 상황을 고려한 어문정책을 수립하고 이행해 나가야 할 것이다. 어쩌면 무 문자 국가의 인류 기록 자산의 기록화는 정부적 차원의 활동보다 NGO를 중심으로 국제사회의 연대와 인류 문화 증진 및 협력이라는 관점에서 추진하고 정부가 지원하는 방식으로 전개된다면 국가 간의 문화침탈이라는 외교적 갈등을 빗겨 갈 수 있는 동시에 한류 문화의 품격을 한 차원 승화시키는 방식이 될 수 있을 것이다.

전 세계 절멸 위기에 처해져 있는 소수 무 문자 언어 유산을 기록하여 그들의 지식 자산을 보전하는 데 한글을 지원할 수 있다. 전 세계 인류를 위한 '한글 나눔'으로써 국제적 활동을 전개할 필요가 있다. 이미 알타이어학회를 중심으로 언어 다양성 보존을 위한 알타이어 문서화를 위한 조사사업을 추진하고 있는데 이를 위한 정부의 지원과 활동의 영역을 넓혀 나갈 필요가 있다.

한글과 창조성 확대

한글은 문화 예술적 방면에서 다양하게 활용되고 있다. 시와 소설, 연극과 영화를 비롯한 문자를 소재로 한 그림이나 랩 음악 등 미술이나 음악과의 접목은 한글의 창조적 특성을 확장하는 매우 좋은 수단이 될 것이다. 캘리그래피(영화 제목, 드라마, 서책, 광고 휘호 등), 글꼴(서체 연구, 문화체 개발), 글자공학(휴대문자, 자판기), 글자디자인(패션, 문화 상품) 등으로의 인접 분야의 전문가들과 공동으로 한글이 지닌 특장점을 지속적으로 발전시켜야 할 것이다. 그뿐 아니라 우리 고유어나 사어화된 토박이말, 문자예술의 중요 영역인 시와 소설, 희곡 등에서 우리말의 은유적 확장을 위해 새로운 소생력을 강화해 줄 필요가 있다. 2008년 한국시인협회와 국립국어원이 공동으로 한글 자모를 낱낱이 한 편의 시로 창작하여 모음집을 만든 사례는 한글의 예술적 창의력을 살리는 노력 가운데 하나라고 할 수 있다.

사물의 본질에 다가서는 유일한 통로가 언어이며, 그것을 구체화한 형태가 문자라고 할 수 있다. 문자는 사물 본질에 대한 재해석의 노력이므로 새로운 언어를 생성할 수 있는 예술적 창의성에 대한 이해를 좀 더 확대할 수 있는 기획이 필요하다. '세계적으로 아름다운 한글'로 다시 태어나려면, 과학성이나 예술성에 대한 학술 연구도 중요하지만 이 시대의 문화와 전통을 담아내기 위한 고뇌가 필요하다. 훈민정음의 위대함을 단순히 기술하는 것만으로 한글의 우수성을 전달하던 시대는 지났다. 지금 우리는 비주얼 시대에 살고 있다. 문자는 더 이상 단순한 소통을 위한 기호가 아니고 한 시대의 문화와 예술, 인간의 심성과 사유 방식 등을 담아내는 비주얼 요소임을 생각해야 할 것이다. 이런 관점에서 서예, 캘리그래피, 글꼴 개발과 이야기의 접목, 등을 통해 한글 문자에 울림과 전통과 영혼의 힘을 불어넣어야 한다.

국어정책과 국어운동의 길을 찾기 위해 지난 시대에 국어정책의 시행 과정에서 나타난 몇 가지 거시적인 문제점을 살펴보았다. 비판적 관점에서가 아니라 새로운 길 찾기를 위한 노력이다. 필자 역시 국립국어원장으로서 소임을 다하지 못한 일말의 책임의식을 가지고 있다. 정책이라는 문제는 관련법이나 규정보다 관련된 사람들, 그리고 사람을 움직일 수 있는 예산 지원과 시스템 관리가 안 되면 무용의 논의밖에 되지 않는다. 그리고 그것을 결정하는 사람들의 정책적 의지가 어쩌면 더 중요한 일인지 모른다. 지금가지 거칠게 논의해 온 내용을 요약하면 아래와 같다.

첫째, 먼저 한국어정책의 기본 방향을 설정하는 데 철학적 사유가 매우 부족했으며, 한국어정책 기본 방향을 설정해야 할 전문가 집단의 책임 소재가 분명하지 않았다. 한국어의 표준화를 위한 국어 규범의 고정화는 매우 필요한 정책 기조라고 할 수 있으나 표준화의 잣대가 지역적, 계층적으로 지나치게 협소하게 규정되면서 표준화의 외연에 방치된 한국어 지식의 기반이 붕괴되고 있다. 상대적으로 신조어, 외국어 음차 표기, 전문 용어가 급격하게 밀려들어 와서 한국어의 기반이 붕괴될 수 있는 상황이지만 이에 능동적으로 대처하지 못하고 있다. 낱말이 자연적으로 소멸되기도 하지만 자연적 생성 능력도 갖는 균형이 잡혀져야 한다. 규범의 제약으로 인해 자연적인 낱말의 생산 능력이 현저하게 떨어지게 함으로써 우리말과 글을 소멸 위기로 내몰아서는 안 된다. 이는 한국어정책을 입안하고 시행하는 집단의 철학적 사유의 부재에서 비롯된다. 또한 한국어정책의 입안과 시행 담당자들의 책임 소재를 더욱 명확하게 하면 더 신중하게 운용할 수 있을 것이다. '어문 규정'을 중심으로 하여 『표준국어대사전』의 방식으로 발음과 표기의 통일을 추진해 온 성과는 결코 과소평가할 수 없으나 한국어의 생태적 기반을 고려한다면 한국어정책의 기본 방향 설정과 한국어 사전사업의 추진 방향을 전면적으로 재고해야 할 단계에 와 있다.

둘째, 한국어정책 집행기관의 행정적 절차가 지나치게 관료화되어 있다. 곧 행정 절차 과정에서 중간 위치에 있는 한두 사람의 의사결정으로 한국어정책 입안 전문가들의 다수 의견이 봉쇄되기도 한다. 국립국어원의 한국어정책 실무자가 한국어정책 전반의 방향을 좌지우지하는 시행 체계는 모순이 있다. 정책 입안과 시행을 전문가 집단 간의 분업과 협업의 방식으로 발전시키도록 해야 한다. 대학의 전문가나 정부 부처의 관료나 언론사, 한국어 관련 사회단체 등 유관기관의 전문가가 더욱 긴밀하게 분업과 협업을 할 수 있도록 만들어야 한다. 한국어정책을 담당하는 전문가 집단인 국어심의회의 의견 조율 과정이 느슨하며, 한국어정책 전반을 조망할 수 있는 전문가가 많지 않다. 한국어정책은 누구나가 참여할 수 있는 일이 결코 아니다. '국어심의회'도 전문가 집단이라고 할 수 없을 만큼 신뢰성이 확보된 집단이라고 볼 수 없다. 그뿐 아니라 정책 담당 정부 부처가 문화체육관광부인데 연간 한두 차례 의례적인 회의를 개최하여 해결될 수 있는 일이 아니다. 심지어 회의가 열리지도 않을 뿐만 아니라 그동안 국어심의회 회의 기록 자료조차 온전히 갖추고 있지 않다.

셋째, 4대 국어 규범인 「한글 맞춤법」, 「표준어 규정」, 「외래어 표기법」, 「로마자 표기법」으로 구성된 어문 규정은 개정 시기가 각각 다르고 참여자가 달랐기 때문에 내용이 상충되어 규정으로서 법리적 통일성과 신뢰성이 떨어진다는 비판을 받고 있다. 또한 이 규정을 "무조건 따라야 한다"는 강제적 조항을 운용함으로써 이 규정에 명시되지 않은 사항도 있고, 비록 명시되었다고 하더라도 이를 이행하지 않는 언론사나 출판사들이 의외로 많다. 필자는 규범 관련 문제는 미시적인 문제라고 판단한다. '어문 규정'에 대한 새로운 연구를 통해 좀 더 정교하게 다듬고, 또 더욱 포괄적인 규정으로 보완 발전시켜 나가는 동시에 미비한 사항은 『표준국어대사전』을 통해 실현하거나 '어문 규정' 정보 검색기를 고도화하여 국민들의 어문생활을 더욱 윤택하게 할 수 있도록 해야 한다. 한국어의 주인은 국어학자나 국어정책자들이 아니라 소비자인 국민이라는 점을 깊이 인식하여야 한다.

넷째, 『표준국어대사전』이 한국어 규범을 실현하는 신뢰성을 견실하게 쌓을 수 있도록 더욱 합리적인 방향으로 고도화시킬 필요가 있다. 그와 동시에 표준어의 외연에 있는 한국어 자산을 통합하는 별도의 '한국어종합기반사전'을 민간이 협업의 방식으로 추진할 수 있도록 정부 지원이 필요하다. 이 문제는 한국어 정보화와 국민들의 지식 기반 강화를 위한 국가적 과제와 긴밀한 관계가 있다.

다섯째, 한국어 정책기관이 단순히 규범의 정오 판정을 담당하는 수준의 업무를 관장한다면 우리나라의 국어정책기관인 '국립국어원'을 전면 개편할 필요가 있다. 우리나라보다 다양한 방언과 이질적 다민족 국가 형태인 일본의 '국립국어연구소'가 2008년 '독립법인 국어연구소'로 전환된 사실을 신중하게 검토해야 할 것이다. 또한 대통령 직속으로 언어정책을 총괄하는 '한국어위원회'를 만들어 거시적인 언어정책을 수립하게 해야 한다.

여섯째, 문식율을 높이기 위한 정책 개발과 장애인 언어 소통을 위한 점자 및 컴퓨터를 활용한 음성 서비스, 점자와 문자 전환 소프트웨어 개발 등 한글의 복지화 정책과 산업화의 문제나 한글을 통한 문화 예술과의 연계 등 다양한 과제들이 산적해 있다. 가능하다면 국내에서 국제적 협력 관계로 이끌어 나가는 방안을 심도 있게 검토해야 할 것이다.

진정한 국민 행복시대를 열어나가기 위해 정부와 학계 그리고 민간 산업계가 힘을 합쳐 국민들이 더욱 편안하게 자유로운 의사 소통의 문을 활짝 열 채비를 갖추어야 한다. 그러기 위해서 정부에서는 정부부처 간의 협의를 강화하는 동시에 학계와 현장의 전문가들과 끊임없는 발전전략을 모색해 주기 바란다.

거울 속의 이미지

사람은 자신을 바라보는 내면의 잣대와 또 하나는 바깥으로부터 비쳐지는 자신을 반사해서 볼 수 있지만 둘 다 매우 이기적인 방식으로 변명과 합리화라는 치마를 둘러대며 자신을 옹호하는 수단으로 이용되기 쉽다.

그런 면에서 살아왔던 자신의 흔적을 되돌아보면서 자신을 겸허하게 낮추는 일이야말로 옛 성인들이 말한 수련의 방식일 것이다. 나는 그동안 나와 타자 간의 소통의 흔적을 곧바로 지우지 않고 고스란히 모아서 축적해 왔다. 그리고 일기 형식이나 글쓰기를 통해 자신을 되돌아보는 거울로 삼았다. 그런데 나의 이상적 의지와 내 몸이 가지고 있는 일탈의 의지가 가려는 길이 서로 다를 때가 많았다. 그래서 나는 지적이다, 혹은 이성적이다, 라는 말에 스스로 상당한 거부감을 가지고 있다.

나는 1953년 한국전쟁 기간에 가난한 산간 시골에서 태어났다. 남들처럼 도회로 나와서 중고등학교를 마치고 대학과 대학원을 통해 내 평생 밥벌이로 삼아온 우리말과 글에 대한 연구를 하며 이제 은퇴할 순간에 이르렀다. 비교적 순탄하게 남보다 일찍 대학에서 연구와 교육에 종사할 기회를 얻어서 38년이라는 긴 세월을 글쓰기와 학문 연구 그리고 교육에 대부분의 시간을 봉사해 왔다.

긴 시간을 대학에서 보내왔지만 2006년부터 3년간 우리나라 어문정책의 국가기관인 국립국어원의 수장을 맡게 되었다. 흔히들 한 나라의 어문정책이 뭐 그렇게 중요할까라고 생각하기 쉽지만 국가 구성원의 정체성을 확보하는 일차적인 요건이 바로 소통수단인 한국어와 한글이라고 할 수 있다. 그 짧았던 기간이지만 기록의 행간에 드러나지 않았던 이면의 이야기와 급변하게 돌아갔던 무수한 사건들의 진과 위를 기록으로 남겨둘 필요가 있다고 판단하였다.

국립국어원장의 자리는 대단히 상징적인 의미를 지니고 있다. 그런데 내가 그 자리에 갈 수 있었던 것은 매우 우연하게 전임 원장이 급히 공모 서류에 응모해 보면 어떻겠느냐는 권고 덕분이었다. 하루 전 날 급히 서류를 만들어 문화체육관광부에 제출하였다. 흔히들 당시 대통령과 코드가 맞아 정치적인 외압으로 입성한 것으로 모 교수가 청와대에 투서를 넣고 학회 회원에게 정부의 프로젝트를 독차지한 인사로 매도를 당하기도 하였다. 지방 대학 출신이라는 이유로 마치 자기를 위한 자리인데 내가 정치권력을 이용하여 자기 자리를 빼앗았다는 논리로 비난을 해왔다. 나는 법적인 대응을 하려다가 그 분의 학문적 성취도를 고려하여 참고 견뎠다. 어느 날 그의 제자가 아마 권고를 했는지 장문의 사과문을 나에게 메일로 보내와서 그것으로 매듭을 지었다.

나는 좀 더 자유롭게 국립국어원을 운영할 수 있게 되었다. 쉽게 말하면 어느 학파, 소위 말하는 한글학파와 한자공용학파의 갈등과 무관한 말 그대로 국민을 위한 어문정책을 구현하기 위해 온갖 노력을 쏟아 넣었다. 『표준국어대사전』에 대한 평가를 해보았더니 정말 국민들로부터 욕을 얻어먹어도 싸다는 생각이 들었다. 올림말과 풀이말의 오류와 올림말의 체계적 공백, 일정한 기준도 없이 북한 문화어의 올림말을 다량으로 끌어들인 점뿐만 아니라 정부가 사전사업을 독점함에 따라 시중 사전 전문출판사가 연쇄 도산되었다. 그래서 『표준국어대사전』을 온라인 사전으로 전환하면서 사전편찬팀을 새로 구성하여 5만 여 항목을 수정 보완하였지만 그래도 많은 문제가 남아 있었다. 이 『표준국어대사전』을 고도로 정제하는 사업과 더불어 남북 지역어조사와 생활어휘조사를 통해 우리사전에 고유어를 대폭 확충해 나가려는 장기 계획을 수립하였다.

그러던 과정에서 남북의 언어 정보 발전과 민족어 사전을 보다 윤택하게 만들기 위한 남북 공동방언 조사사업 추진을 하였고, 북의 사회과학원 측과 여러 차례에 걸친 국제 학술회의를 거쳐 조사에 필요한 질문지 작성과 예비 조사를 실시하면서 제4차 베이징에서 학술회의를 개최하였다. 그런데 남북 지역어 조사사업이 중단되는 위기에 처하게 되었다. 겨레말큰사전사업으로 추진하자는 민화협 쪽의 제안을 가지고 온 정도상 선생의 이야기를 받아 들여 결국 남북 지역어 조사사업은 중단된 것이다.

사실 나는 무척 불쾌하고 또 못마땅했지만 남북의 공동사업으로 끌고 간다는 측면에서는 굳이 반대할 필요가 없었으나 돌이켜 생각해 보면 매우 큰 회한이 남지 않을 수 없었다. 언제가 남북 교과서에 나타나는 학술 용어 통일사업으로 발전시킬 수 있는 날이 오리라는 기대로 나는 국립국어원에서 남쪽이나마 지역어

조사사업과 생활 어휘 조사사업을 통해 사라져 가는 우리 고유어 자료를 수집해 나가는 데 심혈을 기울였다.

2005년 이후 우리나라에는 국제결혼을 통한 이주여성 가정이 약 38만 명에 육박할 정도로 늘었고 외국으로부터 한국어 학습자가 한류의 열풍을 타고 가파르게 늘어났다. 당시 '대장금'과 '동방신기' 등의 영상과 음반의 한류는 엄청난 붐을 일으키고 있었다. 그뿐 아니라 패션디자이너 이상봉 씨가 프랑스에서 손글씨로 한글로 디자인 한 옷이 전 세계 언론에 보도되었다.

그와 함께 중국은 '공자학당'을 설립하여 전 세계에 언어공동체 구상을 착착 실현하고 있었다. 그래서 생각한 것이 「세종학당」이다. 언어 문화 상호존중 프로그램으로 전 세계에 한글과 한국어 교육을 실시하기 위해 교과과정, 교재 개발, 교원 양성 계획과 교원 재교육 등 전반에 걸친 우리 한류 문화의 본격적인 국외 진출의 길로 나설 것을 선언하였다.

자국어 국외보급은 지난 20세기까지 제국의 문화침탈정책의 하나로 이용되어 왔기 때문에 외교적 마찰이 생겨날 수도 있는 매우 기민한 문제였다. 여러 날 동안 고뇌를 하였다. 당시 유네스코에서는 언어 문화 다양성 선포를 하고 있었는데 다양성이 하나의 화두였다. 따라서 나는 언어의 다양한 공존을 위해서 표준어와 지역어의 공존과 마찬가지로 중심부의 언어와 변두리의 언어가 공존할 수 있는 철학적 근거를 마련해야 한다고 판단하고 "언어 문화 상호존중과 이해"라는 슬로건을 마련하였다. 당시 한국어 관련 학자들에게조차도 아주 생소한 「세종학당」운영의 기본 철학인 "언어 문화 상호존중과 이해"라는 내용을 이해시키기 위해 국제한국어교육학회에 직접 참여하여 발제를 하였을 뿐만 아니라 관련 전문가들을 구성하여 여러 차례 전략회의를 거쳤다. 이러한 나의 노력이 정부의 국무회의에 보고되어서 국무회의에 나가서 직접 설명을 할 수 있게 되었다.

그러나 관련 법안의 미비로 인해 예산확보는 까마득한 일이 되었다. 기획재정부의 담당 국장을 여러 차례 만나러 갔던 어느 날 봄비가 하염없이 내리는 차창을 내다보면서 "내가 미쳤나?", "왜들 이러고 있지?"라는 생각이 문득 들기도 하였다.

2007년 드디어 몽골 울란바타르대학교에 제1호 「세종학당」이 설립되었다. 내가 재임하는 동안 18호까지 만들고 다시 대학으로 되돌아 왔다.

나는 방언학을 전공한 사람이다. 무엇보다도 우리나라 말의 외연을 확대시키기 위해 밀려드는 외래어, 정확히 말하면 외래어 음차 표기를 어떻게 줄여나갈 수 있을까를 생각했다. 정책적 대안과 실제로 국민들의 언어 의식은 너무나 먼 거리에 있었다. 아직 한자어 조어형을 확대해야 한다거나 국적 불명의 외국어를 한글로 쓰면 모두 외래어가 된다고 생각하는 사람들이 엄청나게 많았다. 실제로 전직 국립국어원장을 지낸 분도 "아임어 보이"라고 쓴 것은 외래어라고 주장하는 사람도 있다. 이렇게 중차대한 일을 '외래어 심의의원' 몇 사람이 모여서 해결될 문제가 아니었다. 그뿐 아니라 우리나라 「외래어 표기법」은 터무니없이 복잡하고 어렵다. 발음대로 IPA방식으로 전사하면 될 일인데 철자전사 방식으로 되어 있어서 전문가들조차도 제대로 이해하기 어렵다. 나는 가끔 국립국어원에서 부장들과 간부회의를 하기 전 그들에게 외래어 표기 몇몇 예를 써보라고 했는데, 그때 5문항 중에 한 두 개도 맞추는 이가 없을 정도였다. "이래놓고 국민들에게 외래어 표기법을 지키라고 요구하는 것은 문제가 많지 않습니까?"라고 하면 아무도 대답을 하지 못했다.

나는 대안으로 「맞춤법통일안」의 기계화가 필요하니까 그 기반 조성을 위해 언어 정보화의 장기적 전략을 짜고 '흔글'이나 '마이크로소프트 워드' 등 한글 워드 시스템 회사와 협의해서 국민들에게 불편을 최소화할 수 있는 국어 기계화 계획 수립을 추진하였다.

이 시기에 내가 쓴 두 가지의 책이 있다. 『방언의 미학』(살림, 2007)과 『둥지 밖의 언어』(생각의나무, 2008)라는 책이다. 『표준국어대사전』에 대한 개편 방향과 국어 정보화에 대한 비전, 그리고 우리말의 고유어를 확충하려는 나의 의지와 비전이 담긴 내용으로 구성되어 있다. 『방언의 미학』의 내용은 일부 초·중·고 검인정 교과서에 일부 지문으로 실리는 영광을 얻기도 하였다.

세월이 지났다. 내가 국립국어원장 재임 기간 동안 펼쳤던 병풍은 한 칸 한 칸 접혀지고 다시 적막한 고요 속으로 잠수해 버렸다. 국립국어원이 정책기관에서 다시 연구기관으로 그 위상도 다시 축소되었다.

그 흑막의 뒤에는 당시 문화체육관광부에 고위직 모 국장이 인사 불이익을 당해 통일부로 전출 갔다가 문체부로 되돌아 와 문정 국장을 맡은 인물이 있다.

마침 국립국어원에서 한글날을 전후 하여 그동안의 연구실적을 출판물로 만들어 국민에게 공개하기로 하여 만든 몇 권이 책들이 있다. 그 속에 『신조어』라는 책이 있다. 그 안에 '놈현스럽다'라는 신조어가 들어 있었다. 언론이 벌떼처럼 일어났다. 당시 정부부처 출입 기자실을 폐쇄한 상황이라서 언론사 기자들이 매우 약이 올라 있는 상황이기도 하지만 대통령을 정 조준하여 비판하는 그 낱말의 상징성의 부피는 엄청나게 클 수밖에 없었다. 10월 9일 광화문 세종홀에서 한글날 기념행사를 마치고 나서는 길에 청와대 홍보비서관이 나에게 전화를 하였다. "어떻게 국가 정부 산하 기관장이 국군통수권자인 대통령을 이렇게 비하하는 말을 책으로 낼 수 있습니까?"라고 따지듯이 물었다. 나는 차분하게 나의 전임 국어원장이 신문에 실린 내용을 수집한 신조어 연구보고서를 내가 취임하기 2년 전에 이미 청와대에 보고했던 내용이다. 그리고 없는 것을 만든 것이 아니라 우리 기관은 그런 일을 업무로 하는 기관 아니냐? 그리고 미국의 대통령 부시도 '부시스럽다'라는 신조어가 있지 않는가라고 말하며, 다만 정치적인 문제로 물의를 일으킨 것은 실재로는 언론사와의 전쟁이 시작된 것으로 야기된 일이지만 일단은 죄송스럽게 생각하며 수습책을 마련하겠다는 통화를 하였던 것 같다. 원내로 돌아와서 실무자들에게 일단 상세한 경위를 보고토록 하라고 한 다음 내부 인터넷에 수습을 위한 사과의 글을 싣고 출판사를 통해 수정 후에 배부를 요청했지만 출판사에서는 완강하게 거부하였다. 출판물의 자유를 훼손해서는 안 된다는 생각으로 그쯤 두고 있었으나 내부 인터넷망이 완전 다운될 정도로 오만 가지 욕설과 입에 담지 못할 댓글이 차올라 왔다. 진짜 출근길에 한강변에 차를 세워서 강물에 뛰어들고 싶었다.

혼란스러웠다. 언론은 언론대로 노사모 댓글 팀에서 올라오는 사나운 분노의 글이 한 개인의 영혼을 깡그리 망쳐놓을 수 있다는 남다른 체험을 하였다. 마침 전주에서 개최된 「아시아·아프리카 문학페스티벌」 행사에 발제를 마치고 내려오는 데 문체부의 모 국장으로부터 전화가 왔다. 국립국어원 관계자 모두 징계에 올리라는 앙칼진 목소리가 나를 혼란 속으로 밀쳐 넣었다.

그 후 국회문광위원회 회의에 참석하러 국회 6층 문광위회의실 입구에서 바로 그 국장이 "옆구리에 팔을 꼽은 체 구족을 멸해야 한다고 고래고래 고함을 쳤다." 가관이었다. 나는 내가 사표를 내기로 결정하고 담당 부장에게 사표서를 써서 본부에 제출하라고 한 다음 대구로 와서 은해사 뒤편 암자에 들러 며칠 동안 잠만 잤다. 4일째 아내가 올라 왔다. 집에 두고 온 휴대 전화기에는 장관께서 직접 여러 차례 전화를 하였다. 부하 직원들의 인사 처리를 무마하는 조건으로 원상 복직하라는 소명이었다. 당시 김 모 장관님은 지금도 가끔 문자와 전화로 서로의 안부를 묻고 있다.

세월이 흘러 정권이 바뀌었다. 어느 날 또 언론에 아침 광화문 포럼에서 문화관광체육부 Y 장관이 전 정권에 몸 담았던 기관장은 물러나달라는 내용의 기사가 파장을 몰고 왔다. 아니나 다를까 감사가 밀어 닥치고 직원들을 통해 나의 뒷조사를 하고 있었지만 나는 아무 걱정을 하지 않았다.

문광위에서는 모 국회의원이 정부기관장의 기관운영 판공비 사용 소명 자료 요청이 있었으나 나는 아예 정부기관운영비 지출 카드를 내 손에 쥐어 본적이 없었고 실재 사용 내역도 타 기관의 1/12밖에 되지 않을 터였는데, 이에 대한 이유를 밝히라는 웃기는 일도 있었다.

그러나 4개 기관의 기관장은 허무 하게 목이 날라 갔다. 심지어 기관카드로 직원들 단체회식 술값으로 지불된 사유나, 아내에게 백을 사준 이유 등등으로 목이 날아갔다. 그러나 나는 외국 출장비도 몇 백 원까지 남은 금액은 몽땅 정부에 다시 귀속시킨 덕분으로 목이 살아남았다.

그동안 나를 못살게 굴었던 모 국장은 내 고향의 후배이기도 했지만 결국 앙금을 풀지 못했다. 그러나 정권이 바뀐 다음 승승장구할 것 같던 그는 장관 곁에서 '세종도시'의 초창기 명칭이었던 '행복도시'를 비꼬아 "갈 행자 복잡할 복"이라며 아양을 떨었다. 나는 기관장 모임 자리에서 늘 그들과는 멀찍이 떨어져 앉아 말도 잘 하지 않았다.

정부기관에서 일하는 공직자들은 늘 국민들을 '어떻게 하면 편안한 삶을 살 수 있게 해 줄까?'라는 매우 단순하고 간단한 명제 위에서 출발해야 한다. 국립국어원은 국어를 학문적으로 연구만 하는 기관이 아니다. 국어를 국민이 손쉽게 사용할 수 있는 환경과 도구를 만들어 주고 지원하는 기관이 되어야 한다.

한동안 정부의 국립국어원을 이끌었던 인연으로 국어정책의 문제점을 누구보다도 앞장서서 비판하고 질책하면서 새롭게 개선하려고 노력해 왔다고 자부한다. 앞으로 남아 있는 산적한 과제들이 얼마나 많은가? 국가사전 정책의 방향, 특히 표준국어대사전의 개편과 보완, 국민개방형대사전, 겨레말큰사전을 어떻게 관리하고 마무리해 나갈 것인가? 그리고 국가의 언어 정보화 사업의 장기적인 전망과 효용성을 위한 산업화 전략의 방안들이 적극 모색되어야 할 것이다. 그리고 국민들이 어떻게 하면 쉬운 언어 소통을 이루도록 할 수 있을 것인가?

앞으로 남북 겨레말의 통합과 통일을 위해 과연 우리는 무엇을 해야 할 것인가?

필자는 일찍 남북 교과서 통일을 위해 준비와 노력을 해야 한다고 판단하고 북쪽의 사회과학원과 김일성종합대학교와 여러 차례 의견을 함께하였다.

몇 년 전 김일성종합대학교 측의 남북 교과서 통일을 위한 업무 추진을 위해 내가 근무하는 곳의 H 총장께 상호 의정서를 제출하니까 번연히 날쳐다보면서 "원장님, 지금 무슨 시기인데 제정신입니까?"라고 되묻기도 했다.

아마 내가 제정신이 아닌가 보다. 물론 통일부에서도 방북 허가가 날 것 같지도 않았던 적막한 시간도 있었다.

아침에 일어나서 거울을 들여다본다.

외래어 표기법

제1장 표기의 기본 원칙

제1항 외래어는 국어의 현용 24 자모만으로 적는다.

제2항 외래어의 1 음운은 원칙적으로 1 기호로 적는다.

제3항 받침에는 'ㄱ, ㄴ, ㄹ, ㅁ, ㅂ, ㅅ, ㅇ'만을 쓴다.

제4항 파열음 표기에는 된소리를 쓰지 않는 것을 원칙으로 한다.

제5항 이미 굳어진 외래어는 관용을 존중하되, 그 범위와 용례는
따로 정한다.

제2장 표기 일람표

외래어는 표 1~19에 따라 표기한다.

표 1 국제 음성 기호와 한글 대조표

자음			반모음		모음	
국제 음성 기호	한글		국제 음성 기호	한글	국제 음성 기호	한글
	모음 앞	자음 앞 또는 어말				
p	ㅍ	ㅂ, 프	j	이*	i	이
b	ㅂ	브	ɥ	위	y	위
t	ㅌ	ㅅ, 트	w	오, 우*	e	에
d	ㄷ	드			ø	외
k	ㅋ	ㄱ, 크			ɛ	에
g	ㄱ	그			ɛ̃	앵
f	ㅍ	프			œ	외
v	ㅂ	브			œ̃	욍
θ	ㅅ	스			æ	애
ð	ㄷ	드			a	아
s	ㅅ	스			ɑ	아
z	ㅈ	즈			ã	앙
ʃ	시	슈, 시			ʌ	어
ʒ	ㅈ	지			ɔ	오
ʦ	ㅊ	츠			ɔ̃	옹
dz	ㅈ	즈			o	오
ʧ	ㅊ	치			u	우
ʤ	ㅈ	지			ə**	어
m	ㅁ	ㅁ			ɚ	어
n	ㄴ	ㄴ				
ɲ	니*	뉴				
ŋ	ㅇ	ㅇ				
l	ㄹ, ㄹㄹ	ㄹ				
r	ㄹ	르				
h	ㅎ	흐				
ç	ㅎ	히				
x	ㅎ	흐				

* [j], [w]의 '이'와 '오, 우', 그리고 [ɲ]의 '니'는 모음과 결합할 때 제3장 표기 세칙에 따른다.
** 독일어의 경우에는 '에', 프랑스어의 경우에는 '으'로 적는다.

표 2 에스파냐어 자모와 한글 대조표

자모	한글		보기
	모음 앞	자음 앞·어말	
b	ㅂ	브	biz 비스, blandon 블란돈, braceo 브라세오
c	ㅋ, ㅅ	ㄱ, ㅋ	colcren 콜크렌, Cecilia 세실리아, coccion 콕시온, bistec 비스텍, dictado 딕타도
ch	ㅊ	—	chicharra 치차라
d	ㄷ	드	felicidad 펠리시다드
f	ㅍ	프	fuga 푸가, fran 프란
g	ㄱ, ㅎ	그	ganga 강가, geologia 헤올로히아, yungla 융글라
h	—	—	hipo 이포, quehacer 케아세르
j	ㅎ	—	jueves 후에베스, reloj 렐로
k	ㅋ	크	kapok 카포크
l	ㄹ, ㄹㄹ	ㄹ	lacrar 라크라르, Lulio 룰리오, ocal 오칼
ll	이*	—	llama 야마, lluvia 유비아
m	ㅁ	ㅁ	membrete 멤브레테
n	ㄴ	ㄴ	noche 노체, flan 플란
ñ	니*	—	ñoñez 뇨녜스, mañana 마냐나
p	ㅍ	ㅂ, 프	pepsina 펩시나, plantón 플란톤
q	ㅋ	—	quisquilla 키스키야
r	ㄹ	르	rascador 라스카도르
s	ㅅ	스	sastreria 사스트레리아
t	ㅌ	트	tetraetro 테트라에트로
v	ㅂ	—	viudedad 비우데다드
x	ㅅ, ㄱㅅ	ㄱ스	xenón 세논, laxante 락산테, yuxta 육스타
z	ㅅ	스	zagal 사갈, liquidez 리키데스
w	오·우*	—	walkirias 왈키리아스
y	이*	—	yungla 융글라
a	아		braceo 브라세오
e	에		reloj 렐로
i	이		Lulio 룰리오
o	오		ocal 오칼
u	우		viudedad 비우데다드

자음: b ~ z
반모음: w, y
모음: a ~ u

* ll, y, ñ, w의 '이, 니, 오, 우'는 다른 모음과 결합할 때 합쳐서 1 음절로 적는다.

255

표 3 이탈리아어 자모와 한글 대조표

자모	한글 모음 앞	한글 자음 앞·어말	보기
자음 b	ㅂ	브	Bologna 볼로냐, bravo 브라보
c	ㅋ, ㅊ	크	Como 코모, Sicilia 시칠리아, Boccaccio 보카치오, credo 크레도
ch	ㅋ	—	Pinocchio 피노키오, cherubino 케루비노
d	ㄷ	드	Dante 단테, drizza 드리차
f	ㅍ	프	Firenze 피렌체, freddo 프레도
g	ㄱ, ㅈ	그	Galileo 갈릴레오, Genova 제노바, gloria 글로리아
h	—	—	hanno 안노, oh 오
l	ㄹ, ㄹㄹ	ㄹ	Milano 밀라노, largo 라르고, palco 팔코
m	ㅁ	ㅁ	Macchiavelli 마키아벨리, mamma 맘마, Campanella 캄파넬라
n	ㄴ	ㄴ	Nero 네로, Anna 안나, divertimento 디베르티멘토
p	ㅍ	프	Pisa 피사, prima 프리마
q	ㅋ	—	quando 콴도, queto 퀘토
r	ㄹ	르	Roma 로마, Marconi 마르코니
s	ㅅ	스	Sorrento 소렌토, asma 아스마, sasso 사소
t	ㅌ	트	Torino 토리노, tranne 트란네
v	ㅂ	브	Vivace 비바체, manovra 마노브라
z	ㅊ	—	nozze 노체, mancanza 만칸차
모음 a	아		abituro 아비투로, capra 카프라
e	에		erta 에르타, padrone 파드로네
i	이		infamia 인파미아, manica 마니카
o	오		oblio 오블리오, poetica 포에티카
u	우		uva 우바, spuma 스푸마

표 4 일본어의 가나와 한글 대조표

가나	한글	
	어두	어중·어말
ア イ ウ エ オ	아 이 우 에 오	아 이 우 에 오
カ キ ク ケ コ	가 기 구 게 고	카 키 쿠 케 코
サ シ ス セ ソ	사 시 스 세 소	사 시 스 세 소
タ チ ツ テ ト	다 지 쓰 데 도	타 치 쓰 테 토
ナ ニ ヌ ネ ノ	나 니 누 네 노	나 니 누 네 노
ハ ヒ フ ヘ ホ	하 히 후 헤 호	하 히 후 헤 호
マ ミ ム メ モ	마 미 무 메 모	마 미 무 메 모
ヤ イ ユ エ ヨ	야 이 유 에 요	야 이 유 에 요
ラ リ ル レ ロ	라 리 루 레 로	라 리 루 레 로
ワ (ヰ) ウ (ヱ) ヲ	와 (이) 우 (에) 오	와 (이) 우 (에) 오
ン		ㄴ
ガ ギ グ ゲ ゴ	가 기 구 게 고	가 기 구 게 고
ザ ジ ズ ゼ ゾ	자 지 즈 제 조	자 지 즈 제 조
ダ ヂ ヅ デ ド	다 지 즈 데 도	다 지 즈 데 도
バ ビ ブ ベ ボ	바 비 부 베 보	바 비 부 베 보
パ ピ プ ペ ポ	파 피 푸 페 포	파 피 푸 페 포
キャ キュ キョ	갸 규 교	캬 큐 쿄
ギャ ギュ ギョ	갸 규 교	갸 규 교
シャ シュ ショ	샤 슈 쇼	샤 슈 쇼
ジャ ジュ ジョ	자 주 조	자 주 조
チャ チュ チョ	자 주 조	차 추 초
ニャ ニュ ニョ	냐 뉴 뇨	냐 뉴 뇨
ヒャ ヒュ ヒョ	햐 휴 효	햐 휴 효
ビャ ビュ ビョ	뱌 뷰 뵤	뱌 뷰 뵤
ピャ ピュ ピョ	퍄 퓨 표	퍄 퓨 표
ミャ ミュ ミョ	먀 뮤 묘	먀 뮤 묘
リャ リュ リョ	랴 류 료	랴 류 료

표 5 중국어의 발음 부호와 한글 대조표

성모(聲母)				운모(韻母)							
음의 분류	한어병음자모	주음부호	한글	음의 분류	한어병음자모	주음부호	한글	음의 분류	한어병음자모	주음부호	한글
중순성 重脣聲	b	ㄅ	ㅂ	단운 單韻	a	ㄚ	아		yan (ian)	ㄧㄢ	옌
	p	ㄆ	ㅍ		o	ㄛ	오		yin (in)	ㄧㄣ	인
	m	ㄇ	ㅁ		e	ㄜ	어		yang (iang)	ㄧㄤ	양
									ying (ing)	ㄧㄥ	잉
순치성*	f	ㄈ	ㅍ		ê	ㄝ	에	결합운모 結合韻母	wa (ua)	ㄨㄚ	와
설첨성 舌尖聲	d	ㄉ	ㄷ		yi (i)	ㄧ	이	합구류 合口類	wo (uo)	ㄨㄛ	워
	t	ㄊ	ㅌ		wu (u)	ㄨ	우		wai (uai)	ㄨㄞ	와이
	n	ㄋ	ㄴ		yu (u)	ㄩ	위		wei (ui)	ㄨㄟ	웨이 (우이)
	l	ㄌ	ㄹ	복운 複韻	ai	ㄞ	아이		wan (uan)	ㄨㄢ	완
설근성 舌根聲	g	ㄍ	ㄱ		ei	ㄟ	에이		wen (un)	ㄨㄣ	원 (운)
	k	ㄎ	ㅋ		ao	ㄠ	아오		wang (uang)	ㄨㄤ	왕
	h	ㄏ	ㅎ		ou	ㄡ	어우		weng (ong)	ㄨㄥ	웡 (웅)
설면성 舌面聲	j	ㄐ	ㅈ	부성운 附聲韻	an	ㄢ	안		yue (ue)	ㄩㄝ	웨
	q	ㄑ	ㅊ		en	ㄣ	언	촬구류 撮口類	yuan (uan)	ㄩㄢ	위안
	x	ㄒ	ㅅ		ang	ㄤ	앙		yun (un)	ㄩㄣ	윈
교 설첨성 翹 舌尖聲	zh [zhi]	ㄓ	ㅈ [즈]		eng	ㄥ	엉		yong (iong)	ㄩㄥ	융
	ch [chi]	ㄔ	ㅊ [츠]	권설운*	er (r)	ㄦ	얼				
	sh [shi]	ㄕ	ㅅ [스]	제치류 齊齒類	ya (ia)	ㄧㄚ	야				
	r [ri]	ㄖ	ㄹ [르]		yo	ㄧㄛ	요				

성모(聲母)				운모(韻母)							
음의 분류	한어 병음 자모	주음 부호	한글	음의 분류	한어 병음 자모	주음 부호	한글	음의 분류	한어 병음 자모	주음 부호	한글
설치성 舌齒聲	z [zi]	ㄗ	ㅉ [쯔]		ye (ie)	ㄧㄝ	예				
	c [ci]	ㄘ	ㅊ [츠]		yai	ㄧㄞ	야이				
	s [si]	ㄙ	ㅆ [쓰]		yao (iao)	ㄧㄠ	야오				
					you (iou, iu)	ㄧㄡ	유				

[ ]는 단독 발음될 경우의 표기임. ( )는 자음이 선행할 경우의 표기임.
* 순치성(脣齒聲), 권설운(捲舌韻)

표 6 폴란드어 자모와 한글 대조표

	자모	한글		보기
		모음 앞	자음 앞·어말	
자음	b	ㅂ	ㅂ, 브, 프	burak 부라크, szybko 십코, dobrze 도브제, chleb 흘레프
	c	ㅊ	츠	cel 첼, Balicki 발리츠키, noc 노츠
	ć	—	치	dać 다치
	d	ㄷ	드, 트	dach 다흐, zdrowy 즈드로비, słodki 스워트키, pod 포트
	f	ㅍ	프	fasola 파솔라, befsztyk 베프슈티크
	g	ㄱ	ㄱ, 그, 크	góra 구라, grad 그라트, targ 타르크
	h	ㅎ	흐	herbata 헤르바타, Hrubieszów 흐루비에슈프
	k	ㅋ	ㄱ, 크	kino 키노, daktyl 닥틸, król 크룰, bank 반크
	l	ㄹ, ㄹㄹ	ㄹ	lis 리스, kolano 콜라노, motyl 모틸
	m	ㅁ	ㅁ, 므	most 모스트, zimno 짐노, sam 삼
	n	ㄴ	ㄴ	nerka 네르카, dokument 도쿠멘트, dywan 디반
	ń	—	ㄴ	Gdańsk 그단스크, Poznań 포즈난
	p	ㅍ	ㅂ, 프	para 파라, Słupsk 스웁스크, chłop 흐워프
	r	ㄹ	르	rower 로베르, garnek 가르네크, sznur 슈누르
	s	ㅅ	스	serce 세르체, srebro 스레브로, pas 파스

자모	한글		보기
	모음 앞	자음 앞·어말	
ś	—	시	ślepy 실레피, dziś 지시
t	ㅌ	트	tam 탐, matka 마트카, but 부트
w	ㅂ	브, 프	Warszawa 바르샤바, piwnica 피브니차, krew 크레프
z	ㅈ	즈, 스	zamek 자메크, zbrodnia 즈브로드니아, wywóz 비부스
ź	—	지, 시	gwoździk 그보지지크, więź 비엥시
ż	ㅈ, 시*	주, 슈, 시	żyto 지토, różny 루주니, łyżka 위슈카, straż 스트라시
ch	ㅎ	흐	chory 호리, kuchnia 쿠흐니아, dach 다흐
dz	ㅈ	즈, 츠	dziura 지우라, dzwon 즈본, mosiądz 모시옹츠
dź	—	치	niedźwiedź 니에치비에치
dż, drz	ㅈ	치	drzewo 제보, łódż 워치
cz	ㅊ	치	czysty 치스티, beczka 베치카, klucz 클루치
sz	시*	슈, 시	szary 샤리, musztarda 무슈타르다, kapelusz 카펠루시
rz	ㅈ, 시*	주, 슈, 시	rzeka 제카, Przemyśl 프셰미실, kołnierz 코우니에시
반모음	j	이*	jasny 야스니, kraj 크라이
	ł	우	łono 워노, głowa 그워바, bułka 부우카, kanał 카나우
모음	a	아	trawa 트라바
	ą	옹	trąba 트롱바, mąka 몽카, kąt 콩트, tą 통
	e	에	zero 제로
	ę	엥, 에	kępa 켕파, węgorz 벵고시, Częstochowa 쳉스토호바, proszę 프로셰
	i	이	zima 지마
	o	오	udo 우도
	ó	우	próba 프루바
	u	우	kula 쿨라
	y	이	daktyl 닥틸

* ż, sz, rz의 '시'와 j의 '이'는 뒤따르는 모음과 결합할 때 합쳐서 1 음절로 적는다.

표 7 체코어 자모와 한글 대조표

자모	한글 모음 앞	한글 자음 앞·어말	보기
b	ㅂ	ㅂ, 브, 프	barva 바르바, obchod 옵호트, dobrý 도브리, jeřab 예르자프
c	ㅊ	츠	cigareta 치가레타, nemocnice 네모츠니체, nemoc 네모츠
č	ㅊ	치	čapek 차페크, kulečnik 쿨레치니크, míč 미치
d	ㄷ	드, 트	dech 데흐, divadlo 디바들로, led 레트
d'	디*	디, 티	d'ábel 댜벨, lod'ka 로티카, hrud' 흐루티
f	ㅍ	프	fík 피크, knoflík 크노플리크
g	ㄱ	ㄱ, 그, 크	gramofon 그라모폰
h	ㅎ	흐	hadr 하드르, hmyz 흐미스, bůh 부흐
ch	ㅎ	흐	choditi 호디티, chlapec 흘라페츠, prach 프라흐
k	ㅋ	ㄱ, 크	kachna 카흐나, nikdy 니크디, padák 파다크
l	ㄹ, ㄹㄹ	ㄹ	lev 레프, šplhati 슈플하티, postel 포스텔
m	ㅁ	ㅁ, 므	most 모스트, mrak 므라크, podzim 포드짐
n	ㄴ	ㄴ	noha 노하, podmínka 포드민카
ñ	니*	ㄴ	němý 네미, sáňky 산키, Plzeň 플젠
p	ㅍ	ㅂ, 프	Praha 프라하, koroptev 코롭테프, strop 스트로프
qu	크ㅂ	—	quasi 크바시
r	ㄹ	르	ruka 루카, harmonika 하르모니카, mír 미르
ř	르ㅈ	르주, 르슈, 르시	řeka 르제카, námořník 나모르주니크, hořký 호르슈키, kouř 코우르시
s	ㅅ	스	sedlo 세들로, máslo 마슬로, nos 노스
š	시*	슈, 시	šaty 샤티, Štemberk 슈테른베르크, koš 코시
t	ㅌ	트	tam 탐, matka 마트카, bolest 볼레스트
t'	티*	티	tělo 텔로, štěstí 슈테스티, obět' 오베티
v	ㅂ	브, 프	vysoký 비소키, knihovna 크니호브나, kov 코프
w	ㅂ	브, 프	
x**	ㄱㅅ, ㅈ	ㄱ스	xerox 제록스, saxofón 삭소폰
z	ㅈ	즈, 스	zámek 자메크, pozdní 포즈드니, bez 베스
ž	ㅈ	주, 슈, 시	Žižka 지슈카, Žvěřina 주베르지나, Brož 브로시

자음

자모	한글		보기
	모음 앞	자음 앞·어말	
반모음 j	이*		jaro 야로, pokoj 포코이
a, á	아		balík 발리크, komár 코마르
e, é	에		dech 데흐, léto 레토
ě	예		sěst 셰스트, věk 베크
i, í	이		kino 키노, míra 미라
o, ó	오		obec 오베츠, nervózni 네르보즈니
u, ú, ů	우		buben 부벤, úrok 우로크, dům 둠
y, ý	이		jazyk 야지크, líný 리니

모음 (자모 column label for a,á through y,ý)

* ď, ň, š, ť, j의 '디, 니, 시, 티, 이'는 뒤따르는 모음과 결합할 때 합쳐서 1 음절로 적는다.
** x는 개별 용례에 따라 한글 표기를 정한다.

표 8 세르보크로아트어 자모와 한글 대조표

자모	한글		보기
	모음 앞	자음 앞·어말	
b	ㅂ	브	bog 보그, drobnjak 드로브냐크, pogreb 포그레브
c	ㅊ	츠	cigara 치가라, novac 노바츠
č	ㅊ	치	čelik 첼리크, točka 토치카, kolač 콜라치
ć, tj	ㅊ	치	naći 나치, sestrić 세스트리치
d	ㄷ	드	desno 데스노, drvo 드르보, medved 메드베드
dž	ㅈ	지	džep 제프, narudžba 나루지바
đ,dj	ㅈ	지	Đura đ 주라지
f	ㅍ	프	fasada 파사다, kifla 키플라, šaraf 샤라프
g	ㄱ	그	gost 고스트, dugme 두그메, krug 크루그
h	ㅎ	흐	hitan 히탄, šah 샤흐
k	ㅋ	ㄱ, 크	korist 코리스트, krug 크루그, jastuk 야스투크
l	ㄹ, ㄹㄹ	ㄹ	levo 레보, balkon 발콘, šal 샬
lj	리*, ㄹ리*	ㄹ	ljeto 레토, pasulj 파술
m	ㅁ	ㅁ, 므	malo 말로, mnogo 므노고, osam 오삼
n	ㄴ	ㄴ	nos 노스, banka 반카, loman 로만
nj	니*	ㄴ	Njegoš 녜고시, svibanj 스비반
p	ㅍ	ㅂ, 프	peta 페타, opština 옵슈티나, lep 레프

자모 (자모 column label for the 자음 section b through p)

자모	한글		보기
	모음 앞	자음 앞·어말	
r	ㄹ	르	riba 리바, torba 토르바, mir 미르
s	ㅅ	스	sedam 세담, posle 포슬레, glas 글라스
š	시*	슈, 시	šal 샬, vlasništvo 블라스니슈트보, broš 브로시
t	ㅌ	트	telo 텔로, ostrvo 오스트르보, put 푸트
v	ㅂ	브	vatra 바트라, olovka 올로브카, proliv 프롤리브
z	ㅈ	즈	zavoj 자보이, pozno 포즈노, obraz 오브라즈
ž	ㅈ	주	žena 제나, izložba 이즐로주바, muž 무주
반모음 j	이*		pojas 포야스, zavoj 자보이, odjelo 오델로
a	아		bakar 바카르
e	에		cev 체브
모음 i	이		dim 딤
o	오		molim 몰림
u	우		zubar 주바르

* lj, nj, š, j의 '리, 니, 시, 이'는 뒤따르는 모음과 결합할 때 합쳐서 1 음절로 적는다.

표 9 루마니아어 자모와 한글 대조표

자모	한글		보기
	모음 앞	자음 앞·어말	
b	ㅂ	브	bibliotecă 비블리오테커, alb 알브
c	ㅋ, ㅊ	ㄱ, ㅋ	Cîntec 큰테크, Cine 치네, factură 팍투러
d	ㄷ	드	Moldova 몰도바, Brad 브라드
f	ㅍ	프	Focşani 폭샤니, Cartof 카르토프
g	ㄱ, ㅈ	그	Galaţi 갈라치, Gigel 지젤, hering 헤링그
자음 h	ㅎ	호	haţeg 하체그, duh 두흐
j	ㅈ	지	Jiu 지우, Cluj 클루지
k	ㅋ	—	kilogram 킬로그람
l	ㄹ, ㄹㄹ	ㄹ	bibliotecă 비블리오테커, hotel 호텔
m	ㅁ	ㅁ	Maramureş 마라무레슈, Avram 아브람
n	ㄴ	ㄴ, 느	Nucet 누체트, Bran 브란, pumn 품느

자모	한글		보기
	모음 앞	자음 앞·어말	
p	ㅍ	ㅂ, 프	pianist 피아니스트, septembrie 셉템브리에, cap 카프
r	ㄹ	르	radio 라디오, dor 도르
s	ㅅ	스	Sibiu 시비우, pas 파스
ş	시*	슈	şag 샤그, Mureş 무레슈
t	ㅌ	트	telefonist 텔레포니스트, bilet 빌레트
ţ	ㅊ	츠	ţigară 치가러, braţ 브라츠
v	ㅂ	브	Victoria 빅토리아, Braşov 브라쇼브
x**	ㄱㅅ, ㄱㅈ	크스, ㄱ스	taxi 탁시, examen 에그자멘
z	ㅈ	즈	ziar 지아르, autobuz 아우토부즈
ch	ㅋ	—	Cheia 케이아
gh	ㄱ	—	Gheorghe 게오르게
모음	a	아		Arad 아라드
	ă	어		Bacău 바커우
	e	에		Elena 엘레나
	i	이		pianist 피아니스트
	î, â	으		Cîmpina 큼피나, România 로므니아
	o	오		Oradea 오라데아
	u	우		Nucet 누체트

* ş의 '시'는 뒤따르는 모음과 결합할 때 합쳐서 1 음절로 적는다.
** x는 개별 용례에 따라 한글 표기를 정한다.

표 10 헝가리어 자모와 한글 대조표

자모	한글		보기
	모음 앞	자음 앞·어말	
자음	b	ㅂ	브	bab 버브, ablak 어블러크
	c	ㅊ	츠	citrom 치트롬, nyolcvan 뇰츠번, arc 어르츠
	cs	ㅊ	치	csavar 처버르, kulcs 쿨치
	d	ㄷ	드	daru 더루, medve 메드베, gond 곤드
	dzs	ㅈ	지	dzsem 젬
	f	ㅍ	프	elfog 엘포그
	g	ㄱ	그	gumi 구미, nyugta 뉴그터, csomag 초머그

자모	한글		보기
	모음 앞	자음 앞·어말	
gy	ㅈ	지	gyár 자르, hagyma 허지머, nagy 너지
h	ㅎ	흐	hal 헐, juh 유흐
k	ㅋ	ㄱ, 크	béka 베커, keksz 켁스, szék 세크
l	ㄹ, ㄹㄹ	ㄹ	len 렌, meleg 멜레그, dél 델
m	ㅁ	ㅁ	málna 말너, bomba 봄버, álom 알롬
n	ㄴ	ㄴ	néma 네머, bunda 분더, pihen 피헨
ny	니*	니	nyak 녀크, hányszor 하니소르, irány 이라니
p	ㅍ	ㅂ, 프	árpa 아르퍼, csipke 칩케, hónap 호너프
r	ㄹ	르	róka 로커, barna 버르너, ár 아르
s	시*	슈, 시	sál 샬, puska 푸슈카, aratás 어러타시
sz	ㅅ	스	alszik 얼시크, asztal 어스털, húsz 후스
t	ㅌ	트	ajto 어이토, borotva 보로트버, csont 촌트
ty	ㅊ	치	atya 어처
v	ㅂ	브	vesz 베스, évszázad 에브사저드, enyv 에니브
z	ㅈ	즈	zab 저브, kezd 케즈드, blúz 블루즈
zs	ㅈ	주	zsák 자크, tőzsde 퇴주데, rozs 로주
반모음	j	이*		ajak 어여크, fej 페이, január 여누아르
	ly	이*		lyuk 유크, mélység 메이셰그, király 키라이
모음	a	어		lakat 러커트
	á	아		máj 마이
	e	에		mert 메르트
	é	에		mész 메스
	i	이		isten 이슈텐
	í	이		sí 시
	o	오		torna 토르너
	ó	오		róka 로커
	ö	외		sör 쇠르
	ő	외		nő 뇌
	u	우		bunda 분더
	ú	우		hús 후시

자모	한글		보기
	모음 앞	자음 앞·어말	
ü	위		füst 퓌슈트
ú	위		fú 퓌

* ny, s, j, ly의 '니, 시, 이, 이'는 뒤따르는 모음과 결합할 때 합쳐서 1 음절로 적는다.

표 11 스웨덴어 자모와 한글 대조표

	자모	한글		보기
		모음 앞	자음 앞·어말	
자음	b	ㅂ	ㅂ, 브	bal 발, snabbt 스납트, Jacob 야코브
	c	ㅋ, ㅅ	ㄱ	Carlsson 칼손, Celsius 셀시우스, Ericson 에릭손
	ch	시*	ㅋ	charm 샤름, och 오크
	d	ㄷ	드	dag 다그, dricka 드리카, Halmstad 할름스타드
	dj	이*	—	Djurgården 유르고르덴, adjö 아예
	ds	—	스	Sundsvall 순스발
	f	ㅍ	프	Falun 팔룬, luft 루프트
	g	이*	ㄱ	Gustav 구스타브, helgon 헬곤
				Göteborg 예테보리, Geijer 예이예르, Gislaved 이슬라베드
			이(lg, rg)	älg 엘리, Strindberg 스트린드베리, Borg 보리
			ㅇ(n 앞)	Magnus 망누스, Ragnar 랑나르, Agnes 앙네스
			ㄱ(무성음 앞)	högst 획스트
			그	Grönberg 그뢴베리, Ludvig 루드비그
	gj	이*	—	Gjerstad 예르스타드, Gjörwell 예르벨
	h	ㅎ	적지 않음	Hälsingborg 헬싱보리, hyra 휘라, Dahl 달
	hj	이*	—	Hjälmaren 옐마렌, Hjalmar 얄마르, Hjort 요르트
	j	이*	—	Jansson 얀손, Jönköping 옌셰핑, Johansson 요한손, börja 뵈리아, fjäril 피에릴, mjuk 미우크, mjöl 미엘
	k	ㅋ, 시*	ㄱ, ㅋ	Karl 칼, Kock 코크, Kungsholm 쿵스홀름, Kerstin 셰르스틴, Norrköping 노르셰핑, Lysekil 뤼세실, oktober 옥토베르, Fredrik 프레드리크, kniv 크니브

자모	한글		보기
	모음 앞	자음 앞·어말	
ck	ㅋ	ㄱ, ㅋ	vacker 바케르, Stockholm 스톡홀름, bock 보크
kj	시*	—	Kjell 셸, Kjula 슐라
l	ㄹ, ㄹㄹ	ㄹ	Linköping 린셰핑, tala 탈라, tal 탈
lj	이*, ㄹ리	ㄹ리	Ljusnan 유스난, Södertälje 쇠데르텔리에, detalj 데탈리
m	ㅁ	ㅁ	Malmö 말뫼, samtal 삼탈, hummer 훔메르
n	ㄴ	ㄴ	Norrköping 노르셰핑, Vänern 베네른, land 란드
		적지 않음 (m 다음)	Karlshamn 칼스함
ng	ㅇ	ㅇ	Borlänge 볼렝에, kung 쿵, lång 롱
nk	ㅇㅋ	ㅇ, ㅇㅋ	anka 앙카, Sankt 상트, bank 방크
p	ㅍ	ㅂ, ㅍ	Piteå 피테오, knappt 크납트, Uppsala 웁살라, kamp 캄프
qv	크ㅂ	—	Malmqvist 말름크비스트, Lindqvist 린드크비스트
r	ㄹ	르	röd 뢰드, Wilander 빌란데르, Björk 비에르크
rl	ㄹㄹ	ㄹ	Erlander 엘란데르, Karlgren 칼그렌, Jarl 얄
s	ㅅ	스	sommar 솜마르, Storvik 스토르비크, dans 단스
sch	시*	슈	Schack 샤크, Schein 셰인, r evansch 레반슈
sj	시*	—	Nässjö 네셰, sjukhem 슈크헴, Sjöberg 셰베리
sk	스ㅋ, 시*	—	Skoglund 스코글룬드, Skellefteå 셸레프테오, Skövde 셰브데, Skeppsholmen 셉스홀멘
skj	시*	—	Hammarskjöld 함마르셸드, Skjöldebrand 셸데브란드
stj	시*	—	Stjärneborg 셰르네보리, Oxenstjerna 옥센셰르나
t	ㅌ	ㅅ, ㅌ	Göta 예타, Botkyrka 봇쉬르카, Trelleborg 트렐레보리, båt 보트
th	ㅌ	ㅌ	Luther 루테르, Thunberg 툰베리
ti	시*	—	lektion 렉숀, station 스타숀

	자모	한글		보기
		모음 앞	자음 앞·어말	
	tj	시*	—	tjeck 셰크, Tjåkkå 쇼코, tjäna 셰나, tjugo 슈고
	v, w	ㅂ	브	Sverige 스베리예, Wasa 바사, Swedenborg 스베덴보리, Eslöv 에슬뢰브
	x	ㄱㅅ	ㄱ스	Axel 악셀, Alexander 알렉산데르, sex 섹스
	z	ㅅ	—	Zachris 사크리스, zon 손, Lorenzo 로렌소
모음	a	아		Kalix 칼릭스, Falun 팔룬, Alvesta 알베스타
	e	에		Enköping 엔셰핑, Svealand 스베알란드
	ä	에		Mälaren 멜라렌, Vänern 베네른, Trollhättan 트롤헤탄
	i	이		Idre 이드레, Kiruna 키루나
	å	오		Åmål 오몰, Västerås 베스테로스, Småland 스몰란드
	o	오		Boden 보덴, Stockholm 스톡홀름, Örebro 외레브로
	ö	외, 에		Östersund 외스테르순드, Björn 비에른, Linköping 린셰핑
	u	우		Umeå 우메오, Luleå 룰레오, Lund 룬드
	y	위		Ystad 위스타드, Nynäshamn 뉘네스함, Visby 비스뷔

* dj, g, gj, hj, j, lj의 '이'와 ch, k, kj, sch, sj, sk, skj, stj, ti, tj의 '시'가 뒤따르는 모음과 결합할 때에는 합쳐서 한 음절로 적는다. 다만 j는 표기 세칙 제4항, 제11항을 따른다.

표 12 노르웨이어 자모와 한글 대조표

	자모	한글		보기
		모음 앞	자음 앞·어말	
자음	b	ㅂ	ㅂ, 브	Bodø 보되, Ibsen 입센, dobb 도브
	c	ㅋ, ㅅ	크	Jacob 야코브, Vincent 빈센트
	ch	ㅋ	크	Joachim 요아킴, Christian 크리스티안
	d	ㄷ		Bodø 보되, Norden 노르덴
		적지 않음 (장모음 뒤)		spade 스파에
			적지 않음 (ld, nd의 d)	Arnold 아르놀, Harald 하랄, Roald 로알, Aasmund 오스문, Vigeland 비겔란, Svendsen 스벤센

자모	한글		보기
	모음 앞	자음 앞·어말	
		적지 않음 (장모음+rd)	fjord 피오르, Sigurd 시구르, gård 고르, nord 노르, Halvard 할바르, Edvard 에드바르
		드 (단모음+rd)	ferd 페르드, Rikard 리카르드
		적지 않음 (장모음 뒤)	glad 글라, Sjaastad 쇼스타
		드	dreng 드렝, bad 바드
f	ㅍ	프	Hammerfest 함메르페스트, biff 비프
g	ㄱ		gå 고, gave 가베
	이*		gigla 이글라, gyllen 월렌
		적지 않음 (이중 모음 뒤와 ig, lig)	haug 헤우, deig 데이, Solveig 솔베이, farlig 팔리
		ㅇ (n 앞)	Agnes 앙네스, Magnus 망누스
		ㄱ(무성음 앞)	sagtang 삭탕
		그	grov 그로브, berg 베르그, helg 헬그
gj	이*	—	Gjeld 옐, gjenta 옌타
h	ㅎ		Johan 요한, Holm 홀름
		적지 않음	Hjalmar 얄마르, Hvalter 발테르, Krohg 크로그
j	이*	—	Jonas 요나스, Bjørn 비에른, fjord 피오르, Skodje 스코디에, Evje 에비에, Tjeldstø 티엘스퇴
k	ㅋ, 시*	ㄱ, 크	Rikard 리카르드, Kirsten 시르스텐, Kyndig 쉰디, Køyra 셰위라, lukt 룩트, Erik 에리크
kj	시*	—	Kjerschow 셰르쇼브, Kjerulf 셰룰프, Mikkjel 미셸
l	ㄹ, ㄹㄹ	ㄹ	Larvik 라르비크, Ålesund 올레순, sol 솔
m	ㅁ	ㅁ	Moss 모스, Trivandrum 트리반드룸
n	ㄴ	ㄴ	Namsos 남소스, konto 콘토
ng	ㅇ	ㅇ	Lange 랑에, Elling 엘링, tvang 트방
nk	ㅇㅋ	ㅇ, ㅇ크	ankel 앙켈, punkt 풍트, bank 방크
p	ㅍ	ㅂ, 프	pels 펠스, september 셉템베르, sopp 소프

자모	한글 모음 앞	한글 자음 앞·어말	보기
qu	크ㅂ	—	Quisling 크비슬링
r	ㄹ	르	Ringvassøy 링바쇠위, Lillehammer 릴레함메르
rl	ㄹㄹ	르	Øverland 외벨란
s	ㅅ	스	Namsos 남소스, Svalbard 스발바르
sch	시*	슈	Schæferhund 셰페르훈, Frisch 프리슈
sj	시*	—	Sjaastad 쇼스타, Sjoa 쇼아
sk	스ㅋ, 시*	스크	skatt 스카트, Skienselv 시엔스엘브, skram 스크람, Ekofisk 에코피스크
skj	시*	—	Skjeggedalsfoss 셰게달스포스, Skjåk 쇼크
t	ㅌ	ㅅ, ㅌ	metal 메탈, husets 후셋스, slet 슬레트, lukt 룩트
t		적지 않음 (어말 관사 et)	huset 후세, møtet 뫼테, taket 타케
th	ㅌ	ㅌ	Dorthe 도르테, Matthias 마티아스, Hjorth 요르트
tj	시*	—	tjern 셰른, tjue 슈에
v, w	ㅂ	브	varm 바름, Kjerschow 셰르쇼브
a	아		Hamar 하마르, Alta 알타
aa, å	오		Aall 올, Aasmund 오스문, Kåre 코레, Vesterålen 베스테롤렌, Vestvågøy 베스트보괴위, Ålesund 올레순
au	에우		haug 헤우, lauk 레우크, grauk 그레우크
æ	에		være 베레, Svolvær 스볼베르
e	에		esel 에셀, fare 파레
eg	에이, 에그		regn 레인, tegn 테인, negl 네일, deg 데그, egg 에그
ø	외, 에		Løken 뢰켄, Gjøvik 예비크, Bjørn 비에른
i	이		Larvik 라르비크, Narvik 나르비크
ie	이		Grieg 그리그, Nielsen 닐센, Lie 리
o	오		Lonin 로닌, bok 보크, bord 보르, fjorten 피오르텐
øg	외위		døgn 되윈, løgn 뢰윈

자모	한글		보기
	모음 앞	자음 앞·어말	
øy	외위		høy 회위, røyk 뢰위크, nøytral 뇌위트랄
u	우		Ålesund 올레순, Porsgrunn 포르스그룬
y	위		Stjernøy 스티에르뇌위, Vestvågøy 베스트보괴위

* g, gj, j, lj의 '이'와 k, kj, sch, sj, sk, skj, tj의 '시'가 뒤따르는 모음과 결합할 때에는 합쳐서 한 음절로 적는다. 다만, j는 표기 세칙 제5항, 제12항을 따른다.

표 13 덴마크어 자모와 한글 대조표

	자모	한글		보기
		모음 앞	자음 앞·어말	
자음	b	ㅂ	ㅂ, 브	Bornholm 보른홀름, Jacobsen 야콥센, Holstebro 홀스테브로
	c	ㅋ, ㅅ	ㅋ	cafeteria 카페테리아, centrum 센트룸, crosset 크로세트
	ch	시*	ㅋ	Charlotte 샤를로테, Brochmand 브로크만, Grønbech 그뢴베크
	d	ㄷ		Odense 오덴세, dansk 단스크, vendisk 벤디스크
			적지 않음 (ds, dt, ld, nd, rd)	plads 플라스, Grundtvig 그룬트비, kridt 크리트, Lolland 롤란, Öresund 외레순, hård 호르
			드 (ndr)	andre 안드레, vandre 반드레
			드	dreng 드렝
	f	ㅍ	프	Falster 팔스테르, flod 플로드, ruf 루프
	g	ㄱ		give 기베, general 게네랄, gevær 게베르, hugge 후게
			적지 않음 (어미 ig)	herlig 헤를리, Grundtvig 그룬트비
			(u와 l 사이)	fugl 풀, kugle 쿨레
			(borg, berg)	Nyborg 뉘보르, Frederiksberg 프레데릭스베르
			그	magt 마그트, dug 두그
	h	ㅎ	적지 않음	Helsingør 헬싱외르, Dahl 달

자모	한글		보기
	모음 앞	자음 앞·어말	
hj	이*	—	hjem 옘, hjort 요르트, Hjøring 예링
j	이*	—	Jensen 옌센, Esbjerg 에스비에르, Skjern 스키에른
k	ㅋ	ㄱ, ㅋ	København 쾨벤하운, køre 쾨레, Skære 스케레, Frederikshavn 프레데릭스하운, Holbæk 홀베크
l	ㄹ, ㄹㄹ	ㄹ	Lolland 롤란, Falster 팔스테르
m	ㅁ	ㅁ	Møn 묀, Bornholm 보른홀름
n	ㄴ	ㄴ	Rønne 뢰네, Fyn 퓐
ng	ㅇ	ㅇ	Helsingør 헬싱외르, Hjøring 예링
nk	ㅇㅋ	ㅇ크	ankel 앙켈, Munk 뭉크
p	ㅍ	ㅂ, ㅍ	hoppe 호페, september 셉템베르, spring 스프링, hop 호프
qu	크ㅂ	—	Taanquist 톤크비스트
r	ㄹ	르	Rønne 뢰네, Helsingør 헬싱외르
s, sc	ㅅ	스	Sorø 소뢰, Roskilde 로스킬레, Århus 오르후스, scene 세네
sch	시*	슈	Schæfer 셰페르
sj	시*	—	Sjælland 셸란, sjal 샬, sjus 슈스
t	ㅌ	ㅅ, ㅌ	Tønder 퇴네르, stå 스토, vittig 비티, nattkappe 낫카페, træde 트레데, streng 스트렝, hat 하트, krudt 크루트
th	ㅌ	트	Thorshavn 토르스하운, Thisted 티스테드
v	ㅂ		Vejle 바일레, dvale 드발레, pulver 풀베르, rive 리베, lyve 뤼베, løve 뢰베
	우 (단모음 뒤)		doven 도우엔, hoven 호우엔, oven 오우엔, sove 소우에
		적지 않음 (lv)	halv 할, gulv 굴
		우 (av, æv, øv, ov, ev)	gravsten 그라우스텐, København 쾨벤하운, Thorshavn 토르스하운, jævn 예운, Støvle 스퇴울레, lov 로우, rov 로우, Hjelmslev 옐름슬레우
		브	arv 아르브
x	ㄱㅅ	ㄱ스	Blixen 블릭센, sex 섹스
z	ㅅ	—	zebra 세브라

272 (외래어 지나치다) 맑스 마르크스 마륵스

	자모	한글		보기
		모음 앞	자음 앞·어말	
모음	a	아		Falster 팔스테르, Randers 라네르스
	æ	에		Næstved 네스트베드, træ 트레, fæ 페, mæt 메트
	aa, å	오		Kierkegaard 키르케고르, Århus 오르후스, lås 로스
	e	에		Horsens 호르센스, Brande 브라네
	eg	아이		negl 나일, segl 사일, regn 라인
	ej	아이		Vejle 바일레, Sejerø 사이에뢰
	ø	외		Rønne 뢰네, Ringkøbing 링쾨빙, Sorø 소뢰
	øg	오이		nøgle 노일레, øgle 오일레, løgn 로인, døgn 도인
	øj	오이		Højer 호이에르, øje 오이에
	i	이		Ribe 리베, Viborg 비보르
	ie	이		Niels 닐스, Nielsen 닐센, Nielson 닐손
	o	오		Odense 오덴세, Svendborg 스벤보르
	u	우		Århus 오르후스, Toflund 토플룬
	y	위		Fyn 퓐, Thy 튀

* hj, j의 '이'와 sch, sj의 '시'가 뒤따르는 모음과 결합할 때에는 합쳐서 한 음절로 적는다. 다만, j는 표기 세칙 제5항을 따른다.

표 14 말레이인도네시아어 자모와 한글 대조표

	자모	한글		보기
		모음 앞	자음 앞·어말	
자음	b	ㅂ	ㅂ, 브	Bali 발리, Abdul 압둘, Najib 나집, Bromo 브로모
	c	ㅊ	츠	Ceto 체토, Aceh 아체, Mac 마츠
	d	ㄷ	ㅅ, 드	Denpasar 덴파사르, Ahmad 아맛, Idris 이드리스
	f	ㅍ	ㅂ	Fuji 푸지, Arifin 아리핀, Jusuf 유숩
	g	ㄱ	ㄱ, 그	gamelan 가믈란, gudeg 구득, Nugroho 누그로호
	h	ㅎ	—	Halmahera 할마헤라, Johor 조호르, Ipoh 이포
	j	ㅈ	즈	Jambi 잠비, Majapahit 마자파힛, mikraj 미크라즈

자모	한글		보기
	모음 앞	자음 앞·어말	
k	ㅋ	ㄱ, ㅋ	Kalimantan 칼리만탄, batik 바틱, Krakatau 크라카타우
kh	ㅎ	ㄱ, ㅋ	khas 하스, akhbar 악바르, Fakhrudin 파크루딘
l	ㄹ, ㄹㄹ	ㄹ	Lombok 롬복, Palembang 팔렘방, Bangsal 방살
m	ㅁ	ㅁ	Maluku 말루쿠, bemo 베모, Iram 이람
n	ㄴ	ㄴ	Nias 니아스, Sukarno 수카르노, Prambanan 프람바난
ng	응	ㅇ	Ngarai 응아라이, bonang 보낭, Bandung 반둥
p	ㅍ	ㅂ, ㅍ	Padang 파당, Yap 얍, Suprana 수프라나
q	ㅋ	ㄱ	furqan 푸르칸, Taufiq 타우픽
r	ㄹ	르	ringgit 링깃, Rendra 렌드라, asar 아사르
s	ㅅ	스	Sabah 사바, Brastagi 브라스타기, Gemas 게마스
t	ㅌ	ㅅ, ㅌ	Timor 티모르, Jakarta 자카르타, Rahmat 라맛, Trisno 트리스노
v	ㅂ	—	Valina 발리나, Eva 에바, Lovina 로비나
x	ㅅ	—	xenon 세논
z	ㅈ	즈	zakat 자캇, Azlan 아즐란, Haz 하즈
반모음	w	오, 우	Wamena 와메나, Badawi 바다위
	y	이	Yudhoyono 유도요노, Surabaya 수라바야
모음	a	아	Ambon 암본, sate 사테, Pancasila 판차실라
	e	에, 으	Ende 엔데, Ampenan 암페난, Pane 파네, empat 음팟, besar 브사르, gendang 근당
	i	이	Ibrahim 이브라힘, Biak 비악, trimurti 트리무르티
	o	오	Odalan 오달란, Barong 바롱, komodo 코모도
	u	우	Ubud 우붓, kulit 쿨릿, Dampu 담푸
이중 모음	ai	아이	ain 아인, Rais 라이스, Jelai 즐라이
	au	아우	aula 아울라, Maumere 마우메레, Riau 리아우
	oi	오이	Amboina 암보이나, boikot 보이콧

표 15 타이어 자모와 한글 대조표

로마자	타이어 자모	한글 모음 앞	한글 자음 앞·어말	보기
b	บ	ㅂ	ㅂ	baht 밧, Chonburi 촌부리, Kulab 꿀랍
c	จ	ㅉ	—	Caolaw 짜올라우
ch	ฉ ช ฌ	ㅊ	ㅅ	Chiang Mai 치앙마이, buach 부앗
d	ฎ ด	ㄷ	ㅅ	Dindaeng 딘댕, Rad Burana 랏부라나, Samed 사멧
f	ฝ ฟ	ㅍ	—	Maefaluang 매팔루앙
h	ห ฮ	ㅎ	—	He 헤, Lahu 라후, Mae Hong Son 매홍손
k	ก	ㄲ	ㄱ	Kaew 깨우, malako 말라꼬, Rak Mueang 락므앙, phrik 프릭
kh	ข ฃ ค ฅ ฆ	ㅋ	ㄱ	Khaosan 카오산, lakhon 라콘, Caroenrachphakh 짜른랏팍
l	ล ฬ	ㄹ, ㄹㄹ	ㄴ	lamyai 람야이, Thalang 탈랑, Sichol 시촌
m	ม	ㅁ	ㅁ	Maikhao 마이카오, mamuang 마무앙, khanom 카놈, Silom 실롬
n	ณ น	ㄴ	ㄴ	Nan 난, Ranong 라농, Arun 아룬, Huahin 후아힌
ng	ง	응	ㅇ	nga 응아, Mongkut 몽꿋, Chang 창
p	ป	ㅃ	ㅂ	Pimai 삐마이, Paknam 빡남, Nakhaprathip 나카쁘라팁
ph	ผ พ ภ	ㅍ	ㅂ	Phuket 푸껫, Phicit 피찟, Saithiph 사이팁
r	ร	ㄹ	ㄴ	ranat 라낫, thurian 투리안
s	ศ	ㅅ	ㅅ	Siam 시암, Lisu 리수, Saket 사껫

(자음)

	로마자	타이어 자모	한글 모음 앞	한글 자음 앞·어말	보기
		ฑ			
		ฒ			
		ธ			
	t	ฏ	ㄸ	ㅅ	Tak 딱, Satun 사뚠, natsin 낫신, Phuket 푸껫
		ต			
	th	ฐ	ㅌ	ㅅ	Tham Boya 탐보야, Thon Buri 톤부리, thurian 투리안, song thaew 송태우, Pathumthani 빠툼타니, Chaiyawath 차이야왓
		ฑ			
		ฒ			
		ถ			
		ท			
		ธ			
반모음	y	ญ	이		lamyai 람야이, Ayutthaya 아유타야
		ย			
	w	ว	오, 우		Wan Songkran 완송끄란, Malaiwong 말라이웡, song thaew 송태우
모음	a	◌ะ	아		Akha 아카, kapi 까삐, lang sad 랑삿, Phanga 팡아
		า			
	e	เ◌ะ	에		Erawan 에라완, Akhane 아카네, Panare 빠나레
		เ◌			
	i	◌ิ	이		Sire 시레, linci 린찌, Krabi 끄라비, Lumphini 룸피니
		◌ี			
	o	โ◌ะ	오		khon 콘, Loi 로이, namdokmai 남독마이, Huaito 후아이또
		โ◌			
		เ◌าะ			
		◌อ			
	u	◌ุ	우		thurian 투리안, Chonburi 촌부리, Satun 사뚠
		◌ู			
	ae	แ◌ะ	애		kaeng daeng 깽댕, Maew 매우, Bangsaen 방샌, Kaibae 까이배
		แ◌			
	oe	เ◌อะ	으		Mai Mueangdoem 마이 므앙듬
		เ◌อ			
	ue	◌ึ	으		kaeng cued 깽쯧, Maeraphueng 매라픙, Buengkum 붕꿈
		◌ื			

표 16 베트남어 자모와 한글 대조표

자모	한글		보기
	모음앞	자음앞·어말	
b	ㅂ	—	Bao 바오, bo 보
c, k, q	ㄲ	ㄱ	cao 까오, khac 칵, kiêt 끼엣, lăk 락, quan 꽌
ch	ㅉ	ㄱ	cha 짜, bach 박
d, gi	ㅈ	—	duc 죽, Dương 즈엉, gia 자, giây 저이
đ	ㄷ	—	đan 단, Đinh 딘
g, gh	ㄱ	—	gai 가이, go 고, ghe 개, ghi 기
h	ㅎ	—	hai 하이, hoa 호아
kh	ㅋ	—	Khai 카이, khi 키
l	ㄹ, ㄹㄹ	—	lâu 러우, long 롱, My Lai 밀라이
m	ㅁ	ㅁ	minh 민, măm 맘, tôm 똠
n	ㄴ	ㄴ	Nam 남, non 논, bun 분
ng, ngh	응	ㅇ	ngo 응오, ang 앙, đông 동, nghi 응이, nghê 응에
nh	니	ㄴ	nhât 녓, nhơn 년, minh 민, anh 아인
p	ㅃ	ㅂ	put 뿟, chap 짭
ph	ㅍ	—	Pham 팜, phơ 퍼
r	ㄹ	—	rang 랑, rôi 로이
s	ㅅ	—	sang 상, so 소
t	ㄸ	ㅅ	tam 땀, têt 뗏, hat 핫
th	ㅌ	—	thao 타오, thu 투
tr	ㅉ	—	Trân 쩐, tre 째
v	ㅂ	—	vai 바이, vu 부
x	ㅆ	—	xanh 싸인, xeo 쌔오
a	아		an 안, nam 남
ă	아		ăn 안, Đăng 당, măc 막
â	어		ân 언, cân 껀, lâu 러우
e	애		em 앰, cheo 째오
ê	에		êm 엠, chê 쩨, Huê 후에
i	이		in 인, dai 자이
y	이		yên 옌, quy 꾸이
o	오		ong 옹, bo 보

277

자모	한글		보기
	모음앞	자음앞·어말	
ô	오		ôm 옴, đông 동
ơ	어		ơn 언, sơn 선, mơi 머이
u	우		um 움, cung 꿍
ư	으		ưn 은, tư 뜨
이중 모음 ia	이어		kia 끼어, ria 리어
iê	이에		chiêng 찌엥, diêm 지엠
ua	우어		lua 루어, mua 무어
uô	우오		buôn 부온, quôc 꾸옥
ưa	으어		cửa 끄어, mưa 므어, sửa 스어
ươ	으어		rượu 르어우, phương 프엉

표 17 포르투갈어 자모와 한글 대조표

자모	한글		보기
	모음 앞	자음 앞·어말	
자음 b	ㅂ	브	bossa nova 보사노바, Abreu 아브레우
c	ㅋ, ㅅ	ㄱ	Cabral 카브랄, Francisco 프란시스쿠, aspecto 아스펙투
ç	ㅅ	—	saraça 사라사, Eça 에사
ch	시*	—	Chaves 샤베스, Espichel 이스피셸
d	ㄷ, ㅈ	드	escudo 이스쿠두, Bernardim 베르나르딩, Dias 지아스(브)
f	ㅍ	프	fado 파두, Figo 피구
g	ㄱ, ㅈ	그	Saramago 사라마구, Jorge 조르즈, Portalegre 포르탈레그르, Guerra 게하
h	—	—	Henrique 엔히크, hostia 오스티아
j	ㅈ	—	Aljezur 알제주르, panja 판자
l	ㄹ, ㄹㄹ	ㄹ, 우	Lisboa 리스보아, Manuel 마누엘, Melo 멜루, Salvador 사우바도르(브)
lh	리리*	—	Coelho 코엘류, Batalha 바탈랴
m	ㅁ	ㅁ, ㅇ	Moniz 모니스, Humberto 움베르투, Camocim 카모싱
n	ㄴ	ㄴ, ㅇ	Natal 나탈, António 안토니우, Angola 앙골라, Rondon 혼동

자모	한글 모음 앞	한글 자음 앞·어말	보기
nh	니*	—	Marinha 마리냐, Matosinhos 마토지뉴스
p	ㅍ	ㅍ	Pedroso 페드로주, Lopes 로페스, Prado 프라두
q	ㅋ	—	Aquilino 아킬리누, Junqueiro 중케이루
r	ㄹ, ㅎ	르	Freire 프레이르, Rodrigues 호드리게스, Cardoso 카르도주
s	ㅅ, ㅈ	스, 즈	Salazar 살라자르, Barroso 바호주, Egas 에가스, mesmo 메즈무
t	ㅌ, ㅊ	트	Tavira 타비라, Garrett 가헤트, Aracati 아라카치 (ㅂ)
v	ㅂ	—	Vicente 비센트, Oliveira 올리베이라
x	시*, ㅈ	스	Xira 시라, exame 이자므, exportar 이스포르타르
z	ㅈ	스	fazenda 파젠다, Diaz 디아스
모음 a	아		Almeida 알메이다, Egas 에가스
e	에, 이, 으		Elvas 엘바스, escudo 이스쿠두, Mangualde 망구알드, Belmonte 베우몬치(ㅂ)
i	이		Amalia 아말리아, Vitorino 비토리누
o	오, 우		Odemira 오데미라, Melo 멜루, Passos 파수스
u	우		Manuel 마누엘, Guterres 구테흐스
이중 모음 ai	아이		Sampaio 삼파이우, Cascais 카스카이스
au	아우		Bauru 바우루, São Paulo 상파울루
ãe	앙이		Guimarães 기마랑이스, Magalhães 마갈량이스
ão	앙		Durão 두랑, Fundão 푼당
ei	에이		Ribeiro 히베이루, Oliveira 올리베이라
eu	에우		Abreu 아브레우, Eusebio 에우제비우
iu	이우		Aeminium 아에미니웅, Ituiutaba 이투이우타바
oi	오이		Coimbra 코임브라, Goiás 고이아스
ou	오		Lousã 로장, Mogadouro 모가도루
õe	옹이		Camões 카몽이스, Pilões 필롱이스
ui	우이		Luis 루이스, Cuiabá 쿠이아바

* ch의 '시', lh의 '리', nh의 '니', x의 '시'가 뒤따르는 모음과 결합할 때에는 합쳐서 한 음절로 적는다.
* k, w, y는 외래어나 외래어에서 파생된 포르투갈식 어휘 또는 국제적으로 통용되는 약자나 기호의 표기에서 사용되는 것으로 포르투갈어 알파벳에 속하지 않으므로 해당 외래어 발음에 가깝게 표기한다.
* (ㅂ)는 브라질 포르투갈어에 적용되는 표기이다.

표 18 네덜란드어 자모와 한글 대조표

자모	한글 모음 앞	한글 자음 앞·어말	보기
b	ㅂ	ㅂ, 브, 프	Borst 보르스트, Bram 브람, Jacob 야코프
c	ㅋ	ㄱ, 크	Campen 캄펀, Nicolaas 니콜라스, topic 토픽, scrupel 스크뤼펄
	ㅅ		cyaan 시안, Ceelen 세일런
ch	ㅎ	흐	Volcher 폴허르, Utrecht 위트레흐트
d	ㄷ	ㅅ, 드, 트	Delft 델프트, Edgar 엣하르, Hendrik 헨드릭, Helmond 헬몬트
f	ㅍ	프	Flevoland 플레볼란트, Graaf 흐라프
g	ㅎ	흐	Goes 후스, Limburg 림뷔르흐
h	ㅎ	—	Heineken 헤이네컨, Hendrik 헨드릭
j	이*	—	Jongkind 용킨트, Jan 얀, Jeroen 예룬
k	ㅋ	ㄱ, 크	Kok 콕, Alkmaar 알크마르, Zierikzee 지릭제이
kw(qu)	크ㅂ	—	kwaliteit 크발리테이트, kwellen 크벨런, kwitantie 크비탄시
l	ㄹ, ㄹㄹ	ㄹ	Lasso 라소, Friesland 프리슬란트, sabel 사벌
m	ㅁ	ㅁ	Meerssen 메이르선, Zalm 잘름
n	ㄴ	ㄴ	Nijmegen 네이메헌, Jansen 얀선
ng	ㅇ	ㅇ	Inge 잉어, Groningen 흐로닝언
p	ㅍ	ㅂ, 프	Peper 페퍼르, Kapteyn 캅테인, Koopmans 코프만스
r	ㄹ	르	Rotterdam 로테르담, Asser 아서르
s	ㅅ	스	Spinoza 스피노자, Hals 할스
sch	스ㅎ	스	Schiphol 스히폴, Escher 에스허르, typisch 티피스
sj	시*	시	sjaal 샬, huisje 하위셔, ramsj 람시, fetisj 페티시
t	ㅌ	ㅅ, 트	Tinbergen 틴베르헌, Gerrit 헤릿, Petrus 페트뤼스
ts	ㅊ	츠	Aartsen 아르천, Beets 베이츠
v	ㅂ, ㅍ	브	Veltman 펠트만, Einthoven 에인트호번, Weltevree 벨테브레이

자모	한글		보기
	모음 앞	자음 앞·어말	
w	ㅂ	—	Wim 빔
y	이	이	cyaan 시안, Lyonnet 리오넷, typisch 티피스, Verwey 페르베이
z	ㅈ	—	Zeeman 제이만, Huizinga 하위징아
a	아		Asser 아서르, Frans 프란스
e	에, 어		Egmont 에흐몬트, Frederik 프레데릭, Heineken 헤이네컨, Lubbers 뤼버르스, Campen 캄펀
i	이		Nicolaas 니콜라스, Tobias 토비아스
ie	이		Pieter 피터르, Vries 프리스
o	오		Onnes 오너스, Vondel 폰딜
oe	우		Boer 부르, Boerhaave 부르하버
u	위		Utrecht 위트레흐트, Petrus 페트뤼스
eu	외		Europort 외로포르트, Deurne 되르너
uw	위		ruw 뤼, duwen 뒤언, Euwen 에위언
ou(w), au(w)	아우		Bouts 바우츠, Bouwman 바우만, Paul 파울, Lauwersmeer 라우에르스메이르
ei, ij	에이		Heike 헤이커, Bolkestein 볼케스테인, Ijssel 에이설
ui(uy)	아위		Huizinga 하위징아, Zuid-Holland 자위트홀란트, Buys 바위스
aai	아이		draaien 드라이언, fraai 프라이, zaait 자이트, Maaikes 마이커스
ooi	오이		Booisman 보이스만, Hooites 호이터스
oei	우이		Boeijinga 부잉아, moeite 무이터
eeuw	에이우		Leeuwenhoek 레이우엔훅, Meeuwes 메이우어스
ieuw	이우		Lieuwma 리우마, Rieuwers 리우어르스

* j의 '이', sj의 '시'가 뒤따르는 모음과 결합할 때에는 합쳐서 한 음절로 적는다.

표 19 러시아어 자모와 한글 대조표

로마자	러시아어 자모	한글 모음 앞	한글 자음 앞	한글 어말	보기
자음 b	б	ㅂ	ㅂ, 브	프	Bolotov(Болотов) 볼로토프, Bobrov(Бобров) 보브로프, Kurbskii(Курбский) 쿠릅스키, Gleb(Глеб) 글레프
ch	ч	ㅊ		치	Goncharov(Гончаров) 곤차로프, Manechka(Манечка) 마네치카, Yakubovich(Якубович) 야쿠보비치
d	д	ㄷ	ㅅ, 드	트	Dmitrii(Дмитрий) 드미트리, Benediktov(Бенедиктов) 베네딕토프, Nakhodka(Находка) 나홋카, Voskhod(Восход) 보스호트
f	ф	ㅍ	ㅂ, 프	프	Fyodor(Фёдор) 표도르, Yefremov(Ефремов) 예프레모프, Iosif(Иосиф) 이오시프
g	г	ㄱ	ㄱ, 그	크	Gogol'(Гоголь) 고골, Musorgskii(Мусоргский) 무소륵스키, Bogdan(Богдан) 보그단, Andarbag(Андарбаг) 안다르바크
kh	х	ㅎ		흐	Khabarovsk(Хабаровск) 하바롭스크, Akhmatova(Ахматова) 아흐마토바, Oistrakh(Ойстрах) 오이스트라흐
k	к	ㅋ	ㄱ, 크	크	Kalmyk(Калмык) 칼미크, Aksakov(Аксаков) 악사코프, Kvas(Квас) 크바스, Vladivostok(Владивосток) 블라디보스토크
l	л	ㄹ, ㄹㄹ		ㄹ	Lenin(Ленин) 레닌, Nikolai(Николай) 니콜라이, Krylov(Крылов) 크릴로프, Pavel(Павел) 파벨
m	м	ㅁ	ㅁ, 므	ㅁ	Mikhaiil(Михаийл) 미하일, Maksim(Максим) 막심, Mtsensk(Мценск) 므첸스크
n	н	ㄴ		ㄴ	Nadya(Надя) 나댜, Stefan(Стефан) 스테판

　(외래어 지나치다) 맑스 **마르크스** 마륵스

로마자	러시아어 자모	한글			보기
		모음 앞	자음 앞	어말	
p	п	ㅍ	ㅂ, 프	프	Pyotr(Пётр) 표트르, Rostopchina(Ростопчина) 로스톱치나, Pskov(Псков) 프스코프, Maikop(Майкоп) 마이코프
r	р	ㄹ	르		Rybinsk(Рыбинск) 리빈스크, Lermontov(Лермонтов) 레르몬토프, Artyom(Артём) 아르툠
s	с	ㅅ	스		Vasilii(Василий) 바실리, Stefan(Стефан) 스테판, Boris(Борис) 보리스
sh	ш	시*	시		Shelgunov(Шелгунов) 셸구노프, Shishkov(Шишков) 시시코프
shch	щ	시*	시		Shcherbakov(Щербаков) 셰르바코프, Shchirets(Щирец) 시레츠, borshch(борщ) 보르시
t	т	ㅌ	ㅅ, 트	트	Tat'yana(Татьяна) 타티야나, Khvatkov(Хватков) 흐밧코프, Tver'(Тверь) 트베리, Buryat(Бурят) 부랴트
tch	т ч	ㅊ	—		Gatchina(Гатчина) 가치나, Tyutchev(Тютчев) 튜체프
ts	ц, т с	ㅊ	츠		Kapitsa(Капица) 카피차, Tsvetaeva(Цветаева) 츠베타예바, Bryatsk(Брятск) 브랴츠크, Yakutsk(Якутск) 야쿠츠크
v	в	ㅂ	ㅂ, 브	프	Verevkin(Веревкин) 베렙킨, Dostoevskii(Достоевский) 도스토옙스키, Vladivostok(Владивосток) 블라디보스토크, Markov(Марков) 마르코프
z	з	ㅈ	즈, 스	스	Zaichev(Зайчев) 자이체프, Kuznetsov(Кузнецов) 쿠즈네초프, Agryz(Агрыз) 아그리스
zh	ж	ㅈ	즈, 시	시	Zhadovskaya(Жадовская) 자돕스카야, Zhdanov(Жданов) 즈다노프, Luzhkov(Лужков) 루시코프, Kebezh(Кебеж) 케베시

로마자	러시아어 자모	한글 모음 앞	한글 자음 앞	한글 어말	보기
j/i	й	이	이		Yurii(Юрий) 유리, Andrei(Андрей) 안드레이, Belyi(Белый) 벨리
a	a	아			Aksakov(Аксаков) 악사코프, Abakan(Абакан) 아바칸
e	е / э	에, 예			Petrov(Петров) 페트로프, Evgenii(Евгений) 예브게니, Alekseev(Алексеев) 알렉세예프, Ertel'(Эртель) 예르텔
i	и	이			Ivanov(Иванов) 이바노프, Iosif(Иосиф) 이오시프
o	o	오			Khomyakov(Хомяков) 호먀코프, Oka(Ока) 오카
u	у	우			Ushakov(Ушаков) 우샤코프, Sarapul(Сарапул) 사라풀
y	ы	이			Saltykov(Салтыков) 살티코프, Kyra(Кыра) 키라, Belyi(Белый) 벨리
ya	я	야			Yasinskii(Ясинский) 야신스키, Adygeya(Адыгея) 아디게야
yo	ё	요			Solov'yov(Соловьёв) 솔로비요프, Artyom(Артём) 아르툠
yu	ю	유			Yurii(Юрий) 유리, Yurga(Юрга) 유르가

(모음)

* sh(ш), shch(щ)의 '시'가 뒤따르는 모음과 결합할 때에는 합쳐서 한 음절로 적는다.

제3장 표기 세칙

제1절 영어의 표기

표 1에 따라 적되, 다음 사항에 유의하여 적는다.

제1항 무성 파열음([p], [t], [k])

1. 짧은 모음 다음의 어말 무성 파열음([p], [t], [k])은 받침으로
   적는다.
   【보기】 gap[gæp] 갭   cat[kæt] 캣
          book[buk] 북

2. 짧은 모음과 유음·비음([l], [r], [m], [n]) 이외의 자음 사이에
   오는 무성 파열음([p], [t], [k])은 받침으로 적는다.
   【보기】 apt[æpt] 앱트   setback[setbæk] 셋백
          act[ækt] 액트

3. 위 경우 이외의 어말과 자음 앞의 [p], [t], [k]는 '으'를 붙여
   적는다.
   【보기】 stamp[stæmp] 스탬프   cape[keip] 케이프
          nest[nest] 네스트   part[p α ː t] 파트
          desk[desk] 데스크   make[meik] 메이크
          apple[æpl] 애플   mattress[mætris] 매트리스
          chipmunk[ʧipmʌ ŋk] 치프멍크 sickness[siknis] 시크니스

제2항 유성 파열음([b], [d], [g])

어말과 모든 자음 앞에 오는 유성 파열음은 '으'를 붙여 적는다.
   【보기】 bulb[bʌlb] 벌브   land[lænd] 랜드

zigzag[zigzæg] 지그재그 　　　lobster[lɔbstə] 로브스터

kidnap[kidnæp] 키드냅 　　　signal[signəl] 시그널

제3항 마찰음([s], [z], [f], [v], [θ], [ð], [ʃ], [ʒ])

1. 어말 또는 자음 앞의 [s], [z], [f], [v], [θ], [ð]는 '으'를 붙여
   적는다.

　【보기】　mask[mɑ:sk] 마스크 　　　jazz[dʒæz] 재즈

　　　　　　graph[græf] 그래프 　　　olive[ɔliv] 올리브

　　　　　　thrill[θril] 스릴 　　　　bathe[beið] 베이드

2. 어말의 [ʃ]는 '시'로 적고, 자음 앞의 [ʃ]는 '슈'로, 모음 앞의
   [ʃ]는 뒤따르는 모음에 따라 '샤', '섀', '셔', '셰', '쇼', '슈', '시'
   로 적는다.

　【보기】　flash[flæʃ] 플래시 　　　shrub[ʃrʌb] 슈러브

　　　　　　shark[ʃɑ:k] 샤크 　　　　shank[ʃæŋk] 섕크

　　　　　　fashion[fæʃən] 패션 　　　sheriff[ʃerif] 셰리프

　　　　　　shopping[ʃɔpiŋ] 쇼핑 　　　shoe[ʃu:] 슈

　　　　　　shim[ʃim] 심

3. 어말 또는 자음 앞의 [ʒ]는 '지'로 적고, 모음 앞의 [ʒ]는 'ㅈ'으
   로 적는다.

　【보기】　mirage[mirɑ:ʒ] 미라지 　　　vision[viʒən] 비전

제4항 파찰음([ʦ], [dz], [ʧ], [ʤ])

1. 어말 또는 자음 앞의 [ʦ], [dz]는 '츠', '즈'로 적고, [ʧ], [ʤ]는 '치', '지'로 적는다.

【보기】 Keats[kiːʦ] 키츠   odds[ɔdz] 오즈

switch[swiʧ] 스위치   bridge[briʤ] 브리지

Pittsburgh[piʦbəːg] 피츠버그   hitchhike[hiʧhaik] 히치하이크

2. 모음 앞의 [ʧ], [ʤ]는 'ㅊ', 'ㅈ'으로 적는다.

【보기】 chart[ʧɑːt] 차트   virgin[vəːʤin] 버진

제5항 비음([m], [n], [ŋ])

1. 어말 또는 자음 앞의 비음은 모두 받침으로 적는다.

【보기】 steam[stiːm] 스팀   corn[kɔːn] 콘

ring[riŋ] 링   lamp[læmp] 램프

hint[hint] 힌트   ink[iŋk] 잉크

2. 모음과 모음 사이의 [ŋ]은 앞 음절의 받침 'ㅇ'으로 적는다.

【보기】 hanging[hæŋiŋ] 행잉   longing[lɔŋiŋ] 롱잉

제6항 유음([l])

1. 어말 또는 자음 앞의 [l]은 받침으로 적는다.

【보기】 hotel[houtel] 호텔   pulp[pʌlp] 펄프

2. 어중의 [l]이 모음 앞에 오거나, 모음이 따르지 않는 비음([m], [n]) 앞에 올 때에는 'ㄹㄹ'로 적는다.

다만, 비음([m], [n]) 뒤의 [l]은 모음 앞에 오더라도 'ㄹ'로 적는다.

【보기】 slide[slaid] 슬라이드   film[film] 필름
       helm[helm] 헬름   swoln[swouln] 스월른
       Hamlet[hæmlit] 햄릿   Henley[henli] 헨리

제7항 장모음

장모음의 장음은 따로 표기하지 않는다.

【보기】 team[ti : m] 팀   route[ru : t] 루트

제8항 중모음([ai], [au], [ei], [ɔi], [ou], [auə])

중모음은 각 단모음의 음가를 살려서 적되, [ou]는 '오'로, [auə]는 '아워'로 적는다.

【보기】 time[taim] 타임   house[haus] 하우스
       skate[skeit] 스케이트   oil[ɔil] 오일
       boat[bout] 보트   tower[tauə] 타워

제9항 반모음([w], [j])

1. [w]는 뒤따르는 모음에 따라 [wə], [wɔ], [wou]는 '워', [wɑ]는 '와', [wæ]는 '왜', [we]는 '웨', [wi]는 '위', [wu]는 '우'로 적는다.

　【보기】　word[wə : d] 워드　　　　　　want[wɔnt] 원트

　　　　　　woe[wou] 워　　　　　　　　wander[wɑndə] 완더

　　　　　　wag[wæg] 왜그　　　　　　　west[west] 웨스트

　　　　　　witch[witʃ] 위치　　　　　　wool[wul] 울

2. 자음 뒤에 [w]가 올 때에는 두 음절로 갈라 적되, [gw], [hw], [kw]는 한 음절로 붙여 적는다.

　【보기】　swing[swiŋ] 스윙　　　　　　twist[twist] 트위스트

　　　　　　penguin[peŋgwin] 펭귄　　　whistle[hwisl] 휘슬

　　　　　　quarter[kwɔ : tə] 쿼터

3. 반모음 [j]는 뒤따르는 모음과 합쳐 '야', '얘', '여', '예', '요', '유', '이'로 적는다. 다만, [d], [l], [n] 다음에 [jə]가 올 때에는 각각 '디어', '리어', '니어'로 적는다.

　【보기】　yard[jɑ : d] 야드　　　　　　yank[jæŋk] 앵크

　　　　　　yearn[jə : n] 연　　　　　　　yellow[jelou] 옐로

　　　　　　yawn[jɔ : n] 욘　　　　　　　you[ju :] 유

　　　　　　year[jiə] 이어　　　　　　　Indian[indjən] 인디언

　　　　　　battalion[bətæljən] 버탤리언　union[ju : njən] 유니언

제10항 복합어

1. 따로 설 수 있는 말의 합성으로 이루어진 복합어는 그것을 구성하고 있는 말이 단독으로 쓰일 때의 표기대로 적는다.

【보기】 cuplike[kʌplaik] 컵라이크　　　bookend[bukend] 북엔드
　　　　headlight[hedlait] 헤드라이트　touchwood[tʌʧwud] 터치우드
　　　　sit-in[sitin] 싯인　　　　　　bookmaker[bukmeikə] 북메이커
　　　　flashgun[flæʃgʌn] 플래시건　topknot[tɔpnɔt] 톱놋

2. 원어에서 띄어 쓴 말은 띄어 쓴 대로 한글 표기를 하되, 붙여 쓸 수도 있다.

【보기】 Los Alamos[lɔsæləmous] 로스 앨러모스/로스앨러모스
　　　　top class[tɔpklæs] 톱 클래스/톱클래스

제2절 독일어의 표기

표 1을 따르고 제1절(영어의 표기 세칙)을 준용한다. 다만, 독일어의 독특한 것은 그 특징을 살려서 다음과 같이 적는다.

제1항 [r]

1. 자음 앞의 [r]는 '으'를 붙여 적는다.

【보기】 Hormon[hɔrmo : n] 호르몬　　Hermes[hɛrmɛs] 헤르메스

2. 어말의 [r]와 '-er[ə r]'는 '어'로 적는다.

【보기】 Herr[hɛr] 헤어　　　　　　Rasur[razu : r] 라주어

Tür[ty : r] 튀어   Ohr[o : r] 오어

Vater[fa : t ∂ r] 파터   Schiller[ʃil ∂ r] 실러

3. 복합어 및 파생어의 선행 요소가 [r]로 끝나는 경우는 2의 규정
   을 준용한다.

【보기】 verarbeiten[fɛrarbait ∂ n] 페어아르바이텐

        zerknirschen[tsɛrknirʃ ∂ n] 체어크니르셴

        Fürsorge[fy : rzorgə] 퓌어조르게

        Vorbild[fo : rbilt] 포어빌트

        au β erhalb[ausərhalp] 아우서할프

        Urkunde[u : rkundə] 우어쿤데

        Vaterland[fa : tərlant] 파터란트

제2항 어말의 파열음은 '으'를 붙여 적는 것을 원칙으로 한다.

【보기】 Rostock[rɔstɔk] 로스토크   Stadt[ʃtat] 슈타트

제3항 철자 'berg', 'burg'는 '베르크', '부르크'로 통일해서 적는다.

【보기】 Heidelberg[haidəlbɛrk, -bɛrç] 하이델베르크

        Hamburg[hamburk, -burç] 함부르크

제4항 [ʃ]

1. 어말 또는 자음 앞에서는 '슈'로 적는다.

【보기】 Mensch[menʃ] 멘슈   Mischling[miʃliŋ] 미슐링

2. [y], [ø] 앞에서는 'ㅅ'으로 적는다.

【보기】 Schüler[ʃyːlər] 쉴러   schön[ʃøːn] 쇤

3. 그 밖의 모음 앞에서는 뒤따르는 모음에 따라 '샤, 쇼, 슈' 등으로 적는다.

【보기】 Schatz[ʃats] 샤츠   schon[ʃoːn] 숀
        Schule[ʃuːlə] 슐레   Schelle[ʃɛlə] 셸레

제5항 [ɔy]로 발음되는 äu, eu는 '오이'로 적는다.

【보기】 läuten[lɔytən] 로이텐   Fräulein[frɔylain] 프로일라인
        Europa[ɔyroːpa] 오이로파   Freundin[frɔyndin] 프로인딘

제3절 프랑스어의 표기

표 1에 따르고 제1절(영어의 표기 세칙)을 준용한다. 다만, 프랑스어의 독특한 것은 그 특징을 살려서 다음과 같이 적는다.

제1항 파열음([p], [t], [k]; [b], [d], [g])

1. 어말에서는 '으'를 붙여서 적는다.

【보기】 soupe[sup] 수프   tête[tɛt] 테트

        avec[avɛk] 아베크   baobab[baɔbab] 바오바브

        ronde[rɔ̃ : d] 롱드   bague[bag] 바그

2. 구강 모음과 무성 자음 사이에 오는 무성 파열음('구강 모음+
   무성 파열음+무성 파열음 또는 무성 마찰음'의 경우)은 받침
   으로 적는다.

   【보기】 septembre[sɛptɑ̃ : br] 셉탕브르   apte[apt] 압트

           octobre[ɔktɔbr] 옥토브르   action[aksjɔ̃] 악시옹

제2항 마찰음([ʃ], [ʒ])

1. 어말과 자음 앞의 [ʃ], [ʒ]는 '슈', '주'로 적는다.

   【보기】 manche[mɑ̃ : ʃ] 망슈   piège[pjɛ : ʒ] 피에주

           acheter[aʃte] 아슈테   dégeler[deʒle] 데줄레

2. [ʃ]가 [ə], [w] 앞에 올 때에는 뒤따르는 모음과 합쳐 '슈'로
   적는다.

   【보기】 chemise[ʃəmi : z] 슈미즈   chevalier[ʃəvalje] 슈발리에

           choix[ʃwa] 슈아   chouette[ʃwɛt] 슈에트

3. [ʃ]가 [y], [œ], [ø] 및 [j], [ɥ] 앞에 올 때에는 'ㅅ'으로 적는다.

   【보기】 chute[ʃyt] 쉬트   chuchoter[ʃyʃɔte] 쉬쇼테

           pêcheur[pɛʃœ : r] 페쇠르   shunt[ʃœ̃ : t] 성트

fâcheux[fαʃø] 파쇠   chien[ʃjɛ̃] 시앵

chuinter[ʃɥɛ̃te] 쉬앵테

제3항 비자음([ɲ])

1. 어말과 자음 앞의 [ɲ]는 '뉴'로 적는다.

【보기】 campagne[kɑ̃paɲ] 캉파뉴   dignement[diɲmɑ̃] 디뉴망

2. [ɲ]가 '아, 에, 오, 우' 앞에 올 때에는 뒤따르는 모음과 합쳐 각각 '냐, 녜, 뇨, 뉴'로 적는다.

【보기】 saignant[sɛɲɑ̃] 세냥   peigner[peɲe] 페녜

agneau[aɲo] 아뇨   mignon[miɲɔ̃] 미뇽

3. [ɲ]가 [ə], [w] 앞에 올 때에는 뒤따르는 소리와 합쳐 '뉴'로 적는다.

【보기】 lorgnement[lɔrɲəmɑ̃] 로르뉴망

baignoire[bɛɲwa : r] 베뉴아르

4. 그 밖의 [ɲ]는 'ㄴ'으로 적는다.

【보기】 magnifique[maɲifik] 마니피크 guignier[giɲje] 기니에

gagneur[gaɲœ : r] 가뇌르   montagneux[mɔ̃taɲø] 몽타뇌

peignures[pɛɲy : r] 페뉘르

제4항 반모음([j])

1. 어말에 올 때에는 '유'로 적는다.

【보기】 Marseille[marsɛj] 마르세유　　taille[tɑ : j] 타유

2. 모음 사이의 [j]는 뒤따르는 모음과 합쳐 '예, 옝, 야, 양, 요,
   용, 유, 이' 등으로 적는다. 다만, 뒷 모음이 [ø], [œ]일 때에는
   '이'로 적는다.

【보기】 payer[peje] 페예　　　　　billet[bijɛ] 비예
　　　　 moyen[mwajɛ̃] 무아옝　　　pleiade[plejad] 플레야드
　　　　 ayant[ɛjɑ̃] 에양　　　　　　noyau[nwajo] 누아요
　　　　 crayon[krɛjɔ̃] 크레용　　　 voyou[vwaju] 부아유
　　　　 cueillir[kœji : r] 쾨이르　　aïeul[ajœl] 아이욀
　　　　 aïeux[aj ø] 아이외

3. 그 밖의 [j]는 '이'로 적는다.

【보기】 hier[jɛ : r] 이에르
　　　　 Montesquieu[mɔ̃tɛskj ø] 몽테스키외
　　　　 champion[ʃɑ̃pjɔ̃] 샹피옹
　　　　 diable[djɑ : bl] 디아블

제5항 반모음([w])

[w]는 '우'로 적는다.

【보기】 alouette[alwɛt] 알루에트　　douane[dwan] 두안
　　　　 quoi[kwa] 쿠아　　　　　　toi[twa] 투아

제4절 에스파냐어의 표기

표 2에 따라 적되, 다음과 같은 특징을 살려서 적는다.

제1항 gu, qu

gu, qu는 i, e 앞에서는 각각 'ㄱ, ㅋ'으로 적고, o 앞에서는 '구, 쿠'로 적는다. 다만, a 앞에서는 그 a와 합쳐 '과, 콰'로 적는다.

【보기】 guerra 게라   queso 케소

　　　　Guipuzcoa 기푸스코아   quisquilla 키스키야

　　　　antiguo 안티구오   Quórum 쿠오룸

　　　　Nicaragua 니카라과   Quarai 콰라이

제2항 같은 자음이 겹치는 경우에는 겹치지 않은 경우와 같이 적는다. 다만, -cc-는 'ㄱㅅ'으로 적는다.

【보기】 carrera 카레라   carretera 카레테라

　　　　accion 악시온

제3항 c, g

c와 g 다음에 모음 e와 i가 올 때에는 c는 'ㅅ'으로, g는 'ㅎ'으로 적고, 그 외는 'ㅋ'과 'ㄱ'으로 적는다.

【보기】 Cecilia 세실리아   cifra 시프라

　　　　georgico 헤오르히코   giganta 히간타

　　　　coquito 코키토   gato 가토

제4항 x

x가 모음 앞에 오되 어두일 때에는 'ㅅ'으로 적고, 어중일 때에는 'ㄱㅅ'으로 적는다.

【보기】 xilofono 실로포노   laxante 락산테

제5항 l

어말 또는 자음 앞의 l은 받침 'ㄹ'로 적고, 어중의 l이 모음 앞에 올 때에는 'ㄹㄹ'로 적는다.

【보기】 ocal 오칼   colcren 콜크렌

        blandon 블란돈   Cecilia 세실리아

제6항 nc, ng

c와 g 앞에 오는 n은 받침 'ㅇ'으로 적는다.

【보기】 blanco 블랑코   yungla 융글라

제5절 이탈리아어의 표기

표 3에 따르고, 다음과 같은 특징은 살려서 적는다.

제1항 gl

i 앞에서는 'ㄹㄹ'로 적고, 그 밖의 경우에는 '글ㄹ'로 적는다.

【보기】 paglia 팔리아   egli 엘리

        gloria 글로리아   glossa 글로사

제2항 gn

뒤따르는 모음과 합쳐 '냐', '녜', '뇨', '뉴', '니'로 적는다.

【보기】 montagna 몬타냐   gneiss 녜이스

gnocco 뇨코   gnu 뉴

ogni 오니

제3항 sc

sce는 '셰'로, sci는 '시'로 적고, 그 밖의 경우에는 '스ㅋ'으로 적는다.

【보기】 crescendo 크레셴도   scivolo 시볼로

Tosca 토스카   scudo 스쿠도

제4항 같은 자음이 겹쳤을 때에는 겹치지 않은 경우와 같이 적는다. 다만, -mm-, -nn-의 경우는 'ㅁㅁ', 'ㄴㄴ'으로 적는다.

【보기】 Puccini 푸치니   buffa 부파

allegretto 알레그레토   carro 카로

rosso 로소   Abruzzo 아브루초

gomma 곰마   bisnonno 비스논노

제5항 c, g

1. c와 g는 e, i 앞에서 각각 'ㅊ', 'ㅈ'으로 적는다.

【보기】 cenere 체네레   genere 제네레

cima 치마   gita 지타

2. c와 g 다음에 ia, io, iu가 올 때에는 각각 '차, 초, 추', '자, 조, 주'로 적는다.

【보기】 caccia 카차　　　　　　　　micio 미초

　　　　ciuffo 추포　　　　　　　　giardino 자르디노

　　　　giorno조르노　　　　　　　giubba 주바

제6항 qu

qu는 뒤따르는 모음과 합쳐 '콰, 퀘, 퀴' 등으로 적는다. 다만, o 앞에서는 '쿠'로 적는다.

【보기】 soqquadro 소콰드로　　　　quello 퀠로

　　　　quieto 퀴에토　　　　　　　quota 쿠오타

제7항 l, ll

어말 또는 자음 앞의 l, ll은 받침으로 적고, 어중의 l, ll이 모음 앞에 올 때에는 'ㄹㄹ'로 적는다.

【보기】 sol 솔　　　　　　　　　　polca 폴카

　　　　Carlo 카를로　　　　　　　quello 퀠로

제6절 일본어의 표기

표 4에 따르고, 다음 상황에 유의하여 적는다.

제1항 촉음(促音) [ッ]는 'ㅅ'으로 통일해서 적는다.

【보기】 サッポロ 삿포로　　　　　　トットリ 돗토리

ヨッカイチ 욧카이치

제2항 장모음

장모음은 따로 표기하지 않는다.

【보기】 キュウシュウ(九州) 규슈　　　ニイガタ(新潟) 니가타

トウキョウ(東京) 도쿄　　　オオサカ(大阪) 오사카

제7절 중국어의 표기

표 5에 따르고, 다음 사항에 유의하여 적는다.

제1항 성조는 구별하여 적지 아니한다.

제2항 'ㅈ, ㅉ, ㅊ'으로 표기되는 자음(ㄐ, ㄓ, ㄗ, ㄑ, ㄔ, ㄘ) 뒤의 'ㅑ, ㅖ, ㅛ, ㅠ'음은 'ㅏ, ㅔ, ㅗ, ㅜ'로 적는다.

【보기】 ㄐㅣㄚ 쟈→자　　　ㄐㅣㄢ 졔→제

제8절 폴란드어의 표기

표 6에 따르고, 다음과 같은 특징을 살려서 적는다.

제1항 k, p

어말과 유성 자음 앞에서는 '으'를 붙여 적고, 무성 자음 앞에서는 받침으로 적는다.

【보기】 zamek 자메크   mokry 모크리

　　　　S ł upsk 스웁스크

제2항 b, d, g

1. 어말에 올 때에는 '프', '트', '크'로 적는다.

【보기】 od 오트

2. 유성 자음 앞에서는 '브', '드', '그'로 적는다.

【보기】 zbrodnia 즈브로드니아

3. 무성 자음 앞에서 b, g는 받침으로 적고, d는 '트'로 적는다.

【보기】 Grabski 그랍스키   odpis 오트피스

제3항 w, z, ź, dz, ż, rz, sz

1. w, z, ź, dz가 무성 자음 앞이나 어말에 올 때에는 '프, 스, 시,
즈'로 적는다.

【보기】 zabawka 자바프카   obraz 오브라스

2. ż와 rz는 모음 앞에 올 때에는 'ㅈ'으로 적되, 앞의 자음이 무성
자음일 때에는 '시'로 적는다. 유성 자음 앞에 올 때에는 '주',
무성 자음 앞에 올 때에는 '슈', 어말에 올 때에는 '시'로 적는다.

【보기】 Rzeszów 제슈프   Przemyśl 프셰미실

grzmot 그주모트   łóżko 우슈코

pęcherz 펭헤시

3. sz는 자음 앞에서는 '슈', 어말에서는 '시'로 적는다.

【보기】 koszt 코슈트   kosz 코시

제4항 ł

1. ł는 뒤따르는 모음과 결합할 때 합쳐서 적는다. (ło는 '워'로
적는다.) 다만, 자음 뒤에 올 때에는 두 음절로 갈라 적는다.

【보기】 łono 워노   głowa 그워바

2. ół는 '우'로 적는다.

【보기】 przjyació ł 프시야치우

제5항 l

어중의 l이 모음 앞에 올 때에는 'ㄹㄹ'로 적는다.

【보기】 olej 올레이

제6항 m

어두의 m이 l, r 앞에 올 때에는 '으'를 붙여 적는다.

【보기】 mleko 믈레코   mrówka 므루프카

제7항 ę

ę은 '엥'으로 적는다. 다만, 어말의 ę는 '에'로 적는다.

【보기】 ręka 렝카   proszę 프로셰

제8항 'ㅈ', 'ㅊ'으로 표기되는 자음(c, z) 뒤의 이중 모음은 단모음으로 적는다.

【보기】 stacja 스타차   fryzjer 프리제르

제9절 체코어의 표기

표 7에 따르고, 다음과 같은 특징을 살려서 적는다.

제1항 k, p

어말과 유성 자음 앞에서는 '으'를 붙여 적고, 무성 자음 앞에서는 받침으로 적는다.

【보기】 mozek 모제크   koroptev 코롭테프

제2항 b, d, ď, g

1. 어말에 올 때에는 '프', '트', '티', '크'로 적는다.

   【보기】 led 레트

2. 유성 자음 앞에서는 '브', '드', '디', '그'로 적는다.

   【보기】 ledvina 레드비나

3. 무성 자음 앞에서 b, g는 받침으로 적고, d, ď는 '트', '티'로
적는다.

【보기】 obchod 옵호트　　　　　　　　odpadky 오트파트키

제3항 v, w, z, ř, ž, š

1. v, w, z가 무성 자음 앞이나 어말에 올 때에는 '프, 프, 스'로
적는다.

【보기】 hmyz 흐미스

2. ř, ž가 유성 자음 앞에 올 때에는 '르주', '주', 무성 자음 앞에
올 때에는 '르슈', '슈', 어말에 올 때에는 '르시', '시'로 적는다.

【보기】 námořník 나모르주니크　　　hořký 호르슈키
　　　　kouř 코우르시

3. š는 자음 앞에서는 '슈', 어말에서는 '시'로 적는다.

【보기】 puška 푸슈카　　　　　　　　myš 미시

제4항 l, lj
어중의 l, lj가 모음 앞에 올 때에는 'ㄹㄹ', 'ㄹ리'로 적는다.

【보기】 kolo 콜로

제5항 m
m이 r 앞에 올 때에는 '으'를 붙여 적는다.

【보기】 humr 후므르

제6항 자음에 'ě'가 결합되는 경우에는 '예' 대신에 '에'로 적는다. 다만, 자음이 'ㅅ'인 경우에는 '셰'로 적는다.

　　【보기】 věk 베크　　　　　　　　sěst 셰스트

제10절 세르보크로아트어의 표기

표 8에 따르고, 다음과 같은 특징을 살려서 적는다.

제1항 k, p

k, p는 어말과 유성 자음 앞에서는 '으'를 붙여 적고, 무성 자음 앞에서는 받침으로 적는다.

　　【보기】 jastuk 야스투크　　　　　　opština 옵슈티나

제2항 l, lj

어중의 l, lj가 모음 앞에 올 때에는 'ㄹㄹ', 'ㄹ리'로 적는다.

　　【보기】 kula 쿨라　　　　　　　Ljubljana 류블랴나

제3항 m

어두의 m이 l, r, n 앞에 오거나 어중의 m이 r 앞에 올 때에는 '으'를 붙여 적는다.

　　【보기】 mlad 믈라드　　　　　　mnogo 므노고
　　　　　　smrt 스므르트

제4항 š

š는 자음 앞에서는 '슈', 어말에서는 '시'로 적는다.

【보기】 šljivovica 슐리보비차 　　　　 Niš 니시

제5항 자음에 je가 결합되는 경우에는 '예' 대신에 '에'로 적는다.
다만, 자음이 'ㅅ'인 경우에는 '셰'로 적는다.

【보기】 bjedro 베드로 　　　　 sjedlo 셰들로

제11절 루마니아어의 표기

표 9에 따르고, 다음과 특징을 살려서 적는다.

제1항 c, p

어말과 유성 자음 앞에서는 '으'를 붙여 적고, 무성 자음 앞에서
는 받침으로 적는다.

【보기】 cap 카프 　　　　 Cîntec 큰테크

　　　　 factură 팍투러 　　　　 septembrie 셉템브리에

제2항 c, g

c, g는 e, i 앞에서는 각각 'ㅊ', 'ㅈ'으로, 그 밖의 모음 앞에서는
'ㅋ', 'ㄱ'으로 적는다.

【보기】 cap 카프 　　　　 centru 첸트루

　　　　 Galaţi 갈라치 　　　　 Gigel 지젤

제3항 l

어중의 l이 모음 앞에 올 때에는 'ㄹㄹ'로 적는다.

【보기】 clei 클레이

제4항 n

n이 어말에서 m 뒤에 올 때는 '으'를 붙여 적는다.

【보기】 lemn 렘느　　　　　　　pumn 품느

제5항 e

e는 '에'로 적되, 인칭 대명사 및 동사 este, era 등의 어두 모음
e는 '예'로 적는다.

【보기】 Emil 에밀　　　　　eu 예우　　el 옐
　　　　　este 예스테　　　　era 예라

제12절 헝가리어의 표기

표 10에 따르고, 다음과 같은 특징을 살려서 적는다.

제1항 k, p

어말과 유성 자음 앞에서는 '으'를 붙여 적고, 무성 자음 앞에서
는 받침으로 적는다.

【보기】 ablak 어블러크　　　　　csipke 칩케

제2항 bb, cc, dd, ff, gg, ggy, kk, ll, lly, nn, nny, pp, rr, ss, ssz, tt, tty는 b, c, d, f, g, gy, k, l, ly, n, ny, p, r, s, sz, t, ty와 같이 적는다. 다만, 어중의 nn, nny와 모음 앞의 ll은 'ㄴㄴ', 'ㄴ니', 'ㄹ ㄹ'로 적는다.

【보기】 között 쾨죄트   dinnye 딘네
        nulla 눌러

제3항 l

어중의 l이 모음 앞에 올 때에는 'ㄹㄹ'로 적는다.

【보기】 olaj 올러이

제4항 s

s는 자음 앞에서는 '슈', 어말에서는 '시'로 적는다.

【보기】 Pest 페슈트   lapos 러포시

제5항 자음에 ye가 결합되는 경우에는 '예' 대신에 '에'로 적는다. 다만, 자음이 'ㅅ'인 경우에는 '셰'로 적는다.

【보기】 nyer 네르   selyem 셰옘

제13절 스웨덴어의 표기

표 11에 따르고, 다음과 같은 특징을 살려서 적는다.

제1항

1. b, g가 무성 자음 앞에 올 때에는 받침 'ㅂ, ㄱ'으로 적는다.

【보기】 snabbt 스납트　　　　　　　　　högst 획스트

2. k, ck, p, t는 무성 자음 앞에서 받침 'ㄱ, ㄱ, ㅂ, ㅅ'으로 적는다.

【보기】 oktober 옥토베르　　　　　　　Stockholm 스톡홀름

　　　　Uppsala 웁살라　　　　　　　Botkyrka 봇쉬르카

제2항 c는 'ㅋ'으로 적되, e, i, ä, y, ö 앞에서는 'ㅅ'으로 적는다.

【보기】 campa 캄파　　　　　　　　　Celsius 셀시우스

제3항 g

1. 모음 앞의 g는 'ㄱ'으로 적되, e, i, ä, y, ö 앞에서는 '이'로 적고
   뒤따르는 모음과 합쳐 적는다.

【보기】 Gustav 구스타브　　　　　　　Göteborg 예테보리

2. lg, rg의 g는 '이'로 적는다.

【보기】 älg 엘리　　　　　　　　　　　Borg 보리

3. n 앞의 g는 'ㅇ'으로 적는다.

【보기】 Magnus 망누스

4. 무성 자음 앞의 g는 받침 'ㄱ'으로 적는다.

【보기】 högst 획스트

5. 그 밖의 자음 앞과 어말에서는 '그'로 적는다.

【보기】 Ludvig 루드비그　　　　Greta 그레타

제4항 j는 자음과 모음 사이에 올 때에 앞의 자음과 합쳐서 적는다.

【보기】 fjäril 피에릴　　　　mjuk 미우크

kedja 셰디아　　　　Björn 비에른

제5항 k는 'ㅋ'으로 적되, e, i, ä, y, ö 앞에서는 '시'로 적고 뒤따르는 모음과 합쳐 적는다.

【보기】 Kungsholm 쿵스홀름　　　　Norrköping 노르셰핑

제6항 어말 또는 자음 앞의 l은 받침 'ㄹ'로 적고, 어중의 l이 모음 앞에 올 때에는 'ㄹㄹ'로 적는다.

【보기】 folk 폴크　　　　tal 탈

tala 탈라

제7항 어두의 lj는 '이'로 적되 뒤따르는 모음과 합쳐 적고, 어중의 lj는 'ㄹ리'로 적는다.

【보기】 Ljusnan 유스난　　　　Södertälje 쇠데르텔리에

제8항 n은 어말에서 m 다음에 올 때 적지 않는다.

【보기】 Karlshamn 칼스함　　　　namn 남

제9항 nk는 자음 t 앞에서는 'ㅇ'으로, 그 밖의 경우에는 'ㅇ크'로

적는다.

【보기】 anka 앙카　　　　　　　　Sankt 상트

　　　　　punkt 풍트　　　　　　　bank 방크

제10항 sk는 '스ㅋ'으로 적되 e, i, ä, y, ö 앞에서는 '시'로 적고,
뒤따르는 모음과 합쳐 적는다.

【보기】 Skoglund 스코글룬드　　　skuldra 스쿨드라

　　　　　skål 스콜　　　　　　　　skörd 셰르드

　　　　　skydda 쉬다

제11항 ö는 '외'로 적되 g, j, k, kj, lj, skj 다음에서는 '에'로 적고,
앞의 '이' 또는 '시'와 합쳐서 적는다. 다만, jö 앞에 그 밖의 자음
이 올 때에는 j는 앞의 자음과 합쳐 적고, ö는 '에'로 적는다.

【보기】 Örebro 외레브로　　　　　Göta 예타

　　　　　Jönköping 옌셰핑　　　　Björn 비에른

　　　　　Björling 비엘링　　　　　mjöl 미엘

제12항 같은 자음이 겹치는 경우에는 겹치지 않은 경우와 같이
적는다. 단, mm, nn은 모음 앞에서 'ㅁㅁ', 'ㄴㄴ'으로 적는다.

【보기】 Kattegatt 카테가트　　　　Norrköping 노르셰핑

　　　　　Uppsala 웁살라　　　　　Bromma 브롬마

　　　　　Dannemora 단네모라

제14절 노르웨이어의 표기

표 12에 따르고, 다음과 같은 특징을 살려서 적는다.

제1항

1. b, g가 무성 자음 앞에 올 때에는 받침 'ㅂ, ㄱ'으로 적는다.

　【보기】 Ibsen 입센　　　　　　　　　sagtang 삭탕

2. k, p, t는 무성 자음 앞에서 받침 'ㄱ, ㅂ, ㅅ'으로 적는다.

　【보기】 lukt 룩트　　　　　　　　　september 셉템베르

　　　　 husets 후셋스

제2항 c는 'ㅋ'으로 적되, e, i, y, æ, ø 앞에서는 'ㅅ'으로 적는다.

　【보기】 Jacob 야코브　　　　　　　 Vincent 빈센트

제3항 d

1. 모음 앞의 d는 'ㄷ'으로 적되, 장모음 뒤에서는 적지 않는다.

　【보기】 Bodø 보되　　　　　　　　　Norden 노르덴

　　　　 (장모음 뒤) spade 스파에

2. ld, nd의 d는 적지 않는다.

　【보기】 Harald 하랄　　　　　　　　 Aasmund 오스문

3. 장모음+rd의 d는 적지 않는다.

【보기】 fjord 피오르   nord 노르

          Halvard 할바르

4. 단모음+rd의 d는 어말에서는 '드'로 적는다.

【보기】 ferd 페르드   mord 모르드

5. 장모음+d의 d는 적지 않는다.

【보기】 glad 글라   Sjaastad 쇼스타

6. 그 밖의 경우에는 '드'로 적는다.

【보기】 dreng 드렝   bad 바드

※ 모음의 장단에 대해서는 노르웨이어의 발음을 보여 주는 사
전을 참조하여야 한다.

제4항 g

1. 모음 앞의 g는 'ㄱ'으로 적되 e, i, y, æ, ø 앞에서는 '이'로
적고 뒤따르는 모음과 합쳐 적는다.

【보기】 god 고드   gyllen 윌렌

2. g는 이중 모음 뒤와 ig, lig에서는 적지 않는다.

【보기】 haug 헤우   deig 데이

Solveig 솔베이   fattig 파티

farlig 팔리

3. n 앞의 g는 'ㅇ'으로 적는다.

【보기】 Agnes 앙네스   Magnus 망누스

4. 무성 자음 앞의 g는 받침 'ㄱ'으로 적는다.

【보기】 sagtang 삭탕

5. 그 밖의 자음 앞과 어말에서는 '그'로 적는다.

【보기】 berg 베르그   helg 헬그

Grieg 그리그

제5항 j는 자음과 모음 사이에 올 때에 앞의 자음과 합쳐서 적는다.

【보기】 Bjørn 비에른   fjord 피오르

Skodje 스코디에   Evje 에비에

Tjeldstø 티엘스퇴

제6항 k는 'ㅋ'으로 적되 e, i, y, æ, ø 앞에서는 'ㅅ'로 적고, 뒤따르는 모음과 합쳐 적는다.

【보기】 Rikard 리카르드   Kirsten 시르스텐

제7항 어말 또는 자음 앞의 l은 받침 'ㄹ'로 적고, 어중의 l이 모음 앞에 올 때에는 'ㄹㄹ'로 적는다.

【보기】 sol 솔   Quisling 크비슬링

제8항 nk는 자음 t 앞에서는 'ㅇ'으로, 그 밖의 경우에는 'ㅇ크'로 적는다.

　　【보기】 punkt 풍트   bank 방크

제9항 sk는 '스ㅋ'로 적되, e, i, y, æ, ø 앞에서는 '시'로 적고 뒤따르는 모음과 합쳐 적는다.

　　【보기】 skatt 스카트   Skienselv 시엔스엘브

제10항 t

1. 어말 관사 et의 t는 적지 않는다.

　　【보기】 huset 후세   møtet 뫼테

　　　　　　 taket 타케

2. 다만, 어말 관사 et에 s가 첨가되면 받침 'ㅅ'으로 적는다.

　　【보기】 husets 후셋스

제11항 eg

1. eg는 n, l 앞에서 '에이'로 적는다.

　　【보기】 regn 레인   tegn 테인

　　　　　　 negl 네일

2. 그 밖의 경우에는 '에그'로 적는다.

【보기】 deg 데그 　　　　　　　 egg 에그

제12항 ø는 '외'로 적되, g, j, k, kj, lj, skj 다음에서는 '에'로 적고 앞의 '이' 또는 '시'와 합쳐서 적는다. 다만, jø 앞에 그 밖의 자음이 올 때에는 j는 앞의 자음과 합쳐 적고 ø는 '에'로 적는다.

【보기】 Bodø 보되 　　　　　　　 Gjøvik 예비크

　　　　　Bjørn 비에른

제13항 같은 자음이 겹치는 경우에는 겹치지 않은 경우와 같이 적는다. 단, mm, nn은 모음 앞에서 'ㅁㅁ', 'ㄴㄴ'으로 적는다.

【보기】 Moss 모스 　　　　　　　 Mikkjel 미셸

　　　　　Matthias 마티아스 　　　 Hammerfest 함메르페스트

제15절 덴마크어의 표기

표 13에 따르고, 다음과 같은 특징은 살려서 적는다.

제1항

1. b는 무성 자음 앞에서 받침 'ㅂ'으로 적는다.

【보기】 Jacobsen 야콥센 　　　　 Jakobsen 야콥센

2. k, p, t는 무성 자음 앞에서 받침 'ㄱ, ㅂ, ㅅ'으로 적는다.

【보기】 insekt 인섹트　　　　　　　september 셉템베르

　　　　　　nattkappe 낫카페

제2항 c는 'ㅋ'으로 적되, e, i, y, æ, ø 앞에서는 'ㅅ'으로 적는다.

　　【보기】 campere 캄페레　　　　centrum 센트룸

제3항 d

1. ds, dt, ld, nd, rd의 d는 적지 않는다.

　　【보기】 plads 플라스　　　　　　kridt 크리트

　　　　　　fødte 푀테　　　　　　　vold 볼

　　　　　　Kolding 콜링　　　　　　Öresund 외레순

　　　　　　Jylland 윌란　　　　　　hård 호르

　　　　　　bord 보르　　　　　　　nord 노르

2. 다만, ndr의 d는 '드'로 적는다.

　　【보기】 andre 안드레　　　　　vandre 반드레

3. 그 밖의 경우에는 '드'로 적는다.

　　【보기】 dreng 드렝

제4항 g

1. 어미 ig의 g는 적지 않는다.

【보기】 vældig 벨디　　　　　　　　　mandig 만디

herlig 헤를리　　　　　　　　　lykkelig 뤼켈리

Grundtvig 그룬트비

2. u와 l 사이의 g는 적지 않는다.

【보기】 fugl 풀　　　　　　　　　kugle 쿨레

3. borg, berg의 g는 적지 않는다.

【보기】 Nyborg 뉘보르　　　　　　Esberg 에스베르

Frederiksberg 프레데릭스베르

4. 그 밖의 자음 앞과 어말에서는 '그'로 적는다.

【보기】 magt 마그트　　　　　　　dug 두그

제5항 j는 자음과 모음 사이에 올 때에 앞의 자음과 합쳐서 적는다.

【보기】 Esbjerg 에스비에르　　　　Skjern 스키에른

Kjellerup 키엘레루프　　　　Fjellerup 피엘레루프

제6항 어말 또는 자음 앞의 l은 받침 'ㄹ'로 적고, 어중의 l이 모음 앞에 올 때에는 'ㄹㄹ'로 적는다.

【보기】 Holstebro 홀스테브로　　　Lolland 롤란

제7항 v

1. 모음 앞의 v는 'ㅂ'으로 적되, 단모음 뒤에서는 '우'로 적는다.

【보기】 Vejle 바일레   dvale 드발레

pulver 풀베르   rive 리베

lyve 뤼베   løve 뢰베

doven 도우엔   hoven 호우엔

oven 오우엔   sove 소우에

2. lv의 v는 묵음일 때 적지 않는다.

【보기】 halv 할   gulv 굴

3. av, æv, øv, ov, ev에서는 '우'로 적는다.

【보기】 gravsten 그라우스텐   havn 하운

København 쾨벤하운   Thorshavn 토르스하운

jævn 예운   Støvle 스퇴울레

lov 로우   rov 로우

Hjelmslev 옐름슬레우

4. 그 밖의 경우에는 '브'로 적는다.

【보기】 arv 아르브

※ 묵음과 모음의 장단에 대해서는 덴마크어의 발음을 보여 주는
사전을 참조하여야 한다.

제8항 같은 자음이 겹치는 경우에는 겹치지 않은 경우와 같이

적는다.

【보기】 lykkelig 뤼켈리   hoppe 호페

Hjørring 예링   blomme 블로메

Rønne 뢰네

제16절 말레이인도네시아어의 표기

표 14에 따르고, 다음과 같은 특징을 살려서 적는다.

제1항 유음이나 비음 앞에 오는 파열음은 '으'를 붙여 적는다.

【보기】 Prambanan 프람바난   Trisno 트리스노

Ibrahim 이브라힘   Fakhrudin 파크루딘

Tasikmalaya 타시크말라야   Supratman 수프라트만

제2항 sy는 뒤따르는 모음과 합쳐서 '샤, 셰, 시, 쇼, 슈' 등으로 적는다. 구철자 sh는 sy와 마찬가지로 적는다.

【보기】 Syarwan 샤르완   Syed 솃

Paramesywara 파라메시와라   Shah 샤

제3항 인도네시아어의 구철자 dj와 tj는 신철자 j, c와 마찬가지로 적는다.

【보기】 Djakarta 자카르타   Banda Atjeh 반다아체

Jakarta 자카르타   Banda Aceh 반다아체

제4항 인도네시아어의 구철자 j와 sj는 신철자 y, sy와 마찬가지로 적는다.

【보기】 Jusuf 유숩   Sjarifuddin 샤리푸딘

          Yusuf 유숩   Syarifuddin 샤리푸딘

제5항 인도네시아어의 구철자 bh와 dh는 신철자 b, d와 마찬가지로 적는다.

【보기】 Bhinneka 비네카   Yudhoyono 유도요노

          Binneka 비네카   Yudoyono 유도요노

제6항 인도네시아어의 구철자 ch는 신철자 kh와 마찬가지로 적는다.

【보기】 Chairil 하이릴   Bacharuddin 바하루딘

          Khairil 하이릴   Bakharuddin 바하루딘

제7항 말레이시아어의 구철자 ch는 신철자 c와 마찬가지로 적는다.

【보기】 Changi 창이   Kuching 쿠칭

          Cangi 창이   Kucing 쿠칭

제8항 말레이시아어 철자법에 따라 표기한 gh, th는 각각 g, t와 마찬가지로 적는다.

【보기】 Ghazali 가잘리   baligh 발릭

          Mahathir 마하티르 (말레이시아어 철자법)

          Gazali 가잘리   balig 발릭

Mahatir 마하티르 (인도네시아어 철자법)

제9항 어중의 l이 모음 앞에 올 때에는 'ㄹㄹ'로 적는다.

【보기】 Palembang 팔렘방　　　　Malik 말릭

제10항 같은 자음이 겹쳐 나올 때에는 한 번만 적는다.

【보기】 Hasanuddin 하사누딘　　　　Mohammad 모하맛

　　　　Mappanre 마판레　　　　Bukittinggi 부키팅기

제11항 반모음 w는 뒤의 모음과 합쳐 '와', '웨' 등으로 적는다. 자음 뒤에 w가 올 때에는 두 음절로 갈라 적되, 앞에 자음 k가 있으면 '콰', '퀘' 등으로 한 음절로 붙여 적는다.

【보기】 Megawati 메가와티　　　　Anwar 안와르

　　　　kwartir 콰르티르　　　　kweni 퀘니

제12항 반모음 y는 뒤의 모음과 합쳐 '야', '예' 등으로 적으며 앞에 자음이 있을 경우에는 그 자음까지 합쳐 적는다. 다만 g나 k가 y 앞에 올 때에는 합쳐 적지 않고 뒤 모음과만 합쳐 적는다.

【보기】 Yadnya 야드냐　　　　tanya 타냐

　　　　satya 사탸　　　　Yogyakarta 욕야카르타

제13항 e는 [e]와 [ə] 두 가지로 소리 나므로 발음을 확인하여 [e]는 '에'로 [ə]는 '으'로 적는다. 다만, ye의 e가 [ə]일 때에는 ye를 '여'로 적는다.

(외래어 지나치다) 맑스 **마르크스** 마룩스

【보기】 Ampenan 암페난 sate 사테

Cirebon 치르본 kecapi 크차피

Yeh Sani 예사니 Nyepi 녀피

제14항 같은 모음이 겹쳐 나올 때에는 한 번만 적는다.

【보기】 Pandaan 판단 saat 삿

제15항 인도네시아어의 구철자 중모음 표기 oe, ie는 신철자 u, i와 마찬가지로 '우, 이'로 적는다.

【보기】 Bandoeng 반둥 Habibie 하비비

Bandung 반둥 Habibi 하비비

제17절 타이어의 표기

표 15에 따르고, 다음과 같은 특징을 살려서 적는다.

제1항 유음 앞에 오는 파열음은 '으'를 붙여 적는다.

【보기】 Nakhaprathip 나카쁘라팁 Krung Thep 끄룽텝

Phraya 프라야 Songkhram 송크람

제2항 모음 사이에서 l은 'ㄹㄹ'로, ll은 'ㄴㄹ'로 적는다.

【보기】 thale 탈레 malako 말라꼬

Sillapaacha 신라빠차 Kallasin 깐라신

제3항 같은 자음이 겹쳐 있을 때에는 겹치지 않은 경우와 같이 적는다. -pph-, -tth- 등 같은 계열의 자음이 겹쳐 나올 때에도 겹치지 않은 경우와 같이 적는다. 다만, -mm-, -nn-의 경우에는 'ㅁㅁ', 'ㄴㄴ'으로 적는다.

【보기】 Suwit Khunkitti 수윗 쿤끼띠   Pattani 빠따니

　　　　 Ayutthaya 아유타야　　　　　Thappharangsi 타파랑시

　　　　 Thammamongkhon 탐마몽콘   Lanna Thai 란나타이

제4항 관용적 로마자 표기에서 c 대신 쓰이는 j는 c와 마찬가지로 적는다.

【보기】 Janthaphimpha 짠타핌파　　　Jit Phumisak 찟 푸미삭

제5항 sr와 thr는 모음 앞에서 s와 마찬가지로 'ㅅ'으로 적는다.

【보기】 Intharasuksri 인타라숙시　　　Sri Chang 시창

　　　　 Bangthrai 방사이

제6항 반모음 y는 모음 사이, 또는 어두에 있을 때에는 뒤의 모음과 합쳐 '야, 예' 등으로 적으며, 자음과 모음 사이에 있을 때에는 앞의 자음과는 갈라 적고 뒤의 모음과는 합쳐 적는다.

【보기】 khaoniyao 카오니야오　　　　 yai 야이

　　　　 Adunyadet 아둔야뎃　　　　　 lamyai 람야이

제7항 반모음 w는 뒤의 모음과 합쳐 '와', '웨' 등으로 적는다. 자음 뒤에 w가 올 때에는 두 음절로 갈라 적되, 앞에 자음 k, kh가 있으면 '꽈', '콰', '꿰', '퀘' 등으로 한 음절로 붙여 적는다.

【보기】 Suebwongli 습웡리   Sukhumwit 수쿰윗

　　　　 Huaikhwang 후아이쾅   Maenamkhwe 매남퀘

제8항 관용적 로마자 표기에서 사용되는 or는 '오'로 적고, oo는 '우'로, ee는 '이'로 적는다.

【보기】 Korn 꼰   Somboon 솜분

　　　　 Meechai 미차이

제18절 베트남어의 표기

표 16에 따르고, 다음과 같은 특징을 살려서 적는다.

제1항 nh는 이어지는 모음과 합쳐서 한 음절로 적는다. 어말이나 자음 앞에서는 받침 'ㄴ'으로 적되, 그 앞의 모음이 a인 경우에는 a와 합쳐 '아인'으로 적는다.

【보기】 Nha Trang 냐짱   Hô Chi Minh 호찌민

　　　　 Thanh Hoa 타인호아   Đông Khanh 동카인

제2항 qu는 이어지는 모음이 a일 경우에는 합쳐서 '꽈'로 적는다.

【보기】 Quang 꽝   hat quan ho 핫꽌호

　　　　 Quôc 꾸옥   Quyên 꾸옌

제3항 y는 뒤따르는 모음과 합쳐서 한 음절로 적는다.

【보기】 yên 옌 Nguyên 응우옌

제4항 어중의 l이 모음 앞에 올 때에는 'ㄹㄹ'로 적는다.

【보기】 klông put 끌롱뿟 Pleiku 쁠래이꾸

Ha Long 할롱 My Lai 밀라이

다만, 인명의 성과 이름은 별개의 단어로 보아 이 규칙을 적용하지 않는다.

【보기】 Thê Lư 테르 Chê Lan Viên 쩨란비엔

제19절 포르투갈어의 표기

표 17에 따르고, 다음과 같은 특징을 살려서 적는다. 다만 '브라질 포르투갈어에서'라는 단서가 붙은 조항은 브라질 지명·인명의 표기에만 적용한다.

제1항 c, g

c, g는 a, o, u 앞에서는 각각 'ㅋ, ㄱ'으로 적고, e, i 앞에서는 'ㅅ, ㅈ'으로 적는다.

【보기】 Cabral 카브랄 Camocim 카모싱

Egas 에가스 Gil 질

제2항 gu, qu

gu, qu는 a, o, u 앞에서는 각각 '구, 쿠'로 적고, e, i 앞에서는

'ㄱ, ㅋ'으로 적는다.

【보기】 Iguaçú 이구아수   Araquari 아라쿠아리

            Guerra 게하   Aquilino 아킬리누

제3항 d, t

d, t는 'ㄷ, ㅌ'으로 적는다. 다만, 브라질 포르투갈어에서 i 앞이나 어말 e 및 어말 -es 앞에서는 'ㅈ, ㅊ'으로 적는다.

【보기】 Amado 아마두   Costa 코스타

            Diamantina 디아만티나   Diamantina 지아만치나 (브)

            Alegrete 알레그레트   Alegrete 알레그레치 (브)

            Montes 몬트스   Montes 몬치스 (브)

제4항 어말의 -che는 '시'로 적는다.

【보기】 Angoche 앙고시   Peniche 페니시

제5항 l

1. 어중의 l이 모음 앞에 오거나 모음이 따르지 않는 비음 앞에 오는 경우에는 'ㄹㄹ'로 적는다. 다만, 비음 뒤의 l은 모음 앞에 오더라도 'ㄹ'로 적는다.

   【보기】 Carlos 카를루스   Amalia 아말리아

2. 어말 또는 자음 앞의 l은 받침 'ㄹ'로 적는다. 다만, 브라질 포르투갈어에서 자음 앞이나 어말에 오는 경우에는 '우'로 적

327

되, 어말에 -ul이 오는 경우에는 '울'로 적는다.

【보기】 Sul 술   Azul 아줄

Gilberto 질베르투   Gilberto 지우베르투 (브)

Caracol 카라콜   Caracol 카라코우 (브)

제6항 m, n은 각각 'ㅁ, ㄴ'으로 적고, 어말에서는 모두 받침 'ㅇ'으로 적는다. 어말 -ns의 n도 받침 'ㅇ'으로 적는다.

【보기】 Manuel 마누엘   Moniz 모니스

Campos 캄푸스   Vincente 빈센트

Santarém 산타렝   Rondon 혼동

Lins 링스   Rubens 후벵스

제7항 ng, nc, nq 연쇄에서 'g, c, q'가 'ㄱ'이나 'ㅋ'으로 표기되면 'n'은 받침 'ㅇ'으로 적는다.

【보기】 Angola 앙골라   Angelo 안젤루

Branco 브랑쿠   Francisco 프란시스쿠

Conquista 콩키스타   Junqueiro 중케이루

제8항 r는 어두나 n, l, s 뒤에 오는 경우에는 'ㅎ'으로 적고, 그 밖의 경우에는 'ㄹ, 르'로 적는다.

【보기】 Ribeiro 히베이루   Henrique 엔히크

Bandeira 반데이라   Salazar 살라자르

제9항 s

1. 어두나 모음 앞에서는 'ㅅ'으로 적고, 모음 사이에서는 'ㅈ'으로
   적는다.

   【보기】 Salazar 살라자르   Afonso 아폰수

   Barroso 바호주   Gervasio 제르바지우

2. 무성 자음 앞이나 어말에서는 'ㅅ'로 적고, 유성 자음 앞에서는
   'ㅈ'로 적는다.

   【보기】 Fresco 프레스쿠   Soares 소아르스

   mesmo 메즈무   comunismo 코무니즈무

제10항 sc, sç, xc

sc와 xc는 e, i 앞에서 'ㅅ'으로 적는다. sç는 항상 'ㅅ'으로 적는다.

   【보기】 Nascimento 나시멘투   piscina 피시나

   excelente 이셀렌트   cresça 크레사

제11항 x는 '시'로 적되, 어두 e와 모음 사이에 오는 경우에는
'ㅈ'으로 적는다.

   【보기】 Teixeira 테이셰이라   lixo 리슈

   exame 이자므   exemplo 이젬플루

제12항 같은 자음이 겹치는 경우에는 겹치지 않은 경우와 같이
적는다. 다만, rr는 'ㅎ, 호'로, ss는 'ㅅ, 스'로 적는다.

   【보기】 Garrett 가헤트   Barroso 바호주

   Mattoso 마토주   Toress 토레스

제13항 o는 '오'로 적되, 어말이나 −os의 o는 '우'로 적는다.

【보기】 Nobre 노브르   António 안토니우

         Melo 멜루   Saramago 사라마구

         Passos 파수스   Lagos 라구스

제14항 e는 '에'로 적되, 어두 무강세 음절에서는 '이'로 적는다. 어말에서는 '으'로 적되, 브라질 포르투갈어에서는 '이'로 적는다.

【보기】 Montemayor 몬테마요르   Estremoz 이스트레모스

         Chifre 시프르   Chifre 시프리 (브)

         de 드   de 지 (브)

제15항 −es

1. p, b, m, f, v 다음에 오는 어말 −es는 '−에스'로 적는다.

    【보기】 Lopes 로페스   Gomes 고메스

          Neves 네베스   Chaves 샤베스

2. 그 밖의 어말 −es는 '−으스'로 적는다. 다만, 브라질 포르투갈어에서는 '−이스'로 적는다.

    【보기】 Soares 소아르스   Pires 피르스

          Dorneles 도르넬리스 (브)   Correntes 코헨치스 (브)

※ 포르투갈어 강세 규칙은 다음과 같다.

① 자음 l, r, z, 모음 i, u, 비음 im, um, ã, ão, ões로 끝나는 단어는 마지막 음절에 강세가 온다.

② á, é, ê, ó, ô, í, ú 등과 같이 단어에 강세 표시가 있는 경우는 그곳에 강세가 온다.

③ 그 밖의 경우에는 끝에서 두 번째 음절에 강세가 온다.

제20절 네덜란드어의 표기

표 18에 따르고, 다음과 같은 특징을 살려서 적는다.

제1항 무성 파열음 p, t, k는 자음 앞이나 어말에 올 경우에는 각각 받침 'ㅂ, ㅅ, ㄱ'으로 적는다. 다만, 앞 모음이 이중 모음이거나 장모음(같은 모음을 겹쳐 적는 경우)인 경우와 앞이나 뒤의 자음이 유음이나 비음인 경우에는 '프, 트, 크'로 적는다.

【보기】 Wit 빗   Gennip 헤닙

       Kapteyn 캅테인   september 셉템버르

       Petrus 페트뤼스   Arcadelt 아르카딜트

       Hoop 호프   Eijkman 에이크만

제2항 유성 파열음 b, d가 어말에 올 경우에는 각각 '프, 트'로 적고, 어중에 올 경우에는 앞이나 뒤의 자음이 유음이나 비음인 경우와 앞 모음이 이중 모음이거나 장모음(같은 모음을 겹쳐 적는 경우)인 경우에는 '브, 드'로 적는다. 그 외에는 모두 받침 'ㅂ,

ㅅ'으로 적는다.

【보기】 Bram 브람   Hendrik 헨드릭

Jakob 야코프   Edgar 엣하르

Zeeland 제일란트   Koenraad 쿤라트

제3항 v가 어두에 올 경우에는 'ㅍ, 프'로 적고, 그 외에는 모두 'ㅂ, 브'로 적는다.

【보기】 Veltman 펠트만   Vries 프리스

Grave 흐라버   Weltevree 벨테브레이

제4항 c는 차용어에 쓰이므로 해당 언어의 발음에 따라 'ㅋ'이나 'ㅅ'으로 적는다.

【보기】 Nicolaas 니콜라스   Hendricus 헨드리퀴스

cyaan 시안   Franciscus 프란시스퀴스

제5항 g, ch는 'ㅎ'으로 적되, 차용어의 경우에는 해당 언어의 발음에 따라 적는다.

【보기】 gulden 휠턴   Haag 하흐

Hooch 호흐   Volcher 폴허르

Eugene 외젠   Michael 미카엘

제6항 -tie는 '시'로 적는다.

【보기】 natie 나시   politie 폴리시

제7항 어중의 l이 모음 앞에 오거나 모음이 따르지 않는 비음 앞에 올 때에는 'ㄹㄹ'로 적는다. 다만, 비음 뒤의 l은 모음 앞에 오더라도 'ㄹ'로 적는다.

【보기】 Tiele 틸러   Zalm 잘름

Berlage 베를라허   Venlo 펜로

제8항 nk

k 앞에 오는 n은 받침 'ㅇ'으로 적는다.

【보기】 Frank 프랑크   Hiddink 히딩크

Benk 벵크   Wolfswinkel 볼프스빙컬

제9항 같은 자음이 겹치는 경우에는 겹치지 않은 경우와 같이 적는다.

【보기】 Hobbema 호베마   Ballot 발롯

Emmen 에먼   Gennip 헤닙

제10항 e는 '에'로 적는다. 다만, 이 음절 이상에서 마지막 음절에 오는 e와 어말의 e는 모두 '어'로 적는다.

【보기】 Dennis 데니스   Breda 브레다

Stevin 스테빈   Peter 페터르

Heineken 헤이네컨   Campen 캄펀

제11항 같은 모음이 겹치는 경우에는 겹치지 않은 경우와 같이 적는다. 다만 ee는 '에이'로 적는다.

【보기】 Hooch 호흐   mondriaan 몬드리안

　　　　 Kees 케이스   Meerssen 메이르선

제12항 -ig는 '어흐'로 적는다.

　　【보기】 tachtig 타흐터흐   hartig 하르터흐

제13항 -berg는 '베르흐'로 적는다.

　　【보기】 Duisenberg 다위센베르흐   Mengelberg 멩엘베르흐

제14항 over-는 '오버르'로 적는다.

　　【보기】 Overijssel 오버레이설   overkomst 오버르콤스트

제15항 모음 è, é, ê, ë는 '에'로 적고, ï는 '이'로 적는다.

　　【보기】 carré 카레   casuïst 카수이스트

　　　　 drieëntwintig 드리엔트빈터흐

제21절 러시아어의 표기

표 19에 따르고, 다음과 같은 특징을 살려서 적는다.

제1항 p(п), t(т), k(к), b(б), d(д), g(г), f(ф), v(в)
파열음과 마찰음 f(ф)·v(в)는 무성 자음 앞에서는 앞 음절의 받침으로 적고, 유성 자음 앞에서는 '으'를 붙여 적는다.

　　【보기】 Sadko(Садко) 삿코

Agryz(Агрыз) 아그리스

Akbaur(Акбаур) 아크바우르

Rostopchina(Ростопчина) 로스톱치나

Akmeizm(Акмеизм) 아크메이즘

Rubtsovsk(Рубцовск) 룹촙스크

Bryatsk(Брятск) 브랴츠크

Lopatka(Лопатка) 로팟카

Yefremov(Ефремов) 예프레모프

Dostoevskii(Достоевский) 도스토옙스키

제2항 z(з), zh(ж)

z(з)와 zh(ж)는 유성 자음 앞에서는 '즈'로 적고 무성 자음 앞에서는 각각 '스, 시'로 적는다.

【보기】 Nazran'(Назрань) 나즈란

Nizhnii Tagil(Нижний Тагил) 니즈니타길

Ostrogozhsk(Острогожск) 오스트로고시스크

Luzhkov(Лужков) 루시코프

제3항 지명의 -grad(град)와 -gorod(город)는 관용을 살려 각각 '-그라드', '-고로드'로 표기한다.

【보기】 Volgograd(Волгоград) 볼고그라드

Kaliningrad(Калининград) 칼리닌그라드

Slavgorod(Славгород) 슬라브고로드

제4항 자음 앞의 -ds(дс)-는 '츠'로 적는다.

【보기】 Petrozavodsk(Петрозаводск) 페트로자보츠크

　　　　 Vernadskii(Вернадский) 베르나츠키

제5항 어말 또는 자음 앞의 l(л)은 받침 'ㄹ'로 적고, 어중의 l이
모음 앞에 올 때에는 'ㄹㄹ'로 적는다.

【보기】 Pavel(Павел) 파벨

　　　　 Nikolaevich(Николаевич) 니콜라예비치

　　　　 Zemlya(Земля) 제믈랴

　　　　 Tsimlyansk(Цимлянск) 치믈랸스크

제6항 l'(ль), m(м)이 어두 자음 앞에 오는 경우에는 각각 '리',
'므'로 적는다.

【보기】 L'bovna(Льбовна) 리보브나　Mtsensk(Мценск) 므첸스크

제7항 같은 자음이 겹치는 경우에는 겹치지 않은 경우와 같이
적는다. 다만, mm(мм), nn(нн)은 모음 앞에서 'ㅁㅁ', 'ㄴㄴ'으로
적는다.

【보기】 Gippius(Гиппиус) 기피우스　Avvakum(Аввакум) 아바쿰

　　　　 Odessa(Одесса) 오데사　　　Akkol'(Акколь) 아콜

　　　　 Sollogub(Соллогуб) 솔로구프

　　　　 Anna(Анна) 안나　　　　　　Gamma(Гамма) 감마

제8항 e(е, э)는 자음 뒤에서는 '에'로 적고, 그 외의 경우에는

'예'로 적는다.

【보기】 Aleksei(Алексей) 알렉세이

Egvekinot(Егвекинот) 예그베키노트

제9항 연음 부호 '(ь)

연음 부호 '(ь)은 '이'로 적는다. 다만 l', m', n'(ль, мь, нь)이 자음 앞이나 어말에 오는 경우에는 적지 않는다.

【보기】 L'bovna(Льбовна) 리보브나   Igor'(Игорь) 이고리

Il'ya(Илья) 일리야   D'yakovo(Дьяково) 디야코보

Ol'ga(Ольга) 올가   Perm'(Пермь) 페름

Ryazan'(Рязань) 랴잔   Gogol'(Гоголь) 고골

제10항 dz(дз), dzh(дж)는 각각 z, zh와 같이 적는다.

【보기】 Tetradze(Тетрадзе) 테트라제

Tadzhikistan(Таджикистан) 타지키스탄

제4장 인명, 지명 표기의 원칙

제1절 표기 원칙

제1항 외국의 인명, 지명의 표기는 제1장, 제2장, 제3장의 규정을 따르는 것을 원칙으로 한다.

제2항 제3장에 포함되어 있지 않은 언어권의 인명, 지명은 원지음을 따르는 것을 원칙으로 한다.

【보기】 Ankara 앙카라　　　　　　　　Gandhi 간디

제3항 원지음이 아닌 제3국의 발음으로 통용되고 있는 것은 관용을 따른다.

【보기】 Hague 헤이그　　　　　　　　Caesar 시저

제4항 고유 명사의 번역명이 통용되는 경우 관용을 따른다.

【보기】 Pacific Ocean 태평양　　　　Black Sea 흑해

제2절 동양의 인명, 지명 표기

제1항 중국 인명은 과거인과 현대인을 구분하여 과거인은 종전의 한자음대로 표기하고, 현대인은 원칙적으로 중국어 표기법에 따라 표기하되, 필요한 경우 한자를 병기한다.

제2항 중국의 역사 지명으로서 현재 쓰이지 않는 것은 우리 한자음대로 하고, 현재 지명과 동일한 것은 중국어 표기법에 따라 표기하되, 필요한 경우 한자를 병기한다.

제3항 일본의 인명과 지명은 과거와 현대의 구분 없이 일본어 표기법에 따라 표기하는 것을 원칙으로 하되, 필요한 경우 한자를 병기한다.

제4항 중국 및 일본의 지명 가운데 한국 한자음으로 읽는 관용이 있는 것은 이를 허용한다.

【보기】 東京 도쿄, 동경　　　　　京都 교토, 경도

　　　　上海 상하이, 상해　　　　臺灣 타이완, 대만

　　　　黃河 황허, 황하

제3절 바다, 섬, 강, 산 등의 표기 세칙

제1항 바다는 '해(海)'로 통일한다.

【보기】 홍해, 발트해, 아라비아해

제2항 우리나라를 제외하고 섬은 모두 '섬'으로 통일한다.

【보기】 타이완섬, 코르시카섬(우리나라: 제주도, 울릉도)

제3항 한자 사용 지역(일본, 중국)의 지명이 하나의 한자로 되어 있을 경우, '강', '산', '호', '섬' 등은 겹쳐 적는다.

【보기】 온타케산(御岳)　　　　주장강(珠江)

　　　　도시마섬(利島)　　　　하야카와강(早川)

　　　　위산산(玉山)

제4항 지명이 산맥, 산, 강 등의 뜻이 들어 있는 것은 '산맥', '산', '강' 등을 겹쳐 적는다.

【보기】 Rio Grande 리오그란데강　　Monte Rosa 몬테로사산

　　　　Mont Blanc 몽블랑산　　　Sierra Madre 시에라마드레산맥

부 칙

(시행일) 이 규정은 공포한 날부터 시행한다. 다만, 제4장제3절
개정규정은 2017년 6월 1일부터 시행한다.

참고문헌

강신항(2007), 『오늘날의 한국어생활』, 박이정.

국립국어원 조사보고서(2008), 『절멸위기 생태계 언어조사』(국립국어
    원 2008-01-53).

국립국어원(1988), 『외래어 표기 용례집』, 국립국어연구원.

국립국어원(2006), 『전문용어 연구』, 태학사.

국립국어원(2008), 『세종학당』(운영매뉴얼).

권기헌(2008), 『미래예측학』, 법문사.

권미경(2009), 『다문화주의와 평생교육』, (주)한국학술정보.

권종성(2005), 『조선어정보론』, 평양: 사회과학출판사.

김게르만(2005), 『한인 이주의 역사』, 박영사.

김구진(1973), 「여말선초 두만강 유역의 여진분포」, 『백산학보』 제15호.

김구진(1974), 「초기 모린 올량합 연구」, 『백산학보』 제17호.

김기봉(2009), 「다문화 사회 한국인 정체성과 한국사 다시 쓰기」, 유네
    스코 아시아·태평양 국제이해교육원 엮음, 『다문화 사회와 국
    제이해교육』, 동녘.

김동소(1977), 「용비어천가의 여진 낱말 연구」, 『한국어교육연구』 9.

김미경(2006), 『대한민국 대표 브랜드 한글』, 자우출판사.

김미경(2011), 『한국어의 힘』, 소명출판.

김민수(2007), 『필로디자인』, 그린비.

김영욱(2007), 『한글』, 루데스.

김우창 외(2010), 『국가의 품격』, 한길사.

김인희(2011), 『1,300년 디아스포라, 고구려 유민』, 푸른역사.

김정섭(2007), 「한국어와 표준어와 외래어」 『외솔회지』 제8집.

김주원(2006), 「알타이언어 현지 조사의 의의와 방법」, 국립국어원 언어정책토론회.

김중섭(2006), 『한국어 교육의 이해』, 한국문화사.

김진해(2006), 「신어와 언어 '밖'」, 『새국어생활』 제16권 제4호.

김찬호(2010), 「우리의 언어세계 가다듬기, 삶의 경외감 회복하기」, 『국가의 품격』, 한길사.

김한배(2006), 『우리말을 좀 먹는 우리말 속의 일본어』, 동언미디어.

김형수(2008), 「변두리가 중심을 구할 것이다」, 『한국어의 규범성과 다양성』, 태학사.

문교부(1987), 『외래어 표기 용례, 일반 외래어』(편수자료 2-1).

문교부(1987), 『외래어 표기 용례, 지명, 인명』(편수자료 2-2).

문화체육관광부(2011), 『한글고문서를 통해 본 조선 사람들의 삶』.

민현식(1999), 『한국어 정서법 연구』, 태학사.

박병천(1998), 『한글 판본체 연구』, 일지사.

박용규(2013), 『조선어학회 항일 투쟁사』, 한글학회.

박일환(2015), 『미친 국어사전』, 뿌리와이파리.

박지향(2000), 『제국주의: 신화와 현실』, 서울대학교출판부.

박지향(2002), 『슬픈 아일랜드』, 새물결.

박홍순(2010), 「이주민의 정체성과 포스트콜로니얼 대안」, 『다문화 사회와 국제이해교육』, 동녘.

배은한(2008), 「중국어 한글표기법 개선안 재고」, 제79회 중국어문학연구회 정기 학술발표대회 논문집.

서울대학교 미국학연구소(2004), 『세계화의 역사와 패권경쟁』, 서울대학교출판부.

성백인·김주원·고동호·권재일(2010), 『중국의 다구르어와 어윙키어의 문법·낱말연구』, 아카넷.

손수호(2010), 『문화의 풍경』, 열화당.

수아드 아미리 외, 오수연 엮음(2006), 『팔레스타인의 눈물』, 아시아.

아시아/아프리카 문학페스티벌 조직위원회(2007), 「2007 아시아 아프리카 문학페스티벌」.

안영민(2010), 『시멘틱? Text meaning, Ontology, Data meaning? 현 검색 시장에서 이 용어들의 의미는?』(3th Search Thechonology Summit).

안정효(2006), 『가짜 영어사전』, 현암사.

오경석 외(2007), 『한국에서의 다문화주의』, 한울.

옥철영(2007), 「낱말망과 한국어사전의 체계적 구성」, 『한국어 낱말망 구축과 사전 편찬 학술회의』, 국립국어원.

우메다 히로유키(2008), 「일본에서의 「한글」 연구」, 『세계 속의 한글』, 박이정.

원정(2001), 『더불어 사는 세상 배우기』, 아시아태평양국제이해교육원.

유네스코 한국위원회(2006), 「지구의 언어, 문화, 생물 다양성 이해하기(Sharing a World of Difference the Earth' linguistic, cultural and the Earth' linguistic, cultural and biologica)」, 유네스코 한국위원회.

윤병석(2003), 『간도 역사의 연구』, 국학자료원.

윤수연(2008), 『문화간 의사소통의 이해』, 한국문화사.

이광규(2006), 『신민족주의의 세기』, 서울대학교출판부.

이민홍(2002), 『언어민족주의와 언어사대주의의 갈등』, 성균관대학교출판부.

이상규(2005), 「방언 자료의 처리와 언어지도」, 『방언학』 창간호, 한국방언학회.

이상규(2005), 「방언지도 제작기를 활용한 방언 지도 제작」, 『방언학』 2, 한국방언학회.

이상규(2005), 『위반의 주술, 시와 방언』, 경북대학교출판부.

이상규(2006), 『방언의 미학』, 살림.

이상규(2007), 「언어의 다양성과 공통성」, 제18차 세계언어학자대회 추진위원회.

이상규(2007), 「언어횡단으로서 한국어 교육」, 한국어교육학회 2007년 겨울 학술대회 주제발표 논문.

이상규(2007), 「여성결혼이민자 한국어 교육의 과제」, 『어문론총』 46, 한국문학언어학회.

이상규(2007), 「한국어 세계화 어디까지 왔나: 다문화 시대의 한국어 세계화와 한글의 세계화」, 『문학사상』 10월호.

이상규(2008), 「절멸위기의 언어」(분과 발표), 제18차 세계언어학자대회.

이상규(2008), 「≪훈민정음≫ 영인 이본의 권점 분석」, 『어문학』 100호.

이상규(2008), 『둥지 밖의 언어』, 생각의나무.

이상규(2009), 「디지털 시대의 한글의 미래」, 『우리말연구』 25호, 우리 말연구학회.

이상규(2009), 「생태적 관점에서의 한국어 정책의 현안과 과제」, 『한국 사전학』 제13호, 한국사전학회.

이상규(2009), 「한·중·일의 외래어 수용 정책」, 일본 북해도대학교 동 아시아 언어·문화의 비교 국제학술 심포지움 발표 논문, 2009. 2.13~17.

이상규(2010), 「한국어학습사전과 낱말 교육의 늪」, 동남아시아 교사 협의회(발제강의), 말레이시아.

이상규(2011), 「「국어기본법」에 근거한 「외래어 표기법」의 문제」, 『국 어국문』 158호, 국어국문학회.

이상규(2011), 『국제사회 이해교육과 커뮤니케이션』, 대구광역시 교육청.

이상규(2013), 「인문 지식·정보의 미래」, 『미래가 보인다』, 국제미래학 회, 박영사.

이상규(2013), 「한국 국어 정책의 미래」, 『어문학』 제122집, 한국어문 학회.

이상규·조태린 외(2008), 『한국어의 규범성과 다양성』, 태학사.

이상현(2009), 「손글씨가 만들어 가는 한글세상」, 윤디자인연구실, 온 한글.

이옥순(2005), 『우리 안의 오리엔탈리즘』, 푸른역사.

이윤옥(2013), 『오염된 국어사전-표준국어대사전을 비판한다』, 인물 과사상사.

이윤재(1936), 「사정한 조선어 표준말 모음의 내용」, 『한글』 제4권 제 11호.

이해영(2005), 『한국어 학습자의 중간언어 연구』(한국어교육연구총서 1), 커뮤니케이션북스.

이홍규(2010), 『한국인의 기원』, 우리역사연구재단.

임홍빈(2008), 「외래어의 개념과 범위의 문제」, 『새한국어생활』 제18 권 제4호.

장원순(2009), 「다문화 사회의 이해」, 『다문화가정 학생 멘토링 매뉴얼』 (초등교원 양성대학 다문화가정 학생 멘토링 매뉴얼 연구 개 발팀), 레인보우북스.

전숙자·박은아·최윤정(2009), 『다문화 사회의 새로운 이해』, 그린.

정긍식(2006), 「조선어학회 사건 애심종결판결문 분석」, 『애산학보』 32.

정두용·신은숙·정득진(2000), 『세계시민교육을 위한 국제이해교육』, 정민사.

정병규(2008), 「훈민정음과 한글 타이포그래피의 원리」, 세종대왕 탄 신 611돌 기념 심포지엄 발표문.

정재환(2013), 『한글의 시대를 열다』, 경인문화사.

정하성(2010), 『다문화 청소년개론』, 이담.

정호성(2006), 「한국어 교육의 현황과 전망」, 일본국립한국어연구소.

조규태(2005), 「용비어천가 주해 속에 한글로 표기된 외국어 낱말에 대하여」, 『어문학』 제90호.

조동일(2003), 2003년 11월 4일에 강연 원고 「어문생활사로 나아가는 열린 시야」.

조영달 외(2006), 『다문화가정의 자녀 교육 실태 조사』, 교육인적자원 부 정책연구과제 2006-이슈-3

조정아 외(2007), 『새터민의 문화갈등과 문화적 통합방안』, 한국여성
　　개발원.

조항록(2010), 『한국어 교육 정책론』, 한국문화사.

최경봉(2005), 『우리말의 탄생』, 책과함께.

최경봉(2012), 『한글민주주의』, 책과함께.

최경봉·시정곤·박영준(2010), 『한글에 대하여 알아야 할 모든 것』, 책
　　과함께.

최기선(2007), 「전문용어의 표준화」, 『새한국어생활』 제17권 제1호.

최병수(2005), 『조선어 글자공학』, 북한: 사회과학원출판사.

최현덕(2009), 「세계화, 이주, 문화 다양성」, 유네스코 아시아·태평양
　　국제이해교육원 엮음, 『다문화 사회와 국제이해교육』, 동녘.

하성수(2008), 『교부학 인명·지명 용례집』, 분도출판사.

한국가족학회(2007), 「한국사회와 글로칼(glocal) 가족정책」, 창립 30
　　주년 기념 학술대회 자료집.

한국교육네트워크 총서기팀장(2010), 『핀란드 교육혁명』, 살림터.

한국사전학회(2009), 「외국인을 위한 한국어 사전의 현황과 전망」, 제
　　15차 전국학술대회 자료집.

한국사회학회(2008), 「이주자와 국민 대상 다문화 사회 시민교육제도
　　의 정책제안」, 법무부.

한국어 국외보급사업 협의회(2006), 「2006년 한국어 국외보급사업 추
　　진 계획」, 한국어 국외보급사업협의회 제3차 회의 자료,
　　2006.1.26.

한국어연구소(1988), 『외래어 표기 용례집(일반용어)』.

한국어연구소(1988), 『외래어 표기 용례집(지명·인명)』.

한국어연구소(1999), 『표준국어대사전』.

한국외국어교육학회(2007), 『한국 외국어교육의 현황과 바람직한 발
전방향』, 한국어교육학회 2007년 겨울 학술대회.

한상복(2006), 『배려』, 위즈덤하우스.

한인섭(2012), 『식민지 법정에서 독립을 변론하다』, 경인문화사.

한인섭(2013), 「이인 변호사의 항일 변론 투쟁과 수난」, 애산 이인 선생
추모 강연회, 한글학회·대구광역시 공동주최, 2013. 5. 3.

한재준(2007), 「곱고 바른 한글꼴 개발의 필요성 연구」, 국립국어원
연구과제 2007-01-56.

함규진(2008), 『108가지 결정, 한국인의 운명을 바꾼 역사적 선택』, 페
이퍼로드.

행정자치부(2007). 2007년 8월 2일 보도자료: 외국인주민 1년 동안
35% 증가.

허경무(2008), 『한글 서체의 원형과 미학』, 묵가.

홍성호(2008), 『진짜 경쟁력은 한국어 실력이다』, 예담.

홍윤표(2008), 「어문생활사」, 『세계 속의 한글』, 박이정.

홍인표(2008), 『중국의 언어 정책』, 한국학술정보.

홍종선(2008), 「한글과 한글 문화」, 『세계 속의 한글』, 박이정.

황대권(2008), 『오라이 빠꾸』.

金子亨(1999), 『先主民族言語のために』, 草風館.

三浦信孝(1997), 『多言語主義とは何か』, 藤原書店.

일본 국립국어연구소 외래어위원회 편(2006), 『分かりやすく傳える外
來語言い換え手引き』.

일본 국립국어연구소 편(2008), 『公共媒體の外來語』, 일본 국립국어연

구소.

고마고메 다케시, 오성철·이명실·권경희 옮김(2008), 『식민제국 일본의 문화통합』, 역사비평사

곤 A. 워커·사라 채플린, 임산 옮김(2007), 『비주얼 컬처』, 루비박스.

김형상, 김언종 옮김(2008), 『자학』, 푸른역사.

니 길러스 에번스, 김기혁·호은성 옮김(2012), 『아무도 모르는 사이에 죽다』, 글항아리.

다니엘 네틀·수잔 로메인, 김정화 옮김(2003), 『사라져 가는 목소리(Vanishing voices)』, EJB.

데이비드 아널드, 서미석 옮김(2006), 『인간과 환경의 문명사』, 한길사.

데이비드 크리스털, 권루시안 옮김(2005), 『언어의 죽음』, 이론과실천사.

데이비드 크리스털, 이주희·박선우 옮김(2011), 『문자 메시지는 언어의 재앙일까? 진화일까?』, 알마.

데이빗 삭스, 이건수 옮김(2007), 『알파벳』, 2007.

로버트 레인 그린, 김한영 옮김(2013), 『모든 언어를 꽃 피게 하라』, 모멘토.

롤랑 바르트, 김주환·한은경 옮김(2008), 『기호의 제국』, 산책자.

루이-장 칼베, 김병욱 옮김(2004), 『언어와 식민주의』, 유로서적.

리거 브러스나한, 신예니·나금실 옮김(2009), 『우리말과 영어의 제스처』, 예영커뮤니케이션.

마르크 페로 편집, 고선일 옮김(2008), 『식민주의 흑서』, 소나무.

미우라노 부타카·가스야 게이스케 엮음, 이연숙·고영진 옮김(2005), 『언어 제국주의란 무엇인가』, 돌베개.

발레리 케네디, 김상률 옮김(2011), 『오리엔탈리즘과 어드워드 사이드』,

갈무리.

베르비쯔끼 V. I., 김영숙 옮김(2006), 『알타이의 민족들』, 국립민속박
　　　물관, 2006.

서경석, 김혜신 옮김(2006), 『디아스포라 기행: 추방당한 자의 시선』,
　　　돌베개.

서경석, 이록 옮김(2004), 『소년의 눈물』, 돌베개.

서경식, 임성모·이규수 옮김(2006), 『난민과 국민 사이』, 돌베개.

손진기, 임동석 옮김(1992), 『동북민족원류』, 동문선.

안토니 파그덴, 한은경 옮김(2003), 『민족과 제국』, 을유문화사.

앤드류 달비, 오영나 옮김(2008), 『언어의 종말』, 작가정신.

앨프리드 W. 크로스비, 안효상·정범진 옮김(2002), 『생태 제국주의』,
　　　지식의풍경.

야마무로 신이찌, 임성모 옮김(2003), 『여럿이며 하나인 아시아』, 창비.

양계초, 안명철·송엽휘 역주(2007), 『역주 월남망국사』, 태학사.

에드워드 사이드, 박홍규 옮김(2007), 『오리엔탈리즘』, 교보문고.

엘리스, 안소연 옮김(2006), 『멸종의 역사(*no turning back*)』, 아고라.

오다니 나카오, 민혜홍 옮김(2008), 『대월지』, 아이필드.

왕 후이, 이욱연 외 옮김(2003), 『새로운 아시아를 상상한다』, 창비.

이시 히로유키·야시다 뇨시노리·유아사 다케오, 이한준 옮김(2003),
　　　『환경은 세계사를 어떻게 바꾸었는가』, 경당.

잭골드스미스, 송연석 옮김(2006), 『인터넷 권력 전쟁』, NEWRUN.

제레드 다이아몬드, 강주헌 옮김(2005), 『문명의 붕괴』, 김영사.

제레드 다이아몬드, 김진중 옮김(2010), 『총, 균, 쇠』, 문학사상사.

제임스 포사이스, 정재겸 옮김(2009), 『시베리아 원주민의 역사』, 솔.

조너선 색스, 임재서 옮김(2007), 『차이의 존중』, 말글빛냄.

존 벨라미 포스터, 추선영 옮김(2007), 『생태계의 파괴자, 자본주의』, 책갈피.

질리언 비어, 남경태 옮김(2008), 『다윈의 플롯』, 유머니스트.

찰스 다윈, 권혜련 외 옮김(2006), 『비글호항해기』, 샘터.

쳔꽝싱, 백지운 외 옮김(2003), 『제국의 눈』, 창비.

캐롤린 머천트, 전규찬 옮김(2002), 『자연의 죽음』, 미토.

프란츠 M. 부케티츠, 두행숙 옮김(2005), 『멸종, 종과 민족 그리고 언어 사라진 것들』, 들녘.

피드우드, 김진석 옮김(2005), 『다양성: 오해와 편견의 역사』, 해바라기.

하시모토 만타로, 하영삼 옮김(1990), 『언어지리유형론』, 제일출판사.

한스 위르겐 헤링어, 최명원 옮김(2009), 『언어, 문화 그리고 커뮤니케이션』, 유로.

G. 레이코프·M. 존슨, 임지룡 외 옮김(2003), 『몸의 철학』, 박이정.

Louis Jean Calvet, 김윤경·김영서 옮김(2001), 『언어전쟁』, 한국문화사, 2001.

Seung Mi Cheon(2008), 『Loanwords in Korea』, 한국학술정보(주), 2008.

Umrgaku, M.(1963), 『일본어의 외래어 연구』, 대만: 청년통신사출판부.

Aaker, D. A. & Joachimsthaler, E.(2000). *Brand leadership*. New York: Free press.

Aaker, D. A.(1991). *Managing brand equity: capitalizing on the value of a brand name*. New York: Free press.

Anholt, S.(2003). *Brand New Justice: The upside of global branding*.

Oxford: Butterworth-Heinemann.

Banks, J. A.(2002). *An Introduction to Multicultural Education*(3rd ed.). Allyn and Bacon.

Banks, J. A. & Banks, C. A.(ed.)(2004). *Handbook of Research on Multicultural Education*. Jossey-Bass.

Banks, J. A. & Banks, C. A.(2007). *Multicultural Education: Issues and Perspectives*(6th ed.). Wiley.

Bloom, A.(1987). *The Closing of the American Mind*. New York: Simon & Schuster.

Crosby, A. W.(1994). *Ecological Imperialism: The Biological Expansion of Europe, 900-1900*. Cambridge: Cambridge University Press.

Cummins, J.(2000), *Language, Power, and Pedagogy: Bilingual Children in the Crossfire, Clevedon, UK, Multilingual Matters, and T. Skutnabb-Kangas, Linguistic Genocide in Education- or Worldwide Diversith and Human Righs?* New Jersey, Lawrence Erlbaum Associates.

Elie Cohen, "Globalization and Cultural DiversityConflict and Pluralism", *World Culture Report 2000*, UNESCO Publishing.

Future Brand(2010). *2010 Country Brand Index: Executive summary*(PDF file). FutureBrand.

Hirsch, E. D., Jr.(1987). *Cultural literacy: What every American needs to know*. Boston: Houghton Mifflin.

Keller, K. L.(1993). "Conceptualizing, measuring and managing customer-based equity". *Journal of Marketing*, 57(1), pp. 1~22.

keller, K. L.(1994), *Interkulturelle Kommunikation*.

Keller, K. L.(2008). *Strategic brand management: building, measuring and managing brand equity*. Upper Saddle River, NJ: Pearson Prentice Hall.

Kotler, Ph. & Armstrong, G.(2006). *Principles of marketing*(11th edition). Upper Saddle River, NJ: Pearson Prentice Hall.

Lee Sang Gyu(2007), "Hangeul, The Greatest Letters", *Koreana* Vol. 21 No. 3.

Lee Sang Gyu(2009), "Gyeoremalkeunsajeon: An Alternative to Inter-Korean Communication", *ASIA*, Vol. 2 No. 3.

Lyons, J.(1968). *Introduction to theoretical Linguistics*, Cambridge Univ. Press.

National Council for Accreditation of Teacher Education(2006). *Professional Standards for the Accreditation of Schools, Colleges, and Departments of Education* (Revised Edition). Washington, DC: Author.

Nieto, S.(2004). *Affirming diversity: the sociopolitical context of multicultural education*(4th ed.). Boston: Allyn and Bacon.

Pang, V. O.(2005). *Multicultural Education: A Caring-centered, Reflective Approach*(2nd ed.). New York: McGraw Hill

Pang, V. O., Gay, G., & Stanley, W. B.(1995). "Expanding conceptions of community and civic competence for a multicultural society". *Theory and Research in Social Education*, Vol. 23, No. 4. pp. 302~331.

Pyles, T.(1971). *The origins and development of the English language*, Hacourt Brace Jovanovich, Inc..

Schlesinger, A. M., Jr.(1998). *The Disuniting of American: Reflections on a Multicultural Society*. New York: Norton & Co.

Skutnabb-Kangas(2000), *Field notes, information from Satu Moshnikoff*. Ulla Aikio-Puoskari.

Sleeter, C. E. & Grant, C. A.(2003). *Making choices for multicultural education: five approaches to race, class, and gender*(4th ed.). Wiley & Sons.

United Nations(2001). *Replacement Migration: Is It a Solution to declining and Ageing Populations?* New York, NY: Author.

Werner Sasse(1980). "Chinesisch Zeichen erfunden in Korea". *Asiaatische Studien*, 34(2).

Williams, E.(1998), *Investigation Bilingual Literacy: Evidence from Malawi and Zambia*. Education Research London, Department for International Development, No. 24. 1998.

National Association for Multicultural Education(2007),
   http://www.nameorg.org/resolutions/definition.html.
   2007년 7월

지은이 이상규

경북 영천 출신으로 경북대학교와 동 대학원을 졸업, 현재 경북대학교 교수이다. 한국정신문화연구원 방언조사연구원, 울산대학교 조교수를 역임하였고 제7대 국립국어원장을 역임하였다. 교육부 인문학육성위원, 통일부 겨레말큰사전편찬위원 및 동 이사와 대한민국 국회입법고시 출제위원을 역임하였다.
한국어문학회 회장, 국어학회 평의원, 한국방언학회 부회장 등 학회 활동과 더불어 『경북방언사전』(2002 학술원우수도서), 『언어지도의 미래』(2006 문화체육관광부 우수도서), 『훈민정음통사』(2014년 한국연구재단 우수도서), 『증보훈민정음발달사』, 『한글고문서연구』(2012 학술원우수도서), 『사라진 여진어와 문자』(2014 문화체육관광 우수도서), 『한글공동체』(2015 세종도서 학술부분 우수도서), 『명곡 최석정의 경세훈민정음』(2018 한국연구재단저술출판지원사업) 등의 저서와 국어학 관련 다수의 논문을 발표하였다. sgl5117@naver.com

지은이 한송이

경북대학교 박사 과정. 논문으로 「『논어』 주석서에 대한 국어사적 연구: 18세기 수택본 『논어강보』를 중심으로」(석사논문)가 있으며, 공저로 『한어방언지리학』, 『컴퓨터를 활용한 방언학 연습과 실제』 등이 있다. 참여 사업으로는 2014, 2015년 개방형 한국어 지식 대사전 관련어 정비 구축, 2015년 한국방언연구원설립 타당성조사 학술용역, 2017년 표준국어대사전 뜻풀이 보완 연구 등이 있다.

(외래어 지나치다)
맑스 마르크스 마룩스

© 이상규, 2018

1판 1쇄 인쇄__2018년 06월 10일
1판 1쇄 발행__2018년 06월 20일

지은이__이상규·한송이
펴낸이__양정섭

펴낸곳__도서출판 경진
　　　　등록__제2010-000004호
　　　　블로그__http://kyungjinmunhwa.tistory.com
　　　　이메일__mykorea01@naver.com

공급처__(주)글로벌콘텐츠출판그룹
　　　　대표__홍정표　편집디자인__김미미　기획·마케팅__노경민
　　　　주소__서울특별시 강동구 풍성로 87-6 글로벌콘텐츠
　　　　전화__02) 488-3280　팩스__02) 488-3281
　　　　홈페이지__http://www.gcbook.co.kr

값 14,000원
ISBN 978-89-5996-576-2 03700